AF366931

Israel

12 stammer
Ett folk
To vitner

Israel

12 stammer
Ett folk
To vitner

Av Batya Ruth Wootten

Redeemed Israel – Reunited and Restored. ISBN 1-886987-21-1
© 2006, Batya Ruth Wootten, Saint Cloud, FL.

Israel – 12 stammer, Ett folk, To vitner. ISBN 978-82-998981-0-2
Norsk utgave: © 2012, Oljetreet forlag, Varhaug, Norge
Første utgave 2012
«Two Sticks» Illustrasjon av Crystal Lenhart, Sheridan, WY, USA

Deler av denne boken har tidligere vært gjengitt i disse utgavene:

Who Is Israel? And Why You Need To Know. 1998. ISBN 1-886987-01-7
Who Is Israel? Expanded Edition. 2000. ISBN 1-886987-03-3
Who Is Israel? Past, Present, and Future. 2003. ISBN 1-886987-17-3

Alle rettigheter er forbeholdt under Internasjonale og pan-amerikanske
copyrightbestemmelser, samt norsk lov om åndsverk.
Denne boken kan verken i helhet eller deler bli gjengitt i noen som helst form,
lagret i noe system eller bli kringkastet på noen måte, det være seg elektronisk,
mekanisk, fotokopiert, opptak eller på annen måte – uten forhåndsinnhentet
tillatelse fra utgiveren. Korte sitater med henvisning kan brukes i kritiske
artikler og omtaler.

Oversatt og bearbeidet av Lars-Toralf Utnes Storstrand og Britt Lode

Utgitt og distribuert av:

Oljetreet forlag, Norge
www.oljetreet.no
post@oljetreet.no

Alle sitater er brukt med tillatelse.
Med mindre annet er oppgitt kommer bibelsitatene fra Norsk Bibel 1988-utgaven,
© 1988, utgitt av Norsk Bibel AS.
Vers som kommer fra andre oversettelser eller er direkte oversatt for sammenhengens
skyld er merket respektive.

Merk: For å fremheve enkelte skriftsteder, hender det at kursivering eller alternative
ordvalg har blitt brukt, spesielt når det gjelder Faderen og Sønnen. Tekst som er satt
i firkantparentes [] angir forfatterens kommentarer.

Å Efraim
Israels hus og
Judas hus… Faderen kalte
deg et grønt oljetre, fagert i frukt
og form. Men på grunn av dine synder
talte Han domsord over deg. Men frykt ikke,
Israels hus, frykt ikke ,Judas hus, for JHVH har lovet:
«Det skal skje at etter at Jeg har rykket dem opp og spredt
dem, etter at noen av dem har falt i fra og blitt som ville
vintrær, da skal Min omsorg igjen tennes og Jeg skal samle
dem sammen. Jeg skalføre dem tilbake, hver av dem til
deres egen arv, hver av demtil deres eget land. Dette er
Mitt løfte. For disse to olje-kvister er Mine to vitner.
Og Jeg skal gi dem myndighet, for de er den
nye oljes to sønner som står for
jordens Herren.»
Jer
2:18-21
11:10,16-
17; 12:15
Hos 1-2.
Sak 4:11-14
Åpen 11:3-4

Takk…

Først vil jeg takke vår himmelske Far som
har tillatt meg å ta del i åpenbaringen Hans
om sannheten om «Israels to hus» og hvordan
de skal gjenopprettes i Ham. (Jes 8:14)
Det har vært meg en glede og et privi-
legium, og jeg er svært takknemlig
for å ha vært med på dette.
Videre vil jeg få takke min
elskede ektemann, Angus,
som alltid har oppmuntret meg
til å skrive ned de sannheter som
Faderen har vist meg. Til sist vil jeg
takke hver og en som har hjulpet meg med
arbeidet gjennom alle disse årene. Mange kjære venner
har brukt dyrebar tid på å korrekturlese manuskriptene
og oppmuntret meg i arbeidet. Jeg står i gjeld til hver og
en av dere for all den støtte dere har vist meg. Min bønn for
dere er at vår himmelske Far, som ser alt som blir gjort
i det skjulte, skal lønne dere alle åpenlyst, for all deres
godhet og vennlighet mot meg, og for deres
uendelige iver for Ham og for
Hans evige kongerike.
Shalom b'Jeshua
Batya

NOEN DEFINISJONER

JHVH - יהוה

I denne boken kommer vi til å bruke disse fire bokstavene for å tilkjennegi den ene sanne Guds virkelige navn, et navn som ofte er blitt oversatt med «Herren». Historisk sett har jødedommen unngått å bruke dette, og kristenheten har fulgt deres eksempel. Faderens navn blir stavet med fire hebraiske bokstaver, jod-he-vav-he, og blir enkelte ganger oversatt med YHVH, Jehovah, etc. I denne utgaven bruker vi korrekt norsk språklig gjengivelse av disse bokstavene; JHVH. Vi bruker av og til dessuten Elohim, som er hebraisk for Gud.

JESHUA – ישוע

Jeshua er det hebraiske/arameiske navnet Messias fikk. Det er en forkortet versjon av Jehoshua (Josva) og betyr «frelse» (Neh 8:17, Matt 1:21). Jesus stammer fra den greske oversettelsen av Jeshua, eller Iesous. Grekerne forandret navnet hans fordi språket deres manglet sh-lyden, og fordi de la til en «s» på enden av guttenavn. Den greske oversettelsen ble deretter tilpasset engelsk på den tiden da bokstaven "J" hadde samme lyd som dagens Y Navnet ble uttalt "Yesus", velig likt den greske oversettelsen. Uansett, da uttalen på den engelseke "J" forandret seg, ble navnet uttalt som "Jesus". Vi velger å oversette navnet Hans fra hebraisk til engelsk som «Jeshua».

EFRAIM - אפרים

Efraim er navnet til Josefs andre sønn. Det betyr: *dobbel frukt*. Jakob/Israel profeterte at Efraims arvinger en dag skulle bli «hedningenes fylde.»

Navnet «Efraim» er brukt i Skriften for å beskrive de ti stammene i Nordriket, som også kalles Israel. Begrepet «Efraimitt» blir til tider brukt for å beskrive disse (i motsetning til Sørriket, Juda). Folket som tilhørte Efraim mistet sin identitet etter at de ble bortført til Assyria (cirka 722 f.Kr). Vi bruker dette navnet for å beskrive dem som kalles «de ti tapte stammene» og i noe bredere omfang om «ikke-jødiske troende» på Israels Messias. Skriften stadfester at disse er fullkomne medlemmer av Jeshua Messias' "Rike for Israel". (1Mos 41:52, 1Kong 12:21, 2Kong 17:34M Esek 37:15-28; Efes 2:11-22)

TORAH – תורה

Torah betyr: lære, instruksjon, veiledning. Dette hebraiske ordet blir ofte oversatt med «Loven». Gud sier at Han elsket Abraham fordi Han fulgte Hans lover (1Mos 26:5). Abraham etterlevde Torahens ånd lenge før bokstaven ble gitt til Moses. Alle som ønsker å bli velsignet i livet bør se hen til vår Faders veiledende forskrifter. Moses sa om disse: «Hold dem og gjør etter dem, for i dette ligger deres visdom og deres forståelse slik at de folk som hører om det vil si: «Sannelig, et vist og forstandig folk er dette store folket.» (5Mos 4:5-6)

Kong David sa: «Salige er de som går de oppriktiges vei, som vandrer i Herrens Torah. Salige er de som tar vare på hans vitnesbyrd, som søker ham av hele sitt hjerte, og ikke gjør urett, men vandrer på hans veier. Du har gitt dine befalinger for at en skal holde dem nøye. Å, at min ferd måtte bli stø, så jeg holder dine forskrifter! Da skal jeg ikke bli til skamme, når jeg gir akt på alle dine bud.» (Salme 119:1-6)

Kong David sa også om Faderens Ord, «Summen av ditt ord er sannhet, og til evig tid står all din rettferds lov fast.» (Salme 119:160). Jeshua Messias sa, da Han bad for dem som fulgte ham, og det er skrevet i Ordet om Ham: «Hellige dem i Sannheten. Ditt Ord er Sannhet.» (Joh 17:17)

Som troende i den nye pakt er vi frelst av nåde ved tro, ikke ved gjerninger, på grunn av det blod som vår Messias gav og ved vårt vitnesbyrd. (Åp 12:11). Det er med denne forståelsen av alt det vår Messias har gjort for oss, og med den kloke og enkle tro vår forfader

Abraham hadde, at vi taler om å ære den evige visdom i Torahen og å vandre i pakt med den. Vi merker oss at Adam og Eva ble sendt ut av hagen på grunn av sin synd, og at Israel ble spredt blant nasjonene for sin synd. Ikke før Messias vender oss tilbake til vårt lovede land og «stenker rent vann» på oss kommer vi til å bli fullkomment i stand til å vandre i pakt med Hans hellige Torah. Inntil den dagen kommer vi likevel til å søke å ha Messias' evige sannheter skrevet i våre hjerter, ved Hans Hellige Ånd. På denne måten blir vi gjort i stand til å vandre på Hans veger, slik det var lovet dem som tar del i den nye pakt. (Jer 31:31-33; Ezek 36:23-28; 37:15-28)

ABBA – אבא

Er aramaisk for «Far».[1] De aramaiske targumene oversatte hebraisk til aramaisk og bruker «Abba» for «Far» eller «Min Far». «Av» er det hebraiske ordet for «Far», og «HaAv» er «Faderen». Ordet inneholder et dypt ordspill på det åndelige fellesskapet mellom den troende og Gud Fader.

TROENDE

Vi velger å bruke ordet «troende» for å beskrive dem som ønsker å følge Israels Messias og vandre på Hans veger. Vi stoler på, at på den siste dag, er det Han alene som kommer til å avgjøre hvem som «trodde» eller «ikke trodde» på Ham. (Matt 7:23, Apg 16:1, 1Kor 6:15,20; Gal 3:9 og 1Pet 1:17-19)

---

1 Ifølge en studie basert på gammeltestamentlige ord, betyr ikke «Abba» «pappa», slik mange lærer. Se http://www.christianleadershipcenter.org

INNHOLD

FORORD

Religionshistorie er interessant. Hver ny generasjon skaper grupperinger som er overbevist om at de har mottatt den endelige guddommelige åpenbaring av guddommelig sannhet og at deres spesifikke trosretning eller trossystemet har nøkkelen til hvordan Bibelen skal forstås. Enkelte mener at det endelige ord ble gitt på steder som Roma, Wittenberg eller i Azusa Street, og at etter at denne biten av puslespillet er lagt, er det ikke bruk for å høre mer. Det er ikke vårt formål her å stille spørsmål ved de forskjellige trossystemene og læresetningene som de forskjellige tror på; men vi ønsker like fullt å appellere til alle, uansett bakgrunn, om å lese denne boken med et åpent sinn.

Batya Wootten er en virkelig skriftlærd i bibelsk forstand. Hennes lærevillige ånd og begjær etter visdom har drevet henne til å spørre vår himmelske Far et spørsmål som har vært en anstøtsstein i århundrer: «Hvem er Israel?»

Hun fikk et svar og har i tur og orden vist oss at Bibelen i realiteten er mye enklere enn det vi har fremstilt den som. Både det gamle og det nye testamente er en enhetlig gjenfortelling om Guds handlemåte med sitt «utvalgte» folk. Mange av disse menneskene har mistet grepet på sin identitet og har blitt spredt til jordens ytterste ender, men er likevel ikke forsvunnet fra Guds øye. Historien om «Israel» er en spennende historie med en fascinerende handling, og den er fremfor alt, en kjærlighetsfortelling.

Men; for å kunne forstå denne historien til fulle, trenger vi å forstå Bibelen som en helhet. Jeshuas legeme har mange avvikende bibelske tolkningsmodeller fordi så mange unnlater å studere det gamle testamente (Tanakh) som grunnlag for å forstå det nye testamente.

Jeshua sa: « Dersom dere blir i mitt ord, da er dere i sannhet mine disipler. Dere skal kjenne sannheten, og sannheten skal frigjøre dere » (Joh 8:31-32). Når sannheten blir åpenbart, hender det at enkelte mennesker blir ille til mote; og/eller det skaper splittelse. Det krever mot å stå opp for sannheten når man blir forfulgt. Men til syvende og sist er det verdt det, fordi det fører frihet med seg. Derfor ber vi om at du leser denne boken i bønn til Gud. Da skal du få se at Gud er en trofast far, en god hyrde, og at – som salmisten skriver: «Se, han slumrer ikke og sover ikke, Israels vokter» (Sal 121:4). Stol på at Han våker over deg mens du leser denne avslørende boken.

Hale og Shelly Harris
Hyrder for de messiastroende av Israel
Fort Smith, Montana

Israels Gud har ofte brukt kvinner for å bistå menn og for å holde sin plan for Israel på riktig spor. Han brukte Sara for å forsikre at løftet gikk til Isak i stedet for Ishmael (som Abraham ville velge), og Han brukte Rebekka for å endre Isaks plan om å gi velsignelsen til Esau heller enn Jakob (som Gud hadde valgt) (1Mos 21:9-12, 27:4-10). Idag takker jeg Gud for at Han har brukt min hustru, Batya, og hennes trofasthet for å avdekke Israels sanne identitet. Hennes iver har ikke bare hjulpet meg til å holde meg på veien, men til å ta et kvantesprang fremover i kampen for å bistå Faderen i gjennomføringen av Hans planer, å ha et eiendomsfolk. Denne boken, som er et resultat av hennes jag etter sannheten, kommer visselig til å bli brukt av Den Hellige Ånd til å føre det troende Israel tilbake på sporet, og tilbake på kongeveien. Den kommer til å hjelpe til med å forberede veien for Messias' gjenkomst og gjenopprettelsen av Riket for Israel. Den svarer ikke bare på spørsmålet «Hvem er Israel?», men også de livsforandrende spørsmålene: «Hvor er Israel?» og «Hva er Israels endemål?» Den kommer også til å hjelpe deg med svaret på spørsmålene «Hvem er jeg?», «Hvorfor er jeg her?» og «Hva er mitt endemål?»

Min hustru skrev denne boken med full støtte fra meg, fordi, oss to imellom, så er det hun som er veltalende og skrivekyndig. Det hun skriver står vi imidlertid for begge to. Hvert eneste ord.

Hvorfor jeg personlig tror at Gud har brukt en kvinne på mektig vis til å føre fram denne sannheten for de siste tider? Av en grunn, og som Batya ofte sier, «Jeg spurte, og Han svarte.» Når vi ber om et svar, så svarer Han oss. Uansett. Men kanskje også for å føre det adspredte Israel sammen, og da trenger vi den forsonende, trøstende hånd som bare en mors kjærlighet kan gi (kvinner synes å gjøre en bedre jobb når det gjelder å dempe uro mellom barn, og vi ser Efraim og Juda ofte som to brødre som slåss og krangler og som begge trenger å bli rettferdig og rimelig behandlet). Videre har Batya, som min hustru, både vært i stand til å gi av sin tid gjennom årtier, uten å få noe tilbake, for denne viktige oppgaven. Jeg oppmuntrer dere til å lese denne boken fordi det gudgitte innsyn jeg har funnet i den har forandret meg radikalet, så vel som mange tusener av andre og den kan også endre deg! Derfor ønsker jeg dere velkommen inn i rekkene til de radikalt forandrede – til skaren av forløpere som blir forberedt for den dagen da denne verdens konge-riker sammen skal bli en del av det gjenreiste Riket for Israel!

Angus Wootten,
Saint Cloud, Florida, USA

«Å gjøre din vilje, min Gud, er min lyst, og din lov er i mitt hjerte. Jeg bar fram godt budskap om rettferdighet i en stor forsamling. Se, jeg lukket ikke mine lepper. Herre, du vet det. Jeg holdt ikke din rettferdig-het skjult i mitt hjerte, jeg har kunngjort din trofasthet og din frelse. Jeg skjulte ikke din miskunnhet og din sannhet for en stor forsamling.» (Salme 40:9-11).

Dersom det fins en lidenskap hos denne forfatteren, så er det oppgaven å forkynne og bekjentgjøre Israels Gud, Abr hams, Isaks og Jakobs Gud (selv om hun er enig i at dette bare så vidt skraper i over-flaten av Hans ufattelighet). Vi har kjent Batya i nesten 30 år og har sett henne gjennomgå fødselsveene i kallet hennes. Vi har sett henne arbeide for å gjøre kjent et mysterium som Gud selv har forseglet inntil endens tid, avsløringen om «mysteriet med Israels blindhet» og de ugjenkallelige gaver og kall som Gud har gitt sitt utvalgte folk.

Batyas vedvarende iver i bønn, i studier av Skriften, i studier, forskning og skriverier har ført henne frem til dette verket, som er nok et steg i å videreformidle «gjeldende sannhet» til hele forsamlingen. Dette er ikke gjort bare for å skape mer kunnskap, men for å proklamere for denne verden at vår Gud, Jeshua Messias' Far, Israels Gud, er trofast, rettvis, rettferdig og full av kjærlighet og sannhet. Det du holder i hendene nå er nok et produkt av årevis med arbeid, født av et morshjerte for å lære «barna» tillit til Gud.

Ephraim og Rimona Frank,
Forfattere, Shevet Achim Ministries, Israel

INTRODUKSJON

Det hele begynte så smått tidlig på 1970-tallet. Vi ble troende på Israels Messias, og snart var vi omgitt av jødiske troende[2]. Sammen oppdaget vi at Jesus er jøde, og at Hans hebraiske navn er Jeshua, at Han feiret alle de jødiske høytidene og elsket det jødiske folket.

Slik fortsatte vi å oppdage stadig mer og mer. Vi ble inspirert og følte oss oppmuntret til å spre ordet fordi det var så få som kjente – og forstod det. Så fikk jeg den glupe idéen at en katalog kunne være middelet for å få disse bøkene som var lite tilgjengelige, men likevel nødvendige, og annet materiell ut til andre troende som var blitt vekket opp til å se de samme livsforandrende sannhetene.

Siden jeg på det tidspunktet eide en antikvitets- og gaveforretning og hadde litt forståelse for markedsføring – og siden min mann, Angus, sa at han kunne besørge de nødvendige midlene til å lage en slik katalog, ble vi enige med styret i ”Messianic Ministy” om å lage en slik katalog. Dermed ble ”House of David”-katalogen til.

Lite ante vi at det å lage en katalog for denne gryende «messiansk-jødiske bevegelsen» kom til å være som å lage en katalog for en flokk, enarmede, rødhårede, tapetmestere. Likevel viste det seg at alle de «tapetmestrene» som vi greide å finne og som elsket det jødiske folk, syntes at katalogen vår var det flotteste som var dukket opp siden selvklebende tapet.

Vår «messianske manna» i papirform vokste og ble til syvende og sist 48 sider med pesach-tallerkener, mezusaher, shofarer, talliter, smykker, gaver, klistremerker, importerte israelske produkter, messi-

---

2   Vi bruker «troende» for å beskrive dem som er kjøpt av og med Messias' blod heller enn å bruke ordet «kristen», fordi den sistnevnte tittelen ofte blir brukt av mennesker som ikke reellt sett søker å følge Messias (Matt 7:23; 1Kor 6:20; 1Pet 1:17-19).

ansk-jødisk musikk og mange, mange bøker.[3] Og ja, jeg mener bøker...

Vi tenkte ikke gjennom følgene en slik katalog kunne få for disse få utvalgte, og vi forstod ikke at jeg – en hustru, mor og butikkeier – til syvende og sist kom til å måtte lese hundrevis av bøker om Israel og skrive beskrivelser for disse.

Uvitende fant jeg meg selv i en situasjon der jeg begynte å føle et visst ansvar for de bøkene jeg videreformidlet for Faderens trofaste. Jeg måtte bestemme hvilke jeg skulle tilby – og ikke tilby; og jo flere jeg leste, jo tydeligere følte jeg ansvaret. Etter mye lesing, konkluderte jeg med at de fleste bøker om Israel falt i én av tre kategorier:

«Kirken har tatt Israels plass» (erstatningsteologi)

«Kirken er det åndelige Israel og jødene er det fysiske Israel»

«Kirken og Israel er adskilte enheter og disse to skal aldri forenes i denne verden»

Etter mye drøfting med min ektemann, konkluderte vi med at hver enkelt av disse grupperingene presenterte læresetninger som var fulle av hull. Når de ble holdt frem foran Ordet, viste det seg klart at alle hadde sine feil. Denne sørgelige konklusjonen fikk meg til å rope ut i nød til min himmelske Far. Det førte meg til et punkt hvor jeg bokstavelig talt bønnfalt Ham: «Vær så snill og la meg forstå! Hvem er Israel?»

Dette spørsmålet ble værende hos meg i årevis. Jeg tenkte på det på vei til arbeidet, hvor jeg jobbet med min voksende messianske katalog. Jeg bad om det når jeg lå i sengen om kvelden, etter å ha vært ansvarlig for å sende ut bøker til hele kloden – bøker som hjalp til med å forme menneskers synspunkter om «Israel». Jeg vurderte konsekvensene ved å la mennesker tro på disse feilaktige læresetningene jeg fant i disse bøkene. Og jeg snakket både med min mann og min himmelske Far om det til støtt og stadig, fordi det virkelig plaget meg.

---

3   *Mezuzah* (flertall, *Mezuzot*): Pynteboks med spesielle skriftvers som man fester på dørstolpen til huset sitt. Shofar (flertall: *Shofarot*): Bukkehorn som blir brukt til sammenkalling av forsamlingen. Tallit (flertall: Tallitot): Jødisk bønnesjal.

Slik gikk det til at jeg begynte å forstå sannheten om ett av min Evige Fars løfter: «Dere skal søke meg, og dere skal finne meg når dere søker meg av hele deres hjerte.» (Jer 29:13). Jeg begynte å forstå hva Han mente når Han sa: «Rop til meg, og jeg skal svare deg, jeg vil forkynne deg store og ufattelige ting, inngjerdede ting og skjulte ting, ting som du ikke kjenner.» (Jer 33:3, o.f.a.)

I vårt søk etter sannheten om Israel, ønsket jeg ikke det som mange feilaktig tror er sannheten, men heller Faderens sannhet. Derfor spurte jeg, og i sin nåde svarte Han meg.

Gjennom sitt Hellige Ord, begynte den Allmektige å vise oss «store og ufattelige ting» og det Han viste oss endret våre liv til det bedre. Siden den gang, og gjentatte ganger senere, har vi sett sannheten om «Israels to hus» endre livene til andre (Jes 8:14). Vi har sett troende bli inspirert og fylt med nytt håp når det gjelder deres eget kall for Messias; fordi Faderen åpenbarte overfor dem sannheten om løftene til Juda, og om «melo hagoyim» (hedningenes fylde), som ble lovet Israel (1Mos 48:19, Rom 11:25).

Vi har også sett troende bli beveget, styrket og fylt med håp og glede, over den begynnende gjenforeningen av «de to stavene» Efraim og Juda (Ezek 37:15-28).

Selv om mange forsøker å fremstille det mer komplisert enn det i realiteten er, har vi oppdaget at sannheten om Israel er mye enklere enn man skulle tro: For lenge siden delte Faderen Israel inn i to hus; Efraim (Israel) og Juda. Disse ble gitt to forskjellige straffer, profetier og løfter. Som Hans «to vitner» ble de sendt i forskjellige retninger for å utføre forskjellige oppgaver, og i disse siste dager arbeider Han med å føre de to sammen igjen, slik at de kan tjene med å bekrefte Hans sannhet på jorden (1Kong 12:15,24; Hos 1:11; Joh 8:17).

Og nå, når vi kan begynne å skimte den herlige fremtiden som ligger foran oss, spesielt slik at du, leseren, kan få et innblikk i Faderens store kjærlighet til deg, og at du kan begynne å se den herlige fremtiden Han har i sinne for deg, som en del av Hans utvalgte folk (1Pet 1:1, 2:9), så ønsker vi sterkt å dele med deg hva Skriften har å si om Israel.

Batya Wootten, Saint Cloud, Florida, USA

DEL 1:

ISRAEL I TIDLIGERE TID
- LØFTENE TIL PATRIARKENE

1. ABRAHAMS TRO

I det vi kaster et blikk over tidsørkenens sanddyner mot en høyde et sted i ødemarken, ser vi en gammel mann prate med sin Skaper. Alle troende blir øyeblikkelig påvirket av det denne mannen opplever. En dag skulle han bli kjent som «far til alle de troende» (Rom 4:11). For å forstå vår tro er vi nødt til å gå til begynnelsen, og studere vår tros far, Abraham.

Ordet kom til Abram i et syn, og det lød: «Frykt ikke, Abram! Jeg er ditt skjold. Din lønn skal være meget stor.»

Abram svarte og sa: «Å Adonai JHVH, hva vil du gi meg? Jeg går jo barnløs bort. Den som skal overta mitt hus, er Eliezer fra Damaskus.» «Denne mann,» sa det levende Ord, «skal ikke arve deg, men den som skal utgå av ditt eget liv, han skal arve deg og din velsignelse.»

Deretter sa han til den tilårskomne patriarken; «Stig ut her, Abram, og se nå opp mot himmelen og tell stjernene, hvis du er i stand til å telle dem! Og han sa til ham: Slik skal din ætt bli, fra ditt eget legeme. Dette er mitt løfte til deg.»

Abram steg ut av teltet sitt og stirret opp på den klare nattehimmelen. Han kunne ikke se enden på de utallige stjernene. Han lot seg trøste hinsides alt mål av et løfte som ble gitt ham. Hans etterkommere skulle bli like mange som de utallige stjernene han så. Han smilte der han stod i sanden, og funderte på dette underfulle løftet som var gitt ham. Hans legeme, som var over trekvart århundre gammelt, strakte seg ut der han speidet opp mot nattehimmelen. Han snudde seg rundt og rundt og denne troens mann så skarer av stjerner. Han så himmelen forkynne herligheten til den Gud han tjente. Den kvelden trodde Abram JHVH[4] og det ble regnet ham til rettferdighet[5].

Abrahams støyende skare

Det nye testament sier om Abraham: «Uten å bli svak i troen tenkte han på sitt eget legeme, som alt var utlevd – han var jo snart hundre år – og på at Saras morsliv var utdødd. Men på Guds løfte tvilte han ikke i vantro, men han ble sterk i sin tro, idet han gav Gud ære. Han var fullt viss på at det Gud hadde lovt, det var han og mektig til å gjøre. Derfor ble det også regnet ham til rettferdighet.» (Rom. 4, 19-22)

Abraham så på sitt eget aldrende legeme og Saras ufruktbare morsliv, fordi han så for seg en fysisk oppfyllelse av JHVHs løfte til ham. Abraham var ikke tilfredstilt ved å ha en adoptert arving, og som svar på hans dype ønske om et barn som var hans eget, sa JHVH: «Ingen annen enn den som skal utgå fra din egen lend skal bli din arving» (1Mos 15:4.) På bakgrunn av dette løftet så Abraham for seg en biologisk arving, og et stort antall fysiske etterkommere.

Den Hellige kom igjen til Abraham da han var nitti-ni år gammel og sa: « Jeg er Gud, Den Allmektige, vandre for mitt åsyn og vær ustraffelig. Jeg vil opprette min pakt mellom meg og deg, og jeg vil gjøre din ætt overmåte tallrik. Da falt Abram på sitt ansikt, og Gud talte med ham og sa: Se, jeg slutter min pakt med deg, og du skal bli far til en mengde folk. Ditt navn skal ikke mer være Abram, men ditt navn skal være Abraham, for jeg gjør deg til far for en mengde nasjoner. Jeg vil gjøre deg overmåte fruktbar, jeg gjør deg til mange nasjoner, og konger skal utgå fra deg.» (1Mos 17:1-6). Abraham trodde at han skulle bli far til en mengde folkeslag, et *hamon goyim*. Goyim er hebraisk for folkeslag, eller nasjoner. Hamon betyr støy, ståk, tumult, skarer, mengder.

---

4 JHVH er Guds navn, og blir ofte feiloversatt med «Herren». Det består av fire hebraiske bokstaver, JHVH, jod he vav og he. Transkripsjonen JHVH gjengir det riktige lydbildet. I de greske tekstene blir «Herren» oversatt fra det greske ordet «kurios» som betyr «overhøyhet». Se Strong's Exhaustive Concordance (heretter benevnt som Strong's. G2962. Vi kommer også til å bruke kortformen «JHVH» for å henvise til Gud (Salme 68:4)

5 Se 1Mos 15:1-6; Sal 19:1-4; 105:5-10; Rom 4:3-23; Gal 3:6; Jakob 2:23

Med disse løftesordene, forkynte den allmektige at fra Abraham skulle det utgå en «mengde nasjoner (folkeslag)». Fra Abraham skulle det komme et folk, og de skulle forårsake et stort oppstyr, eller veldig larm angående Abrahams Gud – over hele verden. Fra Abraham skulle det komme et velsignet folk som var forutbestemt til å bli meget fruktbart.[6]

Har vi gått glipp av et mirakel?

Har vi, som nytestamentlige etterfølgere av Veien[7], gått glipp av helheten i Abrahams velsignelse? Har vi malt oss et mentalt bilde av arvinger som i utgangspunktet ikke er i slekt med ham, mens Skriften entydig sier at han skulle ha skarer av fysiske etterkommere? Har vi misforstått at løftet ble gitt til Abraham og dermed vendt det blinde øye til et enormt mirakel? Hvis dette stemmer, har vi da gått glipp av å glede oss over ett av JHVHs storverk?

Svaret er ja. JHVH lovet å gjøre «det minste av alle folk ... så tallrik som stjernene på himmelen.» (5Mos 7:7, 2Mos 32:13) Når vi ikke har sett denne sannheten, har vi oversett Hans suverene regnestykke med Abrahams ætt. Vår Gud sverget at Han skulle føre skarer ut av Abrahams lend, bokstavelige nasjoner av biologiske arvinger. Det er den første betydningen av Abrahams velsignelse og den bokstavelige måten den bør forstås utfra. Vi skal også anta at fremtidige pakter skulle fungere innenfor grensene av tidligere pakter, og ikke bytte dem ut. Enda tydeligere blir vi fortalt at det er JHVH «som fra begynnelsen forkynner enden, og fra fordums tid det som ikke er skjedd» (Jes 46:10), og derfor begynner vi vår søken ved å tro som Abraham trodde: At det

---

6 *Goyim: Strong's* # H 1471 sier at *goyim betyr:* ... *hedning ... folkeslag.* Parson's Technology Quickverse Bible Software Program, 1996-99, Cedar Rapids). *The New Brown-Driver-Briggs-Gesenius Hebrew-Aramaic Lexicon (BDBL)* sier at det betyr *nasjon, folkeslag* og at det oftest blir brukt om ikke-hebraiske folkeslag (#H1471, Hendrickson, 1979; også Parson's 1999. I annet bind av The *Theological Wordbook of the Old Testament,* Moody,
1981 (heretter *TWOT*) opplyser at *goyim* vanligvis refererer til ... de omkringliggende hedenske nasjonene (#326e). *Hamon, se Strong's* og *BDBL* # H 1995; dessuten *TWOT* #505a. Heretter, blir alle hebraiske orddefinisjoner oppfører som S&EDB
7 Se Apg 9:2, 19:9,23; 24:14 om begrepet «Veien»

ut fra hans legeme til syvende og sist skulle komme utallige fysiske etterkommere.

Det er dette løftet vi skal studere nærmere i denne boken. Vi kommer ikke til å prøve å bevise at Jeshua Messias' saueflokk omfatter enkelte som ikke nedstammer fra Abraham, fordi dette punktet for lengst har blitt drøftet av utallige andre. Vi kommer heller ikke til å ta legitimitet fra troende som føler at de ikke er i slekt med Abraham. Men for dem som tror at de faktisk nedstammer fra Abrahams lender, kommer vi imidlertid til å følge tråden gjennom hele Skriften når det gjelder de skarer som en gang ble lovet ham. Vi skal søke å bekrefte det løftet som en gang ble gitt til Abraham, vår tros far.

Vi stadfester at vår Gud kan velge å la «andre» ta del i Abrahamsløftet, og at, å tro at Abraham potensielt har skarer av fysiske arvinger på jorden overhodet ikke betyr at alle troende må være av Abrahams ætt for å ha et forhold til Gud. Abrahams hustjener, Eliezer, var høyt elsket av Abraham og fikk del i arven gjennom ham. Abraham elsker visselig alle som tror på Den Hellige. Det som er enda viktigere er at vi ikke har som mål å granske løftet til Abraham for å forsøke å bevise patriarkalsk opphav for en hvilken som helst person eller gruppe. Vi gjør det utelukkende av følgende årsak:

De fleste definerer Israel basert på en eller annen forståelse av fysisk ætt, uansett hvor abstrakt eller vag deres definisjon er. Innbilt fysisk avstamning fra patriarkene eller en tenkt mangel på dette, blir ofte den avgjørende faktoren i enhvers «forståelse av Israel». Om vi derfor ønsker å forstå Israel, er vi nødt og tvunget til å se nærmere på denne universelle oppfatningen fordi den er fundamentet for den grunnleggende misforståelsen for de fleste konklusjonene i dette spørsmålet. Vi utfordrer gyldigheten av denne misoppfattede forståelsen, fordi de feilaktige svarene som har vokst ut fra den har påvirket grunnlaget for vår tro. Fordi det er naturlig å stille seg selv disse spørsmålene når en lærer å kjenne Jeshua Messias, eller Jesus Kristus. «Hvem er Hans utvalgte folk? Hvem er Abrahams arvinger? Hvem er Israel?»

Mens vi gransker disse svært viktige spørsmålene, kommer studien vår til å være rotfestet i den forståelsen at folk ikke i absolutt forstand kan bevise en genetisk kopling til patriarkene, og at vi ikke foreslår at noen forsøker å følge «endeløse ættetavler » (1Tim 1:4). Mens mye forskning blir utført når det gjelder genteknologiske spørsmål, mener vi at det er helt usaklig for noen å drive argumentasjon om spørsmålet eller å forsøke å fremsette arrogante påstander basert på ubeviselige ættetavler. Dette betyr i neste omgang at jøder ikke kan bevise at de er fysisk ættet fra Abraham og følgelig at ingen andre kan bevise at ikke-jødiske troende ikke er fysisk ættet fra Abraham. Disse påstandene kan ganske enkelt ikke bevises verken på den ene eller den andre måten.

Fordi ingen kan bevise 100 prosent at de fysisk nedstammer fra Abraham, kommer vi til å følge vår teori basert på troen alene og bruke Skriften som vår veileder. Vi arbeider oss fremover, for vårt håpsfolk, i håp om at vi kan klare å gjenreise det som engang gikk tapt[8]. Vi gjør også dette i håp om at de skal bli inspirert og få en forståelse av hva som skal skje i de siste tider.

Medarvinger: Abraham, Isak og Jakob

Ved ikke å se Abrahams løfte om skarer av biologiske arvinger, blir ikke da hans ikke-jødiske etterkommere også frarøvet den velsignelsen det er å kjenne sannheten? Dersom Skriften indikerer at de er hans arvinger, skal de da bli nektet denne forståelsen? Blir ikke ikke-jødiske troende ranet når de blir fortalt at *«du er nok en åndelig arving av Abraham, men du er ikke en fysisk arving av Abraham, Isak og Jakob.»*? De som fremsetter dette kravet avviser ofte tanken om potensielt fysiske ætlinger som uviktig. Likevel skal alle Faderens sannheter mottas og respekteres – og hva som er enda mer viktig, patriarkenes felles arv kan ikke legalt/juridisk skilles ut fordi den har en felles velsignelse i seg.[9]

JHVH sa til Isak, « For til deg og din ætt vil jeg gi alle disse land og jeg skal holde den ed jeg har lovt Abraham, din far» (1Mos 26:3)

---

8   5Mos 30:3; Jes 11:1-14; 49:6; Jer 31:21; 33:7; Hos 1-2; Apg 15:16.
9   1Mos 15:5; 17:4; 26:4; 24:60; 28:3,14; 48:4,16,19.

Isak gav da velsignelsen videre til sin sønn Jakob og sa: « Må han (JHVH) gi deg Abrahams velsignelse» (1Mos 28:4)

Krønikeskriveren gjentok senere dette løftet: « den pakt han gjorde med Abraham, og hans ed til Isak! Han stadfestet pakten som en rett for Jakob, som en evig pakt for Israel.» (1Krøn 16:16-17)

Den nye pakten (*Brit Hadashah*) åpenbarer at Abraham «ved tro levde (han) i løftets land som i et fremmed land. Han bodde i telt sammen med Isak og Jakob, som var medarvinger til det samme løfte.» (Heb. 11:9)

Skriften støtter ikke den forståelsen at en *troende* kan være en «Abrahams ætling, men ikke en ætling av Abraham, Isak og Jakob.» En *troende* er enten arving/ætling av alle tre eller ikke arving/ætling i det hele tatt.

Vi leser om våre patriarker: « Og enda alle disse fikk vitnesbyrd for sin tro, oppnådde de ikke det som var lovt. For Gud hadde forut utsett noe bedre for oss, for at de ikke skulle nå *fullendelsen* uten oss.» (Heb 11:39-40). Patriarkene verken kompletterte, gjennomførte, oppfylte, ferdiggjorde eller opplevde alt det som var lovet dem. Uten *oss*, de nytestamentlige troende, hadde deres velsignelse vært *ufullkommen*. Den er *ufullstendig*.[10] Videre ble det åpenbart for dem at «de ikke tjente seg selv, men *dere*, med dette som nå er blitt kunngjort for dere ved dem som forkynte dere evangeliet ved den Hellige Ånd, han som ble sendt fra himmelen.» (1Pet 1:10-12)

Den lovede Kahal/Ekklesia

JHVH lovet Abraham at Han skulle «mangfoldiggjøre» hans etterkommere så de skulle bli som stjernene på himmelen (1Mos 26:4). De skulle tilta voldsomt, og bli tallrike og store. Videre ble følgende velsignelse gitt til Rebekka: « Vår søster, bli til tusen ganger ti tusen!» eller

---

10   Se Strong's # G 5048.

skarer (1Mos 26:40). Isak og Rebekka gav disse velsignelsene videre til sin sønn Jakob: «må Gud, Den Allmektige, velsigne deg og gjøre deg fruktbar og gi deg en tallrik ætt, så du blir til en hel skare av folkeslag» (1Mos 28:3) Som om ikke det var nok sa også JHVH at Han ville kalle ut av Jakob en forsamling, en *kahal*. Dette hebraiske ordet betyr en forsamling, et følge, en menighet eller en samling spesielt sammenkalt av den Allmektige. *Kahal* ble deretter oversatt til gresk, *ekklesia*, i Septuagintaoversettelsen – fordi det ordet på samme måte handler om å kalle ut, kalle sammen et møte, spesielt en religiøs forsamling.[11]

I de engelske oversettelsene av det nye testamente blir *ekklesia* oftest oversatt med *kirke*.[12] I vår tid har imidlertid *kirke*, på samme måte som «jødisk», blitt et navn/en tittel med mange betydninger. For eksempel fins det en sann *kirke*, en evig *ekklesia* som inkluderer alle som visselig søker å følge Israels Gud, og det fins et «kirkesystem» som forfølger de sanne troende. Enkelte hevder å tilhøre «kirken», men har en tro som andre stiller spørsmål ved. Det samme prinsippet gjelder jøder og jødedom. Det fins jødiske mennesker som så godt de kan, forsøker å følge Israels Hellige, men enkelte jøder tilhører den jødiske mafiaen, mens andre er bekjennende ateister. Av slike årsaker, kan bruken av disse ordene ofte være forvirrende med mindre man vet nøyaktig hva betydningen av dem er. I denne boken blir de brukt med den overbevisningen at Den Hellige selv, i de siste tider, skal avgjøre hvem blant begge folkegrupper han finner verdige[13].

---

11 *Rabah*/Mangfoldiggjøre: *S&BDB* # H 7235; *TWOT* # 2103, 2104. Skarer: *S&BDB* # H 505 og 7235. Tusen millioner er en milliarder. *Kahal*/Congregation: *TWOT* # 1991a. Se også *S&BDB* # H 6951. *Kahal* oversatt til *ekklesia*: *TWOT* # 1991a; side 790. *Septuaginta*: Gresk oversettelse av det hebraiske gamle testament som ble fullført cirka 200 år FK. Av de 122 gangene som King James-bibelen bruker ordet kahal, er ordet 60 ganger blitt oversatt til ekklesia (*Hatch and Redpath Concordance to the Septuagint*, 1983, Baker, s 433); 36 ganger er det oversatt med synagoge. På same måte som ekklesia, beskriver også kahal og synagoge en forsamling (*Strong's #*'s H 6951; G 1577; 4864).

12 I Apg 19:32 blir *ekklesia* brukt for å beskrive en skare som blir rasende på Paulus. *Thayer's Greek-English Lexicon of the New Testament*, Baker, 1983, s 196a; *Strong's #* G 1577.

13 Matt 5:20; 7:23; Joh 8:44; 10:33; Apg 7:38; 2Tess 1:1; 2:13; 2Tim 3:1-12; Åpen 2:9; 3:9,16.

De utkalte

I det nye testamente blir det gamle Israels *kahal* kalt «menigheten i ørkenen» (Apg 7:38) og Jeshua kalte sin forsamling en *ekklesia* (Matt 16:18, 18:17). JHVH lovet dessuten Jakob at «Din ætt skal bli som støvet på jorden. Du skal utbre deg mot vest og mot øst, mot nord og mot sør.» (1Mos 28:14) Jakobs etterkommere skulle bryte gjennom, bryte frem som fra en innhegning, og øke enormt i antall.[14]

Den generelle velsignelsen som ble gitt til Abraham, Isak og Jakob var et løfte om en stor forsamling av fysiske etterkommere: Skarer av spedbarn, babyer i rikelig monn, eksponentielt økende via barnebarn. Det var dette løftet som gjorde Abraham så glad på denne stjernefylte natten i ørkenen. Dette var vår far Abrahams tro, og det er den troen vi som følger ham trenger å ta til oss.

Konklusjoner

Vi slår fast at akkurat som vår Gud er én, slik skal Han også i disse siste tider, ha utelukkende ett eneste utvalgt folk.[15] Vi slår også fast at:

❏ Abraham trodde bokstavelig talt at han skulle bli far til en mengde nasjoner

❏ Isak ble gitt det samme løfte som sin far

Jakob ble gitt Abrahams løfte

❏ Abraham, Isak og Jakob er medarvinger

❏ Faderen har sagt at fra Jakob skal det stige fram en *kahal-menighet-ekklesia*.

Abrahams mangedoblete velsignelse ble videreført til Isak og deretter til Jakob. Den ble gitt til den ene som fikk det nye navnet *Israel*. Og nå, mens vi søker etter svar på våre Israelsspørsmål, og lar oss væpne med en forståelse av velsignelsen om fruktbarhet som ble lovet patriarkene, kan vi gå videre og se nærmere på første gang navnet Israel ble gitt.

---

14 *S&BDB* # H 6555; *TWOT* # 1826
15 Én Gud: 5Mos 6:4; Mark 12:29. Ett folk: 4Mos 15:15; Ezek 37:19; Joh 17:11.

2.

ISRAEL – ET VELSIGNET NAVN

For å forstå velsignelsen som ble gitt til Abrahams barnebarn og arving, Jakob, må vi nok en gang reise over tidens sanddyner. Vi forflytter oss til en annen ørkenkveld, hvor vi finner Jakob i slåsskamp med en mann, lik en engel.

I løpet av denne spesielle natten fungerte den stjernekledde himmelen som en baldakin for kampen som fant sted på en ellers stillferdig elvebredd. Hele verden kom til syvende og sist til å bli påvirket av utfallet fra kampen, men på denne månelyse natten var det ene og alene den himmelske hær som var tilskuere. De stod og så på i ærefrykt mens de to mennene rullet rundt i støvet, lemmene deres favnet hverandre som slyngplanter. De stod og så på mens Jakob klynget seg fast til engelen med urokkelig intensitet. De så at engelen på underlig vis ikke kunne overmanne Jakob, og likefullt hadde han makten i sine hender til å slå hoften hans av ledd med bare en enkel berøring.

Da de to hadde kjempet hele natten igjennom talte engelen og sa: «Slipp meg, for morgenen gryr!», Men Jakob holdt fast, «Jeg slipper deg ikke uten at du velsigner meg.».

Engelen spurte ham da: «Hva er ditt navn?»

«*Ja'akov*», svarte mannen.

Da sa engelen: «*Du skal ikke lenger hete Ja'akov, men Yisrael, for du har kjempet med Gud og med mennesker og vunnet… og Han velsignet ham der.*» (1Mos 32:26-30)

Yisrael. Dette nye navnet ble gitt som en velsignelse. Men hva betyr det å være *Israel*? Hvordan kan det være en velsignelse?

Svaret på disse viktige spørsmålene gir oss både et bilde av og en standard for Israels barn.

Navnet Jakob kommer fra et ord som betyr «han som trekker i deg» eller «hælgriper». Det vitner om å liste seg innpå og/eller lure. Jakob ble kalt dette fordi han grep sin brors hæl da de ble født. Senere, lurte han til seg arven fra sin bror og fikk på den måten førstefødselsretten fra deres far.[16]

Så skjedde forandringen. Jakob møtte engelen i ødemarken. *Ja'akov* møtte *JHVH Elohim Tza'va'ot*, som ofte blir kalt «hærskarenes Gud». Om dette guddommelige møtet blir vi fortalt at «Jakob kjempet med engelen og vant.» Og at han bekjente sitt navn som Jakob, som betyr *en som vinner fram ved å bløffe, lure og jukse*. Jakob gråt også og søkte Guds nåde og velsignelse. Jakob kjempet og fikk navnet «*Yisrael*» (Hos 12:4-5).

Den Hellige kom denne Abrahams arving i møte og sa: «Du skal ikke lenger hete Ja'akov, men Yisrael.» Det står også skrevet at JHVH fant Jakob i Beit-El, og talte med ham der, «Og JHVH, hærskarenes Gud – Yisrael er det navn han skal kalles med.» (1Mos 35:10, Hos 12:4-5).

Vår Far gav Jakob navnet Yisrael, og ved Jakob «talte Han med oss». Ved denne velsignelsen talte også JHVH til Jakobs ætt. Han talte til alle som skulle bli en del av Israel. Vår Far talte til oss gjennom Jakob.[17]

Betydningen av navnet

Yisrael er nevnt mer enn 2500 ganger i Skriften og har sitt opp-

16 A'kov/hælgriper: S&BDB # 3290; Interpreter's Dictionary of the Bible, Vol. 2, Abingdon, 1992, s 782-83. Mange legger for stor vekt på Jakobs liv som «luring» og avviser ham derfor (1Mos 27:36, Jer 9:4, Hos 12:3). Men midt i alt dette kan det kanskje tenkes at alt Jakob ønsket var privilegiet å være arving av patriarken. Samme hva grunnen var ser vi at Gud kaller seg selv; Jakobs Gud. (2Mos 3:6)

17 Jakobs navneendring ble bekreftet to ganger: etter at han slåss ved P'niel og like før han stod ansikt til ansikt med Esau (1Mos 32:24-30). Deretter andre gang ved Beit-El (1Mos 35:9-13). Siden «Hele skriften er innåndet av Gud og nyttig til lærdom» gjelder disse sannhetene alle troende fordi de alle har del i Israels borgerskap (2Tim 3:16, Efes 2:11-22).

hav i to ord: *sarah,* som betyr å ha fyrstelig pakt, men også å stå imot, kjempe, holde ut, ikke gi opp, og *El* som betyr styrke, mektig, Gud, og spesielt da Allmektig Gud. Sammen betyr de «Gud seirer.» Det er bare Ham som gav dette gåtefulle navnet som vet hvor store dyp som skjuler seg i det. Det kan defineres på ulike måter: Han skal herske lik Gud; Han skal ikke gi opp; Guds hærmann; og; å kjempe. I de tre første hebraiske bokstavene   , kan vi dessuten lese *yashar, som betyr* «rettet ut, ærlig, rettferdig» Dermed kan vi si at navnet hans kan sies/betyr at Gud skal gjøre Jakob og hans ætlinger rettferdige.[18]

Jakobs navn ble endret til Yisrael, som kan sies å bety: en som kjemper, men også en mektig stridskjempe, en Herrens stridsmann, en som hersker sammen med den allmektige. Skriften forteller oss at Jakob slåss med engelen og med Gud (Elohim). Vi kan derfor slå fast at denne engelen må ha vært Elohim.[19] *Theological Workbook of the Old Testament* sier om dette møtet: «Jakobs kamp var åndelig, i bønn, så vel som fysisk. Og patriarken bestod begge prøvene. Han vant Guds paktskrav om frivillig overgivelse. Han nektet å slippe engelen før Han hadde velsignet ham.» (*TWOT* ord #2287)

Hva kan vi så lære av Jakobs erfaringer? Via anger og iver, i den allmektiges kraft og styrke, vant Jakob seg navnet Yisrael. På lignende måte bør vi søke Messias' nåde og å hengi oss til hans vilje, og klynge oss til ham og ikke la ham fare. Å klynge seg fast er hemmeligheten med å være Israel, å holde seg til er nøkkelen til seier. Jakob beviste sin evne til å stå som en «haltende prins». Dermed blir han et bilde på en som både har lyte og likevel har stor makt på jorden.

Jakobs kall til å være Israel ble gitt ham som menneske, og han fikk kallet til å stå seirende på jorden. Slik er også vårt kall som troende: I makt og styrke fra den allmektige skal vi stå fast og søke seier i våre liv.

Jakob ble, etter å ha slåss med engelen, værende halt resten av li-

---

18 Sarah: BDBL' # H 8280 (TWOT # 2287); Strong's # H 8280 (TWOT # 93). El: Strong's # H 410; BDBL # 3478, side 975. Gud seirer: Brown-Driver-Briggs' Hebrew Definitions, #H3478, Parsons, 1999, Findex.com. Herske/Stå fast: S&BDB # H 3478; Gesenius' Hebrew Lexicon, Hendrickson, 1979, s 370, # 3478. Yasha: S&BDB # 3474.

19 1Mos 16:7,13; 21:17; 22:11-16; 32:24-30; 2Mos 3:2; 13:21; 14:19; Dan 3:25,28; Hos 12:3-5.

vet.[20] På samme måte skal også vi, etter at vi har hatt vårt personlige møte med vår Messias, gå med tydelig gange[21]. Vår åndelige vandring skal være så annerledes at den er fysisk tydelig – på samme måte som Israels halting.

Å ta portene i eie

JHVH sa om Abraham og hans ætt: *«Jeg [skal] storlig velsigne deg og gjøre din ætt så tallrik som stjernene på himmelen og som sanden på havets strand. Din ætt skal ta sine fienders porter i eie.»* (1Mos 22:17)

Abrahams arving, Jakob, ble fortalt at han og hans arvinger skulle ta sine fienders porter i eie, så vel som det landet som var lovet deres fedre (1Mos 15:7, 28:4, 5Mos 1:8). Deres arvinger skulle seire og vinne seg herredømme.

Denne profetien om å ta fiendens porter i eie må nødvendigvis skje i denne verden, fordi i himmelen er alle ting allerede i den skjønneste orden.

Likevel fins det noen som underviser at Messias alene må etablere denne orden, selv om JHVH i tidligere tider brukte mennesker til å utføre sine gjerninger på jorden. Selv om det var Jeshuas verk alene, selv om det er enkelte ting bare Han kan utføre, trenger vi å ha et evigvarende begjær etter seier i våre hjerter. Vi må være et folk som roper ut til Ham og ber Ham hjelpe oss å holde ut når vi står ansikt til ansikt med våre undertrykkere, slik som Israel gjorde da de var slaver i Egypt. JHVH sier: «Jeg har så visst sett mitt folks nød i Egypt. Jeg har hørt deres klagerop over slavefogdene og jeg vet hva de lider.» (2Mos 3:7). Når Han hører våre hjerteskjærende rop, kommer Han og frelser oss.

Mens vi forsøker å stå imot, må vi huske at vi ikke har en strid imot kjøtt og blod, men mot maktene, mot myndighetene, mot herskerne av mørket i denne verden, mot ondskapens åndehær i himmelrommet

---

20 1Mos 32:25,31-32
21 Oversetters kommentar: Man kan godt si at mennesker skal kunne kjenne «lusa på gangen».

(Efes 6:12, 1Mos 4:7). Vi må først søke å mestre det onde i våre egne liv, ved å ta tanker til fange og være sikre på at våre motiver er underlagt Messias. Hans Rike for Israel, som ikke er av denne verden, må først bygges i våre hjerter. Først da kan vi bli virkelig utrustet av Ånden til å stride våre jordiske strider.[22]

Israels todelte kall

Kjøtt og blod kan ikke arve Guds Rike. Enn mer, vårt kall er ikke et kall om å seire i kjødet, det er i stedet et kall til å tjene i ånden – slik Messias gjorde det. Å arve JHVHs Rike betinger at vi er åndelige, fordi Han er Ånd. Vi må tilbe Ham i ånd og sannhet, og vi må lære å gjøre det – her på jorden, mens vi fremdeles er i våre kjødlige legemer.

Skaperens orden eller rekkefølge, er at først blir et frø sådd i det naturlige og deretter oppreist som åndelig. Prosessen begynner i den fysiske verden og kulminerer i den åndelige (1Kor 5:36-50, Joh 4:24).

Jakob ble gitt sin tittel fordi han fysisk nektet å slippe Herren. Han holdt ut og ville ikke slippe, og fikk derfor navnet Israel. Slik er det også for oss. Jeshua sa: «Dere skal bli hatet av alle for mitt navns skyld. Men den som holder ut inntil enden, han skal bli frelst» (Matt 10:22).

Hvem skal herske?

Å være Israel er å være en som hersker sammen med den allmektige. Dermed kan vi slå fast at vårt spørsmål «Hvem er Israel?» kan sidestilles med «Hvem skal herske sammen med den allmektige?»

Enten vi forstår det eller ikke, er det mange som kjemper om tittelen *Israel* fordi de feilaktig ønsker å herske over andre; de ønsker å være opphøyde, de som hersker (1Kor 4:7-8; Gal 4:17). Men Messias sa: «Om noen vil være den første, han skal være den siste av alle, og alles

---

22 Å mestre synd: 1Mos 4:7; 2Kor 10:5; Matt 7:3-5. Riket for Israel: 1Krøn 14:2; 17:14; 28:5; 29:23; 2Krøn 9:8; 13:5,8; Jes 9:6-7; Luk 1:32-33; Efes 5:5; Heb 1:3; 3:6; 8:1; 10:12; Joh 18:36. Utrustning: 2Krøn 20:15-22; Jos 10:25; Sak 10:5; 14:14;1Tim 1:18; 2Tim 4:7.

tjener» (Mark 9:35). For å være Israel, må en først bli tjenernes tjener (Jes 44:21, 49:1-6)

Tjener. Israel. Disse konseptene kan ikke skilles fra hverandre.

Israel er også en gitt tittel. I dette livet kan mennesker midlertidig grabbe en tittel selv, men til syvende og sist er det et navn som kommer til å bli gitt av den Allmektige alene. Israel er et navn som er gitt av Faderen til Hans barn, Hans sønner[23], og det er bare Faderen som kan gjøre en sønn arveløs. Brødre kan ønske å gjøre det, men de har ikke den retten på sin side.

For å finne ut hva som hendte etter velsignelsen ble gitt til den ene som slåss og vant fram, stiller vi følgende spørsmål: Hvem gav Jakob velsignelsen videre til, den han fikk av sine fedre? Gav han den videre? Og dersom han gjorde det; hvem tilhører da tittelen nå?

---

23 2Mos 4:22; Sal 89:27; Jer 31:9.

3.

JAKOBS FØRSTEFØDTE ARVING

Jakobs to hustruer, Leah og Rachel og tjenestekvinnene deres, Zilpah og Bilhah, ble mødre til Jakobs tolv sønner. Da de ble voksne og selv patriarker, ble brødrene kjent som Israels tolv stammer. Leah var mor til Jakobs førstefødte, Ruben, og tittelen «førstefødt» skulle ha vært hans. Krønikebøkene forteller derimot at det ikke var han som var Jakobs arving, men i stedet at «førstefødselsretten [ble] gitt til Josefs, Israels sønns, sønner, og [Ruben] ble ikke innført i ættelisten som den førstefødte» (1Krøn 5:1-2, o.f.a.)[24]

Jakob gav førstefødselsretten til sin elskede Rachels førstefødte sønn. Han gav den til Josef, og Josefs sønner.

I oldtidens Israel bestod førstefødselsretten av en dobbel del og forrang i familien (som igjen betyr at han hadde retten til å opptre som familiens hersker). JHVH bød at familiens far måtte «kjennes ved den førstefødte, [...] og gi ham dobbel del av alt det han eier,» og at «det er han som har førstefødselsretten». (5Mos 21:17)

Den førstefødte ble gitt dobbel del av arven, slik at han kunne opptre som gjenløser for sine brødre.[25] Denne førstefødselsretten, kalt *mishpat*, taler om å bli istandsatt som familiens hode, og familiens gjenløser.[26] Når det gjelder dette privilegiet, skriver en rekke bøker følgende:

---

24   *Unger's Bible Dictionary* sier, "Jakob tok primogeniturretten fra Ruben (5Mos 21:17) på grunn av hans incestuøse adferd ... og overførte den til Josef ved å adoptere hans to sønner". (s 368). Se også *Wycliffe Bible Encyclopedia*, Moody, s 27.

25   Se 2Mos 6:6; 3Mos 27:13; Rut 3:9; 4:4; Jes 59:20

26   *S&BDB* #'s H 4941 (og *TWOT* 2443) og 1062 respektive.

❑   «Løftene til patriarkene ble sett på som å tilhøre
den førstefødte.»[27]

❑   «Han var hele familiens prest»[28]

❑   «Han ble respektert som leder ... og fikk dobbel del.» [29]

❑   «Han arvet lederskapet i familien ... (1Mos 43:33).»[30]

❑   «Han ble gitt forrang i familien ... hellighet, autoritet,
suverenitet, ansvar, etterfølgelsesrett... han ble den
neste lederen i familien... og i ham hvilte hele den sosiale
gruppens sjel og karakter, slik at han hadde ansvar for
dens videreføring og velferd.»[31]

Jakob overførte denne lederposisjonen som førstefødt til Josef og
hans sønner, og Josef ble gitt dobbel del (1Mos 48:21-22).

Som ung mann hadde Josef to profetiske drømmer som bekreftet
dette. I disse drømmene skulle hans brødre bøye seg for ham (1Mos
37:5-28). Disse drømmene talte om Josefs kommende stilling som le-
der. Da han fortalte dem om denne drømmen, ble brødrene hans svært
sinte. De kunne ikke forestille seg at denne sønn nummer elleve skulle
innta posisjonen som familiens hode. Tanken på at Josef skulle herske
over dem gjorde dem så vrede at da de fikk ham på enehånd, kastet
de ham i en brønn. Da muligheten bød seg solgte de ham videre til en
gruppe ishmaelittiske handelsmenn på veg til Egypt.

Etter en hard tid i Egypt steg Josef til maktens tinder, og ble bare
underordnet Farao selv. Han giftet seg også med Asenat, datteren til
Potifera, presten i On, og de fikk to sønner, Manasse og Efraim.

Den fengslende historien om hvordan førstefødselsretten ble gitt
fra Josef til hans sønner står å lese i 1Mos 48. For å se historien utvikle
seg trenger vi nok en gang å vandre over tidens sanddyner til et patri-
arkalsk telt et sted i Egypt:

---

27 Wycliffe Bible Encyclopedia, Moody, 1983, s 609
28 Unger's Bible Dictionary, Moody, 1974, s 367
29 Zondervan Pictorial Encyclopedia, Vol. 2, Zondervan, 1976, s 540
30 *The New Harper's Bible Dictionary*, Harper & Row, 1973, s 194; 2Krøn 21:3
31 *Interpreter's Dictionary of the Bible*, Vol. 2, Abingdon, 1962, s 270-271

«Din far er syk,» sa den unge budbæreren idet han bøyde seg ned foran sin mester og Herre. Josef, som var viseregent i Egypt, samlet da sine sønner og de fulgte ham mens han raskt drog av gårde til Jakobs telt. Tårene vellet fram i Josefs øyne da han steg fram for sin aldrende fars seng.

Da Jakob så sin elskede sønn samlet den gamle all sin styrke og satte seg opp, mens han sa til Josef: «Den Allmektige Gud har sagt til meg, 'Se jeg skal gjøre deg fruktbar og tallrik, og jeg skal gjøre deg til en mengde folkeslag.»

Jakob fortalte dette til Josef fordi han visste at tiden var kommet for å gi videre velsignelsen som skulle føre til oppfyllelsen av løftet den Allmektige hadde gitt, at han, Jakob, skulle bli far til en mengde folkeslag. «Og nå», sa den aldrende Jakob, «før dine to sønner, Efraim og Manasse, frem for meg så jeg kan velsigne dem.»

Josef førte sine sønner mot sin far og valgte spesifikt hvem som skulle stå hvor, den eldste, Manasse, ved Jakobs høyre hånd. Men Jakob la armene i kors og la høyre hånd på Efraims hode og venstre hånd på Manasses hode.

Så velsignet han guttene; «Må de vokse til store skarer på jorden». Josef hørte sin far tale dyrebare hebraiske ord over hans sønner; *Va'yig'de'lu la'rov*... må de formere seg og bli svært mange, som mengder av fisk – må de yngle og bli tallrike.[32]

Patriarken fortsatte å velsigne Josefs sønner. «Manasse skal bli et folk og også han skal bli et stort folk, men hans yngre bror skal bli større enn ham og hans etterkommere skal bli hedningenes fylde.»

Nok en gang ser vi for oss de hebraiske ordene henge i den egyptiske luften. Efraims etterkommere skulle bli «*melo hagoyim*».

Dette løftet rystet Josef. Etterkommerne etter Efraim skulle bli hedningenes fylde – en skare av nasjoner! De skulle bli så tallrike at de

---

32 *ArtScroll Tanach Serien* (kommentarer fra *Talmudiske, midrashiske* and *rabbinske kilder, heretter benevnt som ArtScroll*. Oversetter dette verset slik: «;"de formere seg like hurtig som fisk» (1Mosebok, bind 6, Mesorah, 1982, s 2115-2117). Dette verset kan også oversettes: «Må de bli mange, må de vokse til en stim av fisk» (slik er det oversatt i New Concordance of the Tanach av Rimona Frank, hebraisk redaktør). Kanskje denne tanken er den som passer best, fordi «menneskefiskere» en dag skulle sendes utover hele verden for å samle det adspredte Israel. (Matt 4:19)

skulle komme til å fylle landene til andre nasjoner.[33]

Josefs sønner var en del av JHVHs planer om å gi Abraham skarer av etterkommere og måten det skulle bli gjort på ble proklamert: Først skulle det bli en enkel nasjon, og deretter, en gruppe, eller en samling av nasjoner.

Josef smilte. Han følte seg beæret over å være en del av et løfte som kom til å berøre hele verden så vel som kongeriket til den ene sanne Gud, Israels Gud. «Mine fedres Gud skal være med deg, Josef,» sa han i det han la seg ned på sengen sin igjen.

Jakob hadde overført sin lovede velsignelse til Josef og hans sønner. Nå kunne han hvile (Se 1Mos 48:1-22).

En høyst bokstavelig allegori

Faderen lovet Jakob; «Et folk, ja, en mengde med folkeslag skal stamme fra deg, og konger skal utgå av dine lender» (1Mos 35:11). Uansett begynte Israel som «en enkeltstående nasjon», og under Gud, Hyrden, begynte han å samle en «menighet av nasjoner» (Ezek 34, Joh 14).

På samme måte som Paulus brukte Sara og Hagar som eksempler for det himmelske og det jordiske Jerusalem (Gal 4:24-27), slik kan den enkle stammen Manasse, som var Josefs sønn, ses på som en frittstående nasjon som var det gammeltestamentlige Israel. De samlede stammene, som senere ble kjent som «Efraim», kan ses på som en representant for de troende i Messias som blir samlet fra mange nasjoner, som den nye pakts Israel. Vi skal komme nærmere tilbake til dette senere. Men akkurat nå skal vi vende tilbake til Jakobs mangfoldige velsignelse.

---

33 ArtScroll sier at *m'loh* betyr «fylde» og «konnoterer enorme mengder». Hans sæd skal bli en mengde nasjoner… de skal komme til å bo i land som tilhører andre nasjoner (1Mosebok, Vol 6, Mesorah, 1982, s 2121). Melo blir også brukt i Salme 24:1, « Jorden tilhører JHVH - og alt det som fyller (melo) den, verden og de som bor der.» eller fra en annen oversettelse «alt som finnes i den». Strong's definerer melo (H4393) som «fylde» og «goy» (H1471) som «folkeslag, hedninger, nasjoner, folkegrupper.»

Josefs doble del

Den Allmektige sa til Jakob: «Se, jeg vil gjøre deg fruktbar og tallrik og gjøre deg til en mengde folkeslag. Og jeg vil gi din ætt etter deg dette landet til evig eiendom» (1Mos 48:2-4). Josef var Jakobs sønn med sin elskede Rachel og Jakob elsket Josef høyere enn alle sine sønner. Derfor sa også Jakob til Josef: «Dine to sønner som ble født deg i landet Egypt, før jeg kom til deg her i Egypt, de skal nå være mine. Efraim og Manasse skal tilhøre meg likesom Ruben og Simeon». Jakob ba også over Josefs to sønner og sa: «må [de] kalles med mitt navn, og med Abrahams og Isaks navn.» (1Mos 37:3, 48:5,16)

Fysiske barnebarn, så vel som åndelige sønner

Gjennom denne handlingen sies det at Israel «adopterte» Josefs to sønner. Det var imidlertid ikke en adopsjon i normal betydning, fordi de to guttene var Jakobs *biologiske barnebarn*. Adopsjonen av disse barnebarna var slik at disse *naturlige arvingene* ble flyttet over i en stilling som respektive *første- og annenfødt*.

Dersom vi ser det hele i sammenheng, ser vi at denne handlingen fremstiller naturlig avkom som adoptert inn i en stilling som «åndelige sønner». Paulus taler på samme måte om sine brødre, «som er israelitter», og sier at «dem tilhører barnekåret» (Rom 9:4). Jakobs uttalelse, «må [de] kalles med mitt navn» kan ha vært en anerkjent adopsjonsformel på den tiden.[34] Uansett hva det var, ble Josef gitt dobbel del som skulle ha gått til den førstefødte (5Mos 21:17). Josefs etterkommere skulle heretter være kjent som de to stammene Manasse og Efraim, heller enn Josefs enkeltstående stamme. Jakob førte deretter sin velsignelse ytterligere ett steg videre. Josef tok «Efraim i sin høyre hånd mot Israels venstre, og Manasse i sin venstre hånd mot Israels høyre, og førte dem fram til ham» (1Mos 48:9,13).

Skriften forklarer guttenes posisjon i forhold til Israels hender, for-

---

34 Wycliffe Bible Encyclopedia, Moody, 1983, s 27

di, som det står i *ArtScroll Tanach*: «Tradisjonelt velsigner man en person ved å legge sin hånd på en persons hode... høyre hånd blir foretrukket for å gjennomføre mitzvot, og har derfor åndelig forrang.»[35]

1Mosebok åpenbarer at «Israel strakte ut sin høyre hånd og la den på Efraims hode, som var den yngste, og sin venstre hånd på Manasses hode, med armene i kors, selv om Manasse var den som var førstefødt». (1Mos 48:14).

På denne måten satte Jakob Efraim foran Manasse og proklamerte at Efraim skulle være Josefs arving. Jakob klargjorde videre denne arverekkefølgen da han sa: «Efraim skal være min, på samme vis som Ruben,» eller sagt med andre ord: «Efraim skal være som min førstefødte.» (1Mos 48:5,20).

Josefs testamente

Jakob skrev på denne måten Josefs testamente for ham, med en handling som Ezekiel senere bekrefter når han sier: «Josefs stav... ligger i Efraims hånd» (Ezek 37:19)

Eierskapet til denne «staven» indikerer Efraims lederskap over Josefs stamme, fordi Faderen hadde instruert Moses; « Tal til Israels barn, og få tolv staver av dem, en stav for hver stamme. Av hver stammehøvding skal du få en stav, og på den skal du skrive hans navn ... Det skal være en stav for hvert overhode over deres stammer.» (4Mos 17:2-3). Denne kjeppen, eller staven, fungerer som symbolet for familiens lederskap[36] og Efraim holder Josefs stav.

Abrahams arving var Isak, og Isaks arving var Jakob. Deretter var Jakobs arving Josef, og Josefs arving var Efraim. Men hvorfor var Josefs arving gitt til Efraim, heller enn til Manasse som var Josefs reelle førstefødte? Hvilket budskap er det Faderen gir oss ved disse handlingene? Lærer han oss noen prinsipper om hvordan den patriarkale førstefødte ble utvalgt?

---

35   *ArtScroll, 1Mosebok*, Vol. 6, Mesorah, 1982, s 2098. *Mitzvos/mitzvot*: rettferdige nådehandlinger.
36   Kjepp/Stav: *matteh*, betyr kjepp eller stav. *TWOT* #1352

Guddommelig utvelgelse

Abrahams fysiske førstefødte var Ishmael, men den Hellige valgte Isak, Abrahams sønn nummer to, som arving. Dernest ble Isaks førstefødte, Esau, forbigått til fordel for Jakob. Deretter sørget Jakob for at hans førstefødte Ruben ble forbigått og valgte Josef, sin ellevtefødte sønn. Til sist ble Manasse forbigått til fordel for Efraim. Hver av disse utvalgte arvingene hadde en ting til felles: Selv om alle var biologiske arvinger ble de alle gjort til førstefødte arvinger ved en slags adopsjon som førte dem inn i barnekåret.

Guddommelig innblanding

Med unntak av den gåtefulle Efraim har hver eneste av de ovennevnte førstefødte arvingene vært avhengige av guddommelig innblanding for å føre dem dit de var. Vi leser om deres mødre:

❑ «Sarai var ufruktbar og hadde ingen barn.» Men Faderen sa: «Jeg vil velsigne henne… og hun skal bli til folkeslag» (1Mos 11:30, 17:16).

❑ «Isak bad til JHVH for sin hustru, fordi hun var barnløs. Og JHVH bønnhørte ham, hans hustru Rebekka ble med barn.» (1Mos 25:21).

❑ «Rachel var ufruktbar… da kom Gud Rachel i hu, og Gud hørte henne og åpnet hennes morsliv» (1Mos 29:31, 30:22)

Morslivet til disse mødrene til Isak, Jakob og Josef måtte alle åpnes av Den Hellige, men dét var ikke tilfelle med Efraim (et poeng vi skal komme tilbake til litt senere).

Isak, Jakob, Josef og Efraim vant ikke sine posisjoner basert på biologisk fødselsrekkefølge, men ble i stedet arvinger ved å bli «adoptert» inn i stillingen som førstefødt.

Denne sannheten bekrefter det faktum at selv om en er en fysisk arving er det fremdeles vår Fader som fører fram de utvalgte førstefødte. Slike arvinger blir avgjort ifølge JHVHs utvelgelse. Som Paulus skriver er det ikke arv basert på menneskers begjær eller strev, men på Guds nåde (Rom 9:16). Det hele avhenger av Faderens *chesed*, Hans *ufortjente nåde*.

Disse eksemplene lærer oss at den naturlige førstefødsel kan bli satt til side for en som er en åndelig førstefødt. Å være naturlig og fysisk sønn er ikke nok. Vi trenger også å være åndelige sønner. Dette bildet viser oss at vi i vår første (naturlige) fødsel ikke er for annet enn syndere å regne. I vår andre (åndelige) fødsel blir vi virkelig Guds sanne barn.[37]

En førstefødts profil

I Israel tilhørte den førstefødte JHVH (2Mos 13:2,15). Som familiens prest innehadde eller representerte han den sosiale gruppens sjel eller karakter. Som hode for familien ble han gitt autoritet og respekt som leder blant brødrene. Som den førstefødte, mottok han den ledende stillingen i familien. Sagt med andre ord ble han familiens herre og ble gitt en ekstra eller en «dobbel» del, slik at han skulle være i stand til å ta seg av uforutsette familiebehov.

Til tross for denne regelen var det mulig for Faderen å ta førstefødselsretten fra denne førstefødte. Fødselsrekkefølgen ble alltid tatt med i regnestykket, men ble ikke alltid avgjørende, og tilfellene når det gjelder førstefødselsretten – gir gode eksempler på guddommelig utvelgelse.[38]

Fikk Efraim lederskapet?

I Israel mottok den førstefødte lederskapet. Han fungerte som suveren prest i familien.[39] Når det ble nødvendig skulle han fungere som

---

37 Joh 1:12; 3:1-7; Rom 9:8-13; 1Kor 15:22,45-47

38 *Wycliffe Bible Encyclopedia*, Moody, 1983, s 609-610; 843

39 Den prestelige rollen var den førstefødtes alene inntil opptrinnet med gullkalven da den førstefødte unnlot å holde familiene unna avgudsdykelsen – bortsett fra Levi stamme. På grunn av deres iver etter å

gjenløser, og var derfor utrustet til dette med dobbel del. Fullførte så Efraim, som Jakobs førstefødte sitt kall for å bli det neste familieoverhodet, det hodet som styrte Israels sjel og karakter? Ble Efraim en mektig og stridende prins?

Abraham og hans arvinger/ætlinger

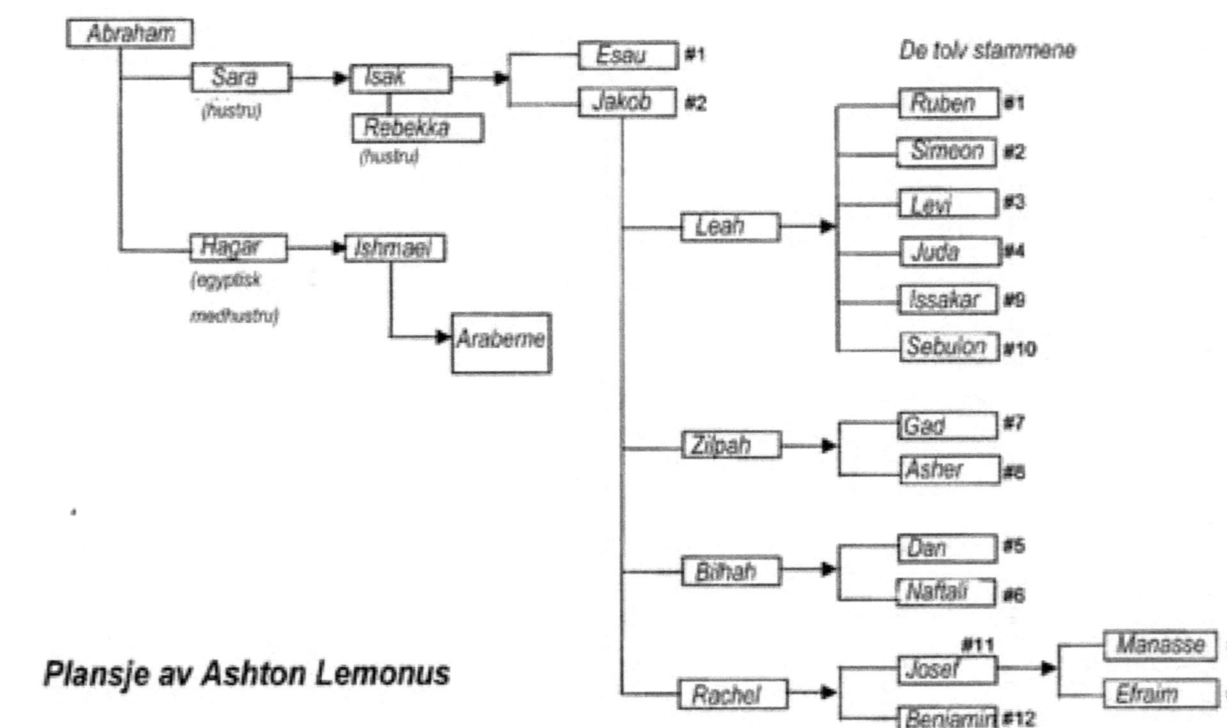

Plansje av Ashton Lemonus

4.

EFRAIMS PROFIL

Som *individuelt navn* er Efraims navn bare nevnt 14 ganger i Skriften[40]. Vi blir fortalt at han ble født i Egypt, som Josef og Asenats andre sønn, og at han fikk navnet *Efraim* fordi hans far sa: «Gud har gjort meg *fruktbar* i det land hvor jeg led ondt» (1Mos 41:52).

Til syvende og sist ble Efraim ført fram for Jakob og proklamert som hans førstefødte arving, akkurat som om han var Jakobs «førstefødte sønn». Siste gang Efraim er nevnt i Skriften – som person – finner vi i 1Mos 50:23 -; «Josef fikk se Efraims barn i tredje ledd». Etter dette forsvinner den heller forgjengelige Efraim ut av bildet. Han som hadde et navn som betyr «dobbelt fruktbar» forsvinner ut av syne[41], uten at det blir sagt noe som helst om at han videreførte sin velsignelse til noen annen.

Et splittet hus

Etter at Jakob velsignet Efraim ble hans etterkommere regnet som en enkeltstående stamme. Flere år senere ble ti av Israels tolv stammer kollektivt kjent under samlenavnet Efraim, efraimitter og Israel[42].

---

40 1Mos 41:52; 46:20; 48:1,5,13,14,17,20; 50:23; 4Mos 26:28; 1Krøn 7:20,22

41 Strong's definerer Efraim som «dobbel frukt» (# H 669); Gesenius Hebrew Lexicon, Hendrickson, 1979, sier, «dobbelt land» (# 69, p 73).

42 Dom 12:4-6; 1Kong 11:31-37; 12:21; Jes 7:5-9; 7:17; Ezek 37:16-19; Hos 5:12,14; 6:4; 10:11; Sak 9:13.

Omkring den tiden da Salomo døde begynte Israels tolv stammer å bli delt i to hus: Juda og Efraim. Selv om alle de tolv stammene var Jakobs etterkommere og med rette kunne sies å være av Israel[43], ble de som tilhørte Sørriket kalt «Juda» og de som tilhørte Nordriket primært kalt «Israel». Dette kan være grunnen til at Faderen sier: «Israel er min sønn, min førstefødte». Dette betyr også at «Israel» er et navn som følger førstefødselsretten. Akkurat som førstefødselsretten ble gitt til Efraim, slik ble førstefødselsnavnet Israel også tilskrevet disse efraimittiske arvingene (2Mos 4:22, Jer 31:9).

De tapte stammene

Nordriket av Israel bestod av ti stammer (1Kong 11:35) og ble værende slik i drøye to hundre år (975-721 FK)[44]. På grunn av at mange efraimitter ofte fulgte de hedenske skikkene til sine hedenske nabofolk, valgte noen av de trofaste å heller slutte seg til det mer gudelige folket i Juda[45]. I løpet av en treårsperiode ble disse efraimittene regnet som undersåtter i Judea, men da Juda falt i de samme syndene, vendte efraimittene i Judea hjem til sine eiendommer, og begge de to hus forble adskilte kongedømmer[46].

Selv om Skriften snakker om grader av blandingsekteskap og flytting mellom kongerikene, og mens mennesker kunne flytte fra sitt stammeland til et hvilket som helst av de andre, kunne de ikke ta arvelandet med seg. Land kunne leies ut, men ikke selges til evig tid[47]. Dersom noen flyttet til land som tilhørte en annen stamme, endret ikke det den stammemessige tilknytningen. For eksempel kunne noen fra Aser stamme bo i blant folkene i Sørriket og regnes som borgere av

---

43   2Kong 17:34 taler om «Jakobs sønner, som Han (JHVH) kalte Israel.»

44   Knapp, Christopher: The Kings of Judah and Israel, Neptune NJ: Loizeaux Brothers, 1983, s 27-28.

45   Juda hadde likevel tydeligvis ikke representanter fra alle stammene, se 2Krøn 11:14; 15:9; 30:11,18; 2Kong 17:28; 1Kong 12:21 for lister over de som flyttet over. Se også New International Version Study Bible, Zondervan, 1995, fotnote (heretter: NIV Study Bible).

46   1Kong 12:17; 2Kong 16:2-4; 17:19; 2Krøn 11:16 -17; 30:1-25; 31:1; Ezek 23:1-49.

47   1Kong 22:4; 2Kong 8:18; 2Krøn 22:11; 3Mos 25:13,29-31; Jud 21:24

det riket, men deres individuelle stammemessige identitet var og ble den opprinnelige.

Denne restriksjonen på salg av land begrenset trolig blandingsekteskap i noen grad, men det er grunn til å tro at det i begge grupper fantes representanter fra hver stamme, samme hvor små disse ansamlingene var.

Likevel var de to husende ulike enheter helt til slutten. Det var endatil vedvarende stridigheter de to husene imellom, noe som ikke opphørte før Assyria tok hele Efraim og førte dem i fangenskap[48]. Slik hadde det seg at folkene fra Efraim Israel ble kjent som «de ti tapte stammene».

Efraim og samaritanerne

Når det gjelder de israelittene som ble tatt til fange av Assyria leser vi følgende: «Israel erfarte sine første deportasjoner under Tiglat-Pelieser III (745-727 FK), en grusomhet som ble gjentatt av Sargon II (722-705 FK) da Samaria falt. Den siste kongens inskripsjoner skryter av at han bortførte 27 290 innbyggere fra Samaria (byen) som krigsbytte»[49] …disse ble sendt til Assyria, til Halah (Calah?), til Gozan ved elven Habor, og tydeligvis til de østre grensene av riket (til byene i Media, trolig i nærheten av Ekbatana, det moderne Hamadan[50]).

Assyrerne praktiserte en unik metode for å kontrollere nybeseirede land under denne perioden: De spredte lederne blant forskjellige nasjoner, og flyttet andre beseirede ledere inn i de nylig beseirede landområdene. På den måten ble alle områdene destabilisert og det ble mindre sjanse for at folk fikk samlet seg og gjort opprør.

Assyriske dokumenter forteller at adelige familier ble fanget, mens

48   Den siste krigen dem imellom ble ført i 735 FK. Se Chronological Charts of the Old Testament av John H. Walton, Zondervan, 1978, s 62; 1Kong 14:30; 15:16; 2Kong 15:37; 16:5-6.

49   Dette tallet omfatter ikke alle de som totalt ble fort bort. «Tiglat-Pelieser, kongen i Assyria kom og tok Ijon og Avel-Bet-Ma'aka og Janoah og Kedes og Hasor og Gil'adh og Galilea, hele Naftalis land, og han bortførte innbyggerne til Assyria» (2Kong 15:29) Det totale antallet bortførte er ukjent. Vi leser også at « Den by som tusen drar ut av, skal ha hundre igjen, og den by som hundre drar ut av, skal ha ti igjen, i Israels hus» (Amos 5:3, 3:12)

50   NIV Study Bible, Kart, Nordrikets bortførelse, s 550

bønder og jorddyrkere ble etterlatt for å ta vare på dyrket mark[51].

Jordarbeidere og fiskere ble tvunget til å bli værende for å besørge mat til sine seierherrer og ble til syvende og sist assimilert inn i det assyriske riket. Likevel kan noen få ha holdt ut. Enkelte efraimitter kan ha levd i generasjoner under herreveldet til sine assyriske seierherrer, uten å glemme at de reellt sett var etterkommere av Israel.

Etter at Israel opphørte å være identifiserbare som et eget folk (Jes 7:8, Hos 1:10; 2:23), og etter at noen av Judas folk vendte tilbake fra Babylon for å gjenreise templet, begynte de av Jakobs sønner som var tilbake å bære navnet «jøder». Dermed kan det ha vært efraimittiske fiskere blant dem, slik som [kanskje] apostelen Peter.

Når det gjelder hva som skjedde med efraimittene forteller Ordet at Efraim ble spredt i Hala, ved [elven] Habor, ved elven Gozan og byene i Media. «Senere førte kongen av Assyria menn fra Hamat og Sefarvaim og bosatte disse i byene i Samaria i stedet for Israels sønner. Derfor tok de Samaria (Israels hovedstad) i eie og ble boende der i byene» (2Kong 17:6,24, TNKH, 1Krøn 5:26). Blant denne blandede folkegruppen av assimilerte og omplasserte folk fantes også dem som senere ble kjent som samaritanerne. De ble generelt sett foraktet av folket i Juda, en holdning som fortsatte endatil over i nytestamentlig tid. (Luk 9:52-53; Joh 4:9,8;48)

Langt unna – mye senere

For å forstå hva som skjedde med Efraimsfolket, trenger vi å forstå at de, på den tiden de ble ført bort i fangenskap:

❑ Hadde sin egen konge og fungerte som egen stat. (2Kong 17:1-3)

❑ De ble bortført til byer som lå fra 400 til 600 kilometer nord for Babylon, den byen hvor Juda ble bortført til.

❑ Det gikk 135 år, eller flere generasjoner før Juda ble bortført.

---

51 NIV Study Bible, Zondervan, s 550

❑   Juda ble bortført til «elven Kebar» (Ezek 1:1) mens Efraim
    ble spredt «på den andre siden av Eufrat» (1Kong 14:15)

Det lå mange mil og flere generasjoner mellom bortføringen av
Efraim til Assyria og den senere deportasjonen av Juda til Babylon.
Dessuten var disse to folkene åpenlyst fiendtlig innstilte til hverandre
da de bodde i det lovede land. På tross av disse fakta, er det mange tro-
ende som ikke greier å se forskjellen på de to kongerikene. De forstår
ikke at de to husene ble bortført på forskjellig tid, og at hvert av husene
er gitt ulike profetier og løfter. Det er som om mange av dem som tror
på Messias var og er blindet for sannheten når det gjelder hele Israel.

Assimilert inn i fremmede omgivelser

Encyclopaedia Judaica forteller om efraimittene etter at disse ble
beseiret av Assyria: «Det er tydelig at de som en regel ikke hadde status
som slaver eller som en undertrykt folkegruppe. De bortførte ble først
bosatt i Mesopotamia som landdyrkere for kongen ... arbeiderne ble
deretter ansatt til å arbeide for staten. Til sist oppnådde noen av de
bortførte økonomisk og sosial status og innehadde endatil høyerestå-
ende stillinger i den assyriske administrasjonen... En stor del av et-
terkommerne av de bortførte israelittene slo rot i det mesopotamiske
samfunnet og førte til en endelig absorpsjon i fremmede omgivelser[52].

Alle jøder var israelitter
Men ikke alle israelitter var jøder

For å forstå Israel må vi forstå at de bortførte efraimittene var isra-
elitter, ikke jøder. Når de boddc i landet før de ble bortført, ble de ikke
kalt jøder, men israelitter.[53] Straks de var bortført fra sitt fedreland,
levde og arbeidet de i Assyria. De slo seg til i det mesopotamiske sam-
funnet og ble der absorbert. I det ytre kunne nok disse efraimittene se
fremmede ut. Som profetert ble de «hedninger». Judeerne derimot ble

---

52   Encyclopaedia Judaica, Keter Publishing, 1972, Jerusalem, Exile, Assyrian, s 1036
53   «Jøde» er avledet av «Judeer», (Hebraisk: Jehudi).

tatt til fange mer enn 125 år senere. Hvor enn de ble spredt, har alltid det jødiske folket forsøkt å holde seg adskilt identitetsmessig fra de nasjonene de har levd i. De har slåss mot assimilasjon.

Som kontrast ønsket efraimittene å bli som hedningene. De likte de hedenske tradisjonene. Derfor lot Faderen dem forsvinne blant nasjonene og tilsynelatende bli «hedninger». Det var Efraims lodd.

Fra denne korte historieleksjonen ser vi at tegnet på Efraims folk at er at de mistet sin israelske identitet. De forstår ikke at de selv er en del av en stor forsamling av et folk som er mektig velsignet av Israels Gud.

En ny fødsel?

Hvor er efraimittene idag?

Encyclopaedia Judaica anfører at Josefus, historikeren fra det første århundre, skriver i sitt verk *Jødenes Historie*; «De ti stammene har frem til nå vært hinsides Eufrat og utgjør en stor skare som ikke kan telles[54].»

Den kjente jødiske troende teologen Alfred Edersheim fra det nittende århundre skrev i sitt høyt respekterte verk, *The Life and Times of Jesus the Messiah*, «hovedtyngden av de ti stammene var på Messias' tid, som i vår egen – tapt for den hebraiske nasjon.» Edersheim kaller dem «de vandrende ti stammene hvis usporlige fotspor synes like mystiske som deres senere endemål.» I hans studie av rabbinske tanker, når det gjelder de tapte stammene, konkluderer han:

«Når det gjelder de ti stammene, ligger denne sannheten under… at like steilt som deres frafall fra Israels Gud og tilbedelsen av Ham hadde avskåret dem fra Hans folk, like standhaftig er også fullendelsen av de guddommelige løftene til dem i de siste tider, som om det er en ny fødsel – der de atter skal bli Israel.»[55]

Har efraimittene, slik som Edersheim antyder, opplevd en gjenfødelse? Har de guddommelige løftene til dem noensinne blitt oppfylt? Har de, etter å ha forsvunnet blant de hedenske nasjonene, atter en gang blitt Israel?

---

54   Encyclopaedia Judaica, 1972, Keter, Ten Lost Tribes, s 1004
55   Life and Times of Jesus the Messiah, 1973, Eerdman's, s 15-16; s 14; and s 15, respektive.

Det delte kongeriket

930-586 FK

Delingen av Salomos kongerike hadde geografiske og politiske årsaker, med røtter som strakte seg tilbake til tidligere stammemessige rivaliseringar. Israel lå nærmere de fønikiske byene og de viktige handelsrutene enn Juda, som hadde sit kjerneland på et høysletteliknende område høyere enn distriktet omkring Samaria.

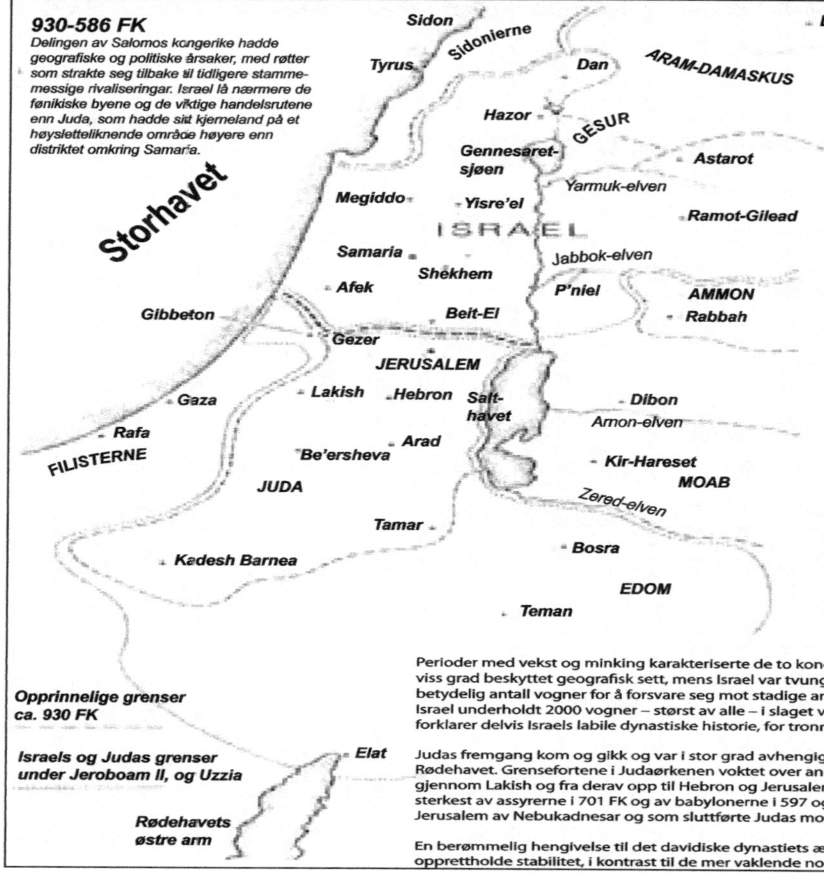

Opprinnelige grenser
ca. 930 FK

Israels og Judas grenser
under Jeroboam II, og Uzzia

Arameerkrigene var voldsomme og ødeleggende hærtog mellom kongeriket Damaskus og Israel i størstedelen av det niende århundre FK. Disse såkalte Aramaisk-Efraimittiske krigene tok slutt med Z Jeroboam IIs og førte med seg en fremgangsrik tid for Israel.

Tiglat-Pileser IIIs hærtog ble svært ødeleggende, etter at man tok i bruk beleiring som krigsmetode. Innen 732 FK, var nord-riket helt underlagt Assyria.

Det siste slaget og ødeleggelsen av Samaria fant sted i 722/21 FK etter en lang beleiring. De overlevende innbyggerne ble ført i eksil til fjerne steder i det assyriske riket og nye bosettere ble ført til Samaria.

Benjaminsgrensene ble et spørsmål som førte Juda og Israel ut i konflikt tidlig i deres felles historie. Etter et slag mellom Asa og Ba'asam ble grensen til sist fastslått til å gå syd for Beit-El i Benjamins territorium.

Kongen av Moab, Meshas, rolle var først som undersått og deretter rebell, som både fremgår av Bibelen og andre historiske skrifter.

Perioder med vekst og minking karakteriserte de to kongrikene i perioden 930-722 FK. Juda var til en viss grad beskyttet geografisk sett, mens Israel var tvunget til å utvikle en effektiv stående hær med betydelig antall vogner for å forsvare seg mot stadige angrep. Assyriske tekster forteller at Akab av Israel underholdt 2000 vogner – størst av alle – i slaget ved Kargar i 853 FK. Denne militarismen forklarer delvis Israels labile dynastiske historie, for tronrøverne var ofte offiserer i hæren.

Judas fremgang kom og gikk og var i stor grad avhengig av kontroll over handelsrutene til Egypt og Rødehavet. Grensefortene i Judaørkenen voktet over ankomster via Edom. «Hoveddøren» til Juda var gjennom Lakish og fra derav opp til Hebron og Jerusalem. Hovedstaden ble beleiret en rekke ganger, sterkest av assyrerne i 701 FK og av babylonerne i 597 og 586 FK, noe som førte til ødeleggelsen av Jerusalem av Nebukadnesar og som sluttførte Judas monarki.

En berømmelig hengivelse til det davidiske dynastiets ætt karakteriserte sør-riket og hjalp til med å opprettholde stabilitet, i kontrast til de mer vaklende nord-riket.

Norsk bearbeidelse av New Int'l Versions kart fra Studiebibelen, Lars-Toralf Storstrand, 2012

5.

YANKEER OG OPPRØRERE

Før de ble splittet, ble Israels to hus holdt sammen under tre etterfølgende konger, den første var Saul, en benjaminitt. Deretter fra Juda stamme kong David, som «hele Israel og Juda elsket» (1Sam 18:16). Etter dette ble Davids sønn, Salomo, konge. Han falt til sist i synd og bygget steder for tilbedelse av hans hustruers fremmede guder. Denne avgudsdyrkelsen var begynnelsen til døden for Israels samlede kongerike. Den Hellige sa derfor til kong Salomo. «Siden det er slik med deg, og du ikke har holdt min pakt og mine lover, som jeg har gitt deg, så vil jeg rive riket fra deg og gi det til din tjener. Men for din far Davids skyld vil jeg ikke gjøre det i din tid, men jeg vil rive riket ut av din sønns hånd.» (1Kong 11:11-12)

Ti stammer ble derfor revet ut av hendene på Salomos sønn, Rehabeam. JHVH sier: « Jeg vil likevel ikke rive hele riket fra ham. En stamme vil jeg gi til din sønn for min tjener Davids skyld og for Jerusalems skyld som jeg har utvalgt» (1Kong 11:13).

Juda ble værende et kongerike fordi de var elsket på grunn av sin far Davids skyld, og fordi JHVH elsket Jerusalem, hans egen utvalgte by. Denne statusen kommer til evig tid å være uforanderlig, fordi Rom 11:28 sier om det jødiske folk: «når det gjelder utvelgelsen, er de elsket for fedrenes skyld».

Israels Gud elsker det jødiske folk og kaller kontinuerlig på dem. La oss aldri glemme denne viktige sannheten. La oss forkynne det for dem som ennå ikke forstår seg på dette. Likevel, på tross av Hans evige kjærlighet til dem, tok Faderen brorparten av riket bort fra Judas suverenitet. Slik Han sverget gav han ti deler til Salomos tjener, en efraimitt ved navn Jeroboam. JHVH sa til ham: «Jeg river riket ut av Salomos hånd og gir deg de ti stammene» (Se 1Kong 11:11-12,26,31-35). Israel ble på denne måten splittet i to.

For å forstå denne splittelsen er vi avhengige av å se at Israels rike ble revet i to av den allmektige selv, for, som Han sa: «Det som har hendt, er kommet fra meg» (1Kong 12:24).[56]

Nord og Syd – Bror mot Bror

Israelittenes løsrivelse kan sammenlignes med de forente staters splittelse under borgerkrigen: Yankeer mot Opprørere. Union mot Konføderasjon. Nord og Syd. Under den amerikanske borgerkrigen, fortsatte begge sider å være amerikanere, til tross for den blodige krigen som raste mellom brødre. Slik var det også for oldtidens Israel. Sørriket Juda og Nordriket Efraim gikk stadig til krig mot hverandre. Fettere drepte fettere, selv om de alle tilhørte storfamilien Israel.

Når vi ser nærmere på bildet med yankeene og opprørerne, er det ironisk å tenke på at en av grunnene til at Israel ble splittet var et slags slaveri. Dette var tilfellet fordi mange i Josefs hus var blitt tvangsarbeidere for det herskende huset, Juda.

Da kong Salomo trengte en overoppsynsmann til å kontrollere sine tvangsarbeidere[57], så han at Jeroboam var både modig og oppfinnsom. Salomo oppnevnte Jeroboam som oppsynsmann over alle tvangsarbeiderne fra Josefs hus (1Kong 11:28). Da JHVH fortalte Salomo at Jeroboam skulle få makt over de ti stammene, ble Salomo sjalu og forsøkte å drepe Jeroboam. Derfor flyktet Jeroboam til Egypt – og ble værende der til etter Salomos død.

---

56 1Kong 11:31-32; 12:21; NIV Study Bible fotnotes for samme; og Josva 21.
57 Se 1Sam 8:11-19; 11:15; 1Kong 9:15,21, og NIV Study Bible, fotnotene

Israels splittelse

Da Salomos sønn Rehabeam ble utropt som Salomos etterfølger dro han til Shekhem, hvor israelittene hadde samlet seg for å gjøre ham til konge. Da Jeroboam hørte om Salomos død, vendte han hjem. Da sendte israelittene bud på ham, og Jeroboam og hele Israels forsamling gikk til Rehabeam og sa til ham: «Din far gjorde vårt åk tungt, Men hvis nå du vil gjøre den hårde tjenesten og det tunge åket som din far la på oss, lettere, så vil vi tjene deg.» Den dåraktige Rehabeam avviste imidlertid rådgivningen fra sine eldste om å gjøre som folket ba om. Han lyttet i stedet til sine jevngamle, som feilaktig tilrådde ham å gjøre tjenesten deres enda hardere (1Kong12:1-14). Slik begynte Israels splittelse.

JHVH styrte det slik

Vi leser om Rehabeams da han nektet å lytte til de eldste blant rådgiverne: « JHVH styrte det slik at hans ord skulle bli oppfylt, det som JHVH hadde talt til Jeroboam, Nebats sønn» (1Kong 12:15, 2Krøn 10:15).

Siden splittelsen ble styrt frem av JHVHs egen hånd, trenger vi å forstå hva som var årsaken til at det hendte. Dette skal vi se nærmere på senere. Men her og nå skal vi merke oss at selv om splittelsen kom fra JHVH, hisset Jeroboams nærvær like fullt Rehabeam til å forsøke å ta Israel tilbake.

Han sendte derfor Adoram, som var oppsynsmann med Rehabeams tvangsarbeidere (han hadde tydeligvis tatt Jeroboams plass). Han skulle forsøke å få israelittene tilbake til arbeidet, men Israel gjorde opprør mot Rehabeam og hans undertrykkelse, og de steinet endatil Adoram til døde. Derfor flyktet Rehabeam til Jerusalem, sin egen hovedstad. «Da hele Israel hørte at Jeroboam var kommet tilbake […] gjorde [de] ham til konge over hele Israel» (1Kong 12:15-20)

Davids falne hytte

Kongeriket Israel var splittet og Rehabeam var konge over Juda og Jeroboam konge over Israel. Davids kongerike, hans engang forente hus og herlige hytte hadde falt. Det falt fordi «Hvert rike som ligger i strid med seg selv, blir lagt øde» (Matt 12:25). Det er vesentlig å forstå at Israel ble delt i to av den allmektige og at det som skjedde, skjedde fordi Herren ville det slik[58]. Herren ville det slik fordi Han hadde en plan. På tross av deres iboende forskjeller, på tross av deres mange synder, ville Faderen likevel bruke Israels to hus.

---

58   1Kong 12:15,24; 2Krøn 11:4

6.

LO AMMI – IKKE MITT FOLK

Etter at de ble et frittstående kongerike, begynte folket i Efraim å blande seg med hedningefolkene. «Efraim blander seg med folkene», sa Hosea. Deretter sa han at de var «blitt en kake som ikke er vendt.» (Hos 7:8). Sagt med andre ord var de «halvstekte». De var som en pannekake som var stekt på den ene siden, mens den andre siden var rå, hedensk. Metaforen antyder et haltende forhold til Guds Ånds fullkommengjørende ild. De var ikke gjennomførte, fordi de dyrket fremmede guder og holdt seg til deres læresetninger.

Dette førte til at de ble svekket i sin styrke, sin evne til å være den mektige, stridssterke fyrsten som Israel var kalt til å være. De skulle verken ligne eller bli anerkjent blant nasjonene, men skulle være et hellig folk, adskilt og tilhøre JHVH ene og alene (4Mos 23:9).

Helt fra ungdommen av hadde fremmede skikker vært Efraims problem. Dette var grunnen til at Faderen lot assyrerne føre den ubotferdige Efraim bort som fanger.

Men før Gud spredte dem blant folkeslagene sendte han en profet til sine villfarne barn. Han sendte dem Hosea. Hoseas familie talte profetisk i bøtter og spann til Efraim. De Gudegitte navnene han gav sine barn vitnet om deres åndelige tilstand, og den straffen som ventet dem, og velsignelsen som til sist skulle bli dem til del når deres etterkommere omvendte seg[59].

---

59   Hos 1:6,9-10; 2:1,23

Den Ene Hellige dømte Efraim på grunn av deres begjær etter å leve som hedningene. I Guds øyne var Hans hustru utro mot Ham[60], og derfor sa Han til Hosea: «Gå og få deg en horkvinne og horebarn! For landet driver hor og følger ikke JHVH.» (Hos 1:2). Hosea giftet seg deretter med Gomer og de fikk tre barn sammen[61].

Gud sier at navnene på barna deres forbilledliggjorde den straffen Han snart skulle sende ut over efraimittene. Men en dag skulle navnene deres, virkningsfullt nok, bli endret til å gjenspeile de velsignelsene Han senere skulle øse ut over deres adspredte ætt.

Da Gomer fikk sitt første barn sa Gud: «Kall ham Yisre'el! For om kort tid vil jeg hjemsøke Israels blodskyld på Jehus hus og gjøre ende på kongedømmet i Israels hus» (Hos 1:4).

Selv om bortførelsen markerte slutten på det gjenkjennbare efraimittiske kongeriket, markerte det ikke deres ende som individer under løftet – fordi Faderen gav enkelte definitive, men fremdeles uoppfylte løfter til disse adspredte og skjulte israelittene[62].

Gomer ble gravid for andre gang og fødte en datter, og JHVH bød Hosea: «Kall henne Lo-Ruhama! For jeg vil ikke mer miskunne meg over Israels hus, så jeg skulle tilgi dem.» (Hos 1:6).

Til sist fødte Gomer et tredje barn, en sønn, og den Hellige sa til Hosea: «Kall ham Lo-Ammi! For dere er ikke mitt folk, og jeg vil ikke tilhøre dere». (Hos 1:9)

Hoseas barns navn

Navnet til Hoseas første barn var Yisre'el, som er sammensatt av to ord: *zera (såkorn)*, i jordbruksmessig betydning, å så, å spre; og *El*, som er en av Guds titler. Når disse blir satt sammen betyr de «Gud sår». Dette er et begrep som kan tale om en fullstendig modnings prosess: Først blir såkornet spredt (sådd), deretter blir det skjult i jorden. Deretter dør det og blir gjenfødt,

---

60   Ezek 23; Jes 54:5; Hosea 2:19-20
61   Gomer er avledet av et ord som betyr «fullendelse» S&BDB # H 1586
62   Jes 7:8; Hos 1:6,9-10; 2:1,23; Jer 31:20; Jes 11:13-14; sak 10:7

og stiger opp i en ny, vakrere form. Til sist blir det høstet inn[63]. Det ligger sterke betydninger i hvert av de Gudegitte navnene til Hoseas tre barn:

❑ Yisre'el: Gud skal spre [og] Gud skal så. Dette navnet indikerer efraimittenes skjebne. Den forutsier deres begynnende straff og den velsignelsen de til syvende og sist skal få. Deres *El* skal spre dem, men en dag skal Han atter samle dem.

❑ Lo-Ruhama: Ingen miskunn; Ingen nåde. Dette andre barnet ble navngitt slik fordi Faderen ikke lenger kunne ha noen miskunn med efraimittene. Å gjøre det ville ha vært å akseptere synden. Han måtte korrigere dem.

❑ Lo-Ammi: Ikke mitt folk. Navnet til det tredje barnet beskriver deres overhengende straff. Faderen skulle straffe dem ved å spre dem, og i en tid skulle de «ikke være [Guds] folk»[64].

Oppslukt av nasjonene

Gud skulle spre Efraim. Han kunne ikke lenger tillate at de ble værende i sitt eget land (3Mos 20:22, Sal 106:27). Fordi de ønsket å være lik hedningene tillot han dem å få oppfylt sine drømmer. Han spredte dem blant nasjonene, hvor de kom til å se ut som hedninger, helt til de roper ut sin nød og igjen ønsker å være Guds folk.

Gud måtte straffe Efraim. Som Far måtte Han korrigere deres syndige adferd. Siden de hadde sådd sin *zera* (såkorn) i hor i Hans fienders lands, ville Han deretter spre deres etterkommere i deres fienders land[65]. Fordi de hadde ført skam over sin Gud, kom deres ætt til å bli spredt i ydmykelse. Derfor er det skrevet om dem: «Israel er oppslukt. Nå er de blant folkene lik et kar som ingen bryr seg om.» (Hos 8:8)

Ordet oppslukt, er oversatt fra det hebraiske ordet *'bala'*, og betyr å

---

63   Yisre'el: S&BDB # H3157; TWOT # 582; og Hos 1:4,11 NIV Study Bible, fotnotene
64   Lo-Ruhamah: S&BDB # H 3819. Lo-Ammi: # H 3818
65   Sal 106:27; Hos 8:8; 9:3,17; Amos 7:11; 9:9.

fjerne ved å svelge, fortære[66]. Når et stykke kjøtt bokstavelig blir svelget, blir det praktisk talt en del av kroppen [som svelger det]. På samme måte ble efraimittene oppslukt av hedningene og ble en del av dem. Deres efraimittiske identitet skulle forsvinne. De skulle bli Lo-Ammi (ikke mitt folk), og deres kjennemerke skulle være det at de ikke var mulig å gjenkjennes som Guds folk. Likevel gav Gud et fantastisk løfte til disse villfarne: « Jeg befaler at Israels ætt skal ristes blant alle folkeslag, likesom en rister med et såld, og ikke et korn faller til jorden» (Amos 9:9). Efraim skulle ristes ut blant nasjonene. De som var blitt «ikke mitt folk», kom til syvende og sist til å finnes overalt. Og enda mer enn det, ikke ett eneste frø, ikke én eneste israelsk ætling skal forsvinne fra Guds årvåkne øye (Hosea 5:3).

Et løfte gjenstår

Navnene på Hoseas barn skulle imidlertid bli snudd til å representere de velsignelser som Herren en dag skulle utøse over dem[67]. Han skal en dag «bønnhøre Yisre'el» (Hos 2:22).

Gjennom de endrede navnene taler Yisre'el om blomstring fra dem som en gang var skjult som et såkorn, med vekt på frøets respons. Sagt med andre ord; en dag skal Efraims spredte såkorn igjen begynne å lytte og låne øre til Faderen og Hans Ord. De skulle igjen begynne å tale, synge sammen, rope, vitne og forkynne; ja endatil vitne for verden om den Ene som kalles deres Ektemann og Skaper[68].

Slik skulle skjebnen for Nordriket bli, de som skulle oppfylles med løfte om enorme mengder av folk. For JHVH sier: «Tallet på Israels barn [skal] bli som havets sand, som ikke lar seg måle eller telle. Og det skal skje: På det stedet hvor det ble sagt til dem: Dere er ikke mitt folk! - skal det bli sagt til dem: Den levende Guds barn!» (Hos 1:10).

Når Efraims barn skulle begynne å svare Den Allmektige, og begynne å høre og vitne om Ham, da, på den dagen, skulle de også til

---

66 S&BDB # H 1104.

67 Velsignelsene: Hos 1:6,9-10; 2:1,23; NIV Study Bible, Zondervan, 1985, fotnotene

68 Tilsvar: S&BDB # H 6030. De skjulte: Sal 83:3-4; 27:5; 31:20; 91:1; Kol 3:3.

sist gjøre etter det som var blitt fortalt dem: «Si da til brødrene deres: Ammi! Og til søstrene: Ruhama!» (Hos 2:1)

Fra 'Ingen nåde' til 'Nådebærere'

De som engang var «ikke mitt folk» er forutbestemt til å høre JHV-Hs røst. Han skal enda en gang kalle dem «mitt folk.» De som en gang ble kalt Lo-Ruhama, eller «Ingen nåde», skal bli «Ruhama» - mennesker som Han vil vise nåde.

«Jeg vil plante henne for meg i landet», sier Den Hellige, «Jeg vil miskunne meg over henne som ikke har fått nåde; og jeg skal si til dem som ikke er mitt folk: Du er mitt folk; og de skal svare: Du er min Gud.» (Rom 9:23, Hos 2:23). Det er forutbestemt at de engang «skjulte israelitter» en dag skal komme til syne igjen og begynne å fortelle sine brødre om Faderens store nåde (Sal 83:1-9).

Efraims kjennetegn

Vi har listet opp kjennetegnene som identifiserer de «skjulte israelittene», som utgjør de ti tapte stammene. Selv om deres felles fotspor kan være vanskelige å finne, er likevel deres barn tydelig merket.

❏ Efraim skulle bli en *melo ha'goyim*, hedningenes fylde (1Mos 48:19)[69]

❏ De skulle spres, være spredt blant og deretter samles tilbake fra alle nasjonene.

❏ De skulle erfare en gjenfødelse (*Yisre'el*: gjenfødt) og dermed enda en gang bli kjent som «Israel».

❏ De skal bli som sanden på havets bunn.

---

69 ArtScroll sier at *m'loh* betyr «fylde» og «konnoterer enorme mengder». Hans sæd skal bli en mengde nasjoner... de skal komme til å bo i land som tilhører andre nasjoner (1Mosebok, Vol 6, Mesorah, 1982, s 2121) se også S&BDB # H4393 og 1471. Merk deg at Salme 24:1 bruker ordet melo, som blir oversatt: «Jorden hører JHVH til - og alt det som fyller den, verden og de som bor der». Gesenius skriver også (Hendrickson, s 163a, ord #1471) goyim: blir spesielt brukt om andre nasjoner utenom Israel.

❏   Ett av deres navn skal være «den levende Guds sønner»

❏   De skal forkynne de gode nyhetene om Guds nåde for sine brødre.

Ifølge Skriftene er det folket som passer til disse beskrivelsene, arvingene etter det tidligere tapte Efraim.

7.

ISRAEL: MANGE OG ETT

I nesten to tusen år etter at Faderen kalte Jakob, var de tolv Israels-
stammene Jakobs arvinger.

Så ble det født en Sønn i Israel. Han foretrakk å kalle seg selv
«Menneskesønnen». Han var også en mann med mange navn: Imma-
nuel, Guds Lam, Davids sønn, Den gode hyrde, Israels Herlighet, for
bare å nevne noen få. Paradoksalt nok har feilaktige tolkninger av li-
vet og døden til Ham som bar navnet «Fredsfyrsten» tjenestegjort til å
splitte Israel nok en gang. På grunn av Ham har nok en krig begynt i Is-
rael. Det er en strid som begynte med retten til tittelen «Israel». Det er
en konflikt som har vart i nesten 2000 år, og drevet bror mot bror. Det
er en strid som skaper sorg i hjertet hos vår himmelske Far. To grupper
mennesker krever idag retten til denne begjærte tittelen; Israel. Mange
tilhengere av den kristne tro og nesten alle tilhengerne av jødedommen
hevder å være patriarkenes sanne arvinger, og de fleste forsøker å nekte
de andre retten til tittelen. Hva er så realiteten? Hvem er det virkelige
Israel? Dette spørsmålet er også et vesentlig trosspørsmål. Den reelle
identiteten til Israels arvinger kan ikke være svevende. Ifølge Rom 9:4-
5 tilhører vidunderlige ting dem. Paulus taler om dem som sine brødre,
han sier om israelittene: «Dem tilhører barnekåret og herligheten og
paktene og lovgivningen og gudstjenesten og løftene. Dem tilhører fe-
drene, og fra dem er Kristus kommet etter kjødet».

Som Guds utvalgte folk er israelittene forutbestemt til å herske
sammen med hele jordens hersker. Derfor må vi spørre: *Hvem er de?*

I mange århundrer har kirken hevdet å være «det nye Israel». Enkelte kristne hevder at de har tatt plassen etter det «forkastede» jødiske folk, og at de i stedet har blitt Guds utvalgte folk.

Men da staten Israel ble gjenopprettet i 1948, førte dette til en identitetskrise innen kirken, fordi det var tydelig for verden at Israels Gud hadde bistått det jødiske folk i å vende tilbake til sitt eget land. Så, i 1960 og 1970-årene oppstod det en ny bevegelse på jorden: Messiansk jødedom. Med denne begynte jødiske messiastroende å bli en stadig økende skare, og det førte igjen til at mange spurte: *«Hvem er Israel?»* Tradisjonelt sett var de vanlige svarene på disse viktige spørsmålene:

- Jakob, hvis navn ble endret til Israel
- Jakobs sønner, de tolv stammene
- Landet gitt til de tolv stammene.
- Israels Guds gammeltestamentlige folk
- De ti stammene i Nordriket
- Kirken
- Det jødiske folk
- Den nåværende staten Israel

Det ene sanne Israel

Den ovenstående listen omfatter de vanligste svarene på Israelsspørsmålet. Likevel inkluderer den ikke det «Israel» som skiller seg ut fra de andre. Den har ikke tatt med det Israel som er viktigere enn dem alle.

De glemmer å anerkjenne det eneste éne som virkelig er i stand til å være en fyrste som hersker med den allmektige. De glemmer Jeshua Messias.

Det Israel som skal samle Israel

JHVH sier: «Israel er min sønn, min førstefødte» (2Mos 4:22). I Jesaja ser vi et Israel som blir utpekt til å «gjenreise Jakobs stammer».

Den sønnen som samler Israel er ingen annen enn Jeshua Messias, Mannen med de mange, mange navn. I Jesaja ser vi både Faderen og Jeshua tale. Faderen sier: «Hør på meg, fjerne kyster, og gi akt, dere folk i det fjerne!». Og Jeshua svarer: «Han har nevnt mitt navn fra min mors skjød. Han har gjort min munn til et skarpt sverd. Han sa til meg: Du er min tjener, du er Israel, på deg vil jeg åpenbare min herlighet … Og nå sier JHVH, som fra mors liv har dannet meg til sin tjener, for å føre Jakob tilbake til ham og samle Israel for ham». Faderen sier deretter til Jeshua at Han sender Ham: «Du er min tjener til å gjenreise Jakobs stammer og føre den frelste rest av Israel tilbake», og legger til: «Så vil jeg da gjøre deg til et lys for hedningefolkene, for at min frelse må nå til jordens ender.» (Jes 49:1-6).

Jeshua oppfyller disse profetiene på flere måter:

❑ «Folkeslagene» skulle lytte til ham som er «nevnt ved navn fra sin mors skjød». *Vår himmelske Far kalte sin sønn Jeshua før han ble* født (Matt 1:21).

❑ Den ene som taler har en munn som er som et skarpt sverd. Akkurat som Jeshua taler om *"min munns sverd."* (Åpen 2:16).

❑ Faderen kaller denne Ene, «Min tjener, Israel». Faderen kaller Jeshua, «Min tjener, som jeg har utvalgt.» (Matt 12:18).

❑ Jesajas tjener som kalles Israel kan ikke være Jakob og heller ikke hans etterkommere, fordi dette Israel skal «gjenopprette» Jakobs stammer og samle de spredte Israels stammer. *Vår Messias er Den gode hyrde som gjenoppretter og gjenforener Israels adskilte får (Salme 23:3, Ezek 34:10-16, Joh 10:11-16; Matt 15:24).*

❑ Dette Israel sies å være den éne som Faderen vil vise sin herlighet gjennom. *Da han ble fremstilt i templet som den førstefødte, sa Simeon at Jeshua var «et lys til åpenbaring for hedningene, og en herlighet for ditt folk Israel» (Luk 2:32) Dette lyset er Jeshua (hvis navn betyr frelse), den som fører Israels Guds frelse til jordens ytterste ender.*

Vi ser også at Jeshua er Israel i og med at Faderen sier: «Fra Egypt kalte jeg min sønn» (Hos 11:1). Matteus som talte om Jeshuas hjemkomst fra Egypt sier: «Dermed ble det oppfylt som Herren hadde sagt ved profeten: «Fra Egypten kalte jeg min sønn».» (Matt 2:15). Mens Hosea-sitatet (fra 2Mos) faktisk handler om å bringe Israels sønner ut av Egypt, ble det også oppfylt ved å føre hjem Guds enbårne sønn, Jeshua/Yisrael, ut av Egypt. Jeshua er den lovede profeten likesom Moses (5Mos 18:18-19; Joh 17:8,14,20; Apg 3:22-23). Jeshua er den tjeneren/Yisrael som samler Israels barn. Israels Gud sier om Ham: «Det er for lite at du er min tjener til å gjenreise Jakobs stammer og føre den frelste rest av Israel tilbake. Jeg vil gjøre deg til en pakt for folket, til et lys for hedningene. For du skal åpne blinde øyne, føre de bundne ut av fangehullet og føre dem som sitter i mørke, ut av fengslet» og «Det folk som sitter i mørket skal se et stort lys.» (Jes 42:6-7, 49:6, 9:2)

Israels herlighets lys

Jeshua kom for å oppfylle det som ble talt av Jesaja: «Sebulons land og Naftalis land [tidligere efraimittisk land] ved veien mot sjøen, landet på andre siden av Jordan, hedningenes Galilea. Det folk som satt i mørke, har sett et stort lys, og for dem som satt i dødens land og skygge - for dem er et lys opprunnet.» (Matt 4:14-16).

Jeshua omtalte seg selv og sa: « Jeg er verdens lys! Den som følger meg, skal ikke vandre i mørket, men ha livets lys … Mens jeg er i verden, er jeg verdens lys.» I og ved Messias og hans folk, «[skinner] det sanne lys allerede» (Joh 8:12, 9:5 og 1Joh 2:8).

JHVH har gitt Jeshua Messias Hans Fars Davids trone. Fra denne hersker Han over Jakobs hus nå og til evig tid. For øyeblikket hersker Han over alle som bøyer seg for Ham, og han gjør dette i et kongeriket som ikke har noen ende. Han har gjort opp for våre synder og sitter nå ved Faderens høyre hånd i det høye (Luk 1:32-33, Heb 1:3).

Jeshuas evige Rike for Israel er her nå, men det er også fremtidig[70].

---

70   2Mos 19:6; 2Sam 7:12-16; Dan 7:22; Luk 1:32-33; 12:32; Heb 1:3-8; 3:6; 8:1; 10:12-19;12:2; 1Pet 1:1; 2:5-10; Åpen 3:21-22; 5:9-10; 20:6

På samme måte har Jeshua innført en ny pakt med Israel, som er både nå, og som skal komme i sin fylde. Når vi alle kjenner Ham, JHVH, da (og bare da) har vi steget inn i fylden av Jeshua lovede nye paktsrike (Jer 31:31-33, Heb 8:8-12).

Den viktigste brikken

For å forstå Israel må vi forstå at det er Jeshua som er den viktigste brikken. Faderen «oppsummerer alt i ham» (Efes1:10). Han bringer alt som er i himlene og jorden sammen under ett hode, Messias. For Han er den utvalgte som er «innsatt til arving til alle ting». (Heb 1:2).

Dersom all undervisning og lederskap ikke peker mot Jeshua, peker det i gal retning. Dersom det ikke løfter Jeshua opp, så bør det heller ikke løftes opp. Dersom vi ønsker å se Israel, må vi se opp, og se til Jeshua Messias (Joh 12:32).

Israel: Fra 1Mosebok til Åpenbaringsboken

Vår Gud kalles Israels Gud og Bibelen er en bok om Israels folk. I 1Mos gir Gud en mann navnet Israel og han begynner å kalle sammen et folk som får navnet Israel. I Åpenbaringsboken, som er kjernepunktet av alt som er Israel, innbyr Jeshua sitt folk til å stige inn i det nye Jerusalem. Hans israelittiske etterfølgere må gå gjennom-portene som er nevnt etter Israels tolv stammer, for det fins ingen andre innganger[71]. Skriften forteller oss at til syvende og sist skal «Israel brukes som hedersnavn». Det fins andre bøker som sier at «I gjenopprettelsen skal ikke Israels navn lenger være et skjellsord, men en sannhet.[72]»

De som vil følge Israels Gud må vandre i Hans sannhet når det gjelder Israel. De kan ikke bruke Israels navn som et skjellsord (eller på misvisende måte). Dette betyr at hvis ikke-jødiske messiastroende ikke er en del av Israel, så må de ikke bruke Skrifter som gjelder Israel til å omtale seg selv. På den annen side, om de er en del av Israel, da må en

---

71 Åpen 21:12; Ezek 48:31.
72 Theological Wordbook of the Old Testament, Moody, 1980, Vol. 1, # 997, s 444.

klar definisjon av det eksakte grunnlaget som de bruker for å legge krav på tittelen underbygges og omfavnes. Dersom det jødiske folk også er Israel, da må ikke deres rett til tittelen verken tales nedsettende om eller fornektes, men i stedet styrkes.

8.

VALGT TIL Å VELGE

Da Moses kom ned fra fjellet etter å ha stått ansikt til ansikt med Den Allmektige, bar han fram et tilbud til alle Israels barn. Det var et tilbud de ikke kunne avvise: «Dere har selv sett hva jeg har gjort med egypterne, og hvordan jeg bar dere på ørnevinger og brakte dere til meg. Dersom dere nå virkelig vil høre min røst og holde min pakt, da skal dere være min eiendom framfor alle folk - for hele jorden er min. Dere skal være et kongerike av prester for meg og et hellig folk.» (2Mos 19:4-6).

Israel var for evig utvalgt. Fordi Faderen lovet deres fedre, valgte/utpekte Han, *bachar,* deres etterkommere (5Mos 4:37)[73]. Moses sa: «For et hellig folk er du for JHVH din Gud. Deg har JHVH din Gud utvalgt av alle folk på jorden til å være hans eiendomsfolk. Ikke fordi dere var større enn alle andre folk, fant JHVH behag i dere, så han utvalgte dere. For dere er det minste av alle folkene. Men fordi JHVH elsket dere, og fordi han ville holde den ed han hadde sverget deres fedre [og] dine fedre har JHVH lagt sin kjærlighet på, så han elsket dem. Og dere som er deres etterkommere, utvalgte han framfor alle andre folkeslag, slik som en kan se det på denne dag.» (5Mos 7:6-8; 10:15).

Fordi Israel er utvalgt må alle israelere gjøre et valg: «Jeg tar i dag himmelen og jorden til vitne mot dere: Livet og døden har jeg lagt fram for deg, velsignelsen og forbannelsen. Velg da livet, så du kan få leve, du og din ætt!» (5Mos 30:19)

---

73   S&BDB # H 977

Tro og bli velsignet

«Dersom du nå hører på JHVH, din Guds røst, så du akter vel på å holde alle hans bud, som jeg gir deg i dag, da skal JHVH din Gud heve deg høyt over alle folkene på jorden. Og alle disse velsignelser skal komme over deg og nå deg, så sant du hører på JHVH, din Guds røst: Velsignet være du i byen, og velsignet være du på marken! Velsignet være ditt livs frukt og frukten av din jord og frukten av ditt fe, det som faller av ditt storfe, og det som faller av ditt småfe! Velsignet være din kurv og ditt deigtrau! Velsignet være du i din inngang, og velsignet være du i din utgang!» (5Mos 28:1-6)

Dersom Israel adlyder blir de velsignet. Da skal fiendene deres flykte for deres åsyn. Da skal Faderen velsigne dem i alt det de gjør og hele jorden skal vite at han visselig velsigner dette sitt utvalgte folk (5Mos 28:7-14).

Tvil og bli nedverdiget

Dersom Israels barn nekter å adlyde, så skal forbannelse kommer over dem:

«Men dersom du ikke hører på JHVH, din Guds røst, og ikke akter vel på å holde alle hans bud og hans lover, som jeg gir deg i dag, da skal alle disse forbannelser komme over deg og nå deg: Forbannet være du i byen og forbannet vær du på marken! Forbannet være din kurv og ditt deigtrau! Forbannet være ditt livs frukt og din jords frukt, det som faller av ditt storfe, og det som fødes av ditt småfe! Forbannet være du i din inngang, og forbannet være du i din utgang!» (5Mos 28:15-19)

Dersom det utvalgte folket velger bort å adlyde Den Hellige, da skal forbannelser, forvirring, nederlag og irettesettelser herje dem i alt de tar seg fore, fordi de har forkastet ham som utvalgte dem. Da skal de være en spredd, skamfull, uverdig og forbannet forsamling. (5Mos 28:20-68).

Valgt til evig tid

«Dere er mine vitner», sier Faderen til Israels barn (Jes 43:10). Uansett hvilken veg de velger å gå, er israelittene alltid et vitne, enten positivt, negativt eller en blanding av dette, fordi: «For Gud angrer ikke sine nådegaver og sitt kall». Alle israelitter har et «ugjenkallelig kall» over sine liv (Rom 11:29). For vår «Gud er ikke et menneske så han skulle lyve, heller ikke et menneskebarn så han skulle angre. Skulle han tale og ikke sette det i verk?» (4Mos 23:19).

JHVH holder sine løfter og Han har valgt Israel – for all tid. Israel er derfor evig utvalgt – til å velge: «velg i dag hvem dere vil tjene» (Jos 24:15)

Valgt til å vitne

Faderen har kalt Israel til å være sine vitner. De ble utvalgt til et spesielt formål. Israel er kalt til å være vitner overfor verden at JHVH og bare JHVH er Gud. De er kalt til å forkynne for verden at Han er den eneste «JEG ER», og at ingen kan frelses av Hans hånd. Israel må vitne for verden at før JHVH fantes det ingen Gud og at det heller ikke kommer til å være noen guder etter ham. Jakobs sønner må forkynne at det ikke fins noen frelse utover JHVH: «Er det noen Gud foruten meg? – Det er ingen klippe, jeg kjenner ingen.» sier Israels Hellige (Jes 43:8-13, 44:8).

Det fins en viktig lov om det å være et vitne som avslører en sannhet om Den Ene, som vi er kalt til å være vitner for. Denne sannheten er at Den Ene Hellige innåndet de guddommelige ordene i Torahen[74]. Han er den absolutte opphavsmann til Israels paktsbøker, både det gamle og det nye testamente. Han la fundamentet for en lov som Han selv er nødt til å holde.

JHVH må ha to vitner

Vår Far har lagt fundamentet for en regel i Israel at to eller flere må

---

74   De fem bøkene etter Moses: 1Mosebok til 5Mosebok.

bære fram vitnesbyrd før en sak kan avgjøres, bekreftes og bli trodd som sannhet (4Mos 35:30, 5Mos 17:6; 19:15). Dette prinsippet med et dobbelt vitnesbyrd blir også opprettholdt av både Jeshua Messias og apostelen Paulus. «Det [står] skrevet at to menneskers vitnesbyrd er sant». (Joh 8:17) Og «På to eller tre vitners ord skal enhver sak stå fast» (2Kor 13:1).

Vi må forstå disse fremtredende punktene i bibelsk lovtenkning: Faderen og Messias har begge slått fast at, forat noe skal bekreftes og/eller bli trodd på jorden, må det først stadfestes av to eller flere vitner[75].

Det er derfor logisk å konkludere at det også må være bekreftende vitner før sannheten (1Mosebok til Åpenbaringen) kan åpenbares for verden. Jeshua sa at «Skriften kan ikke gjøres ugyldig» (Joh 10:35). Dette punktet hjelper oss å forklare hvorfor Faderen og Jeshua historisk sett alltid har hatt to vitner på jorden. Dette er også med å forklare begge husenes, Juda og Efraims, kall: De er kalt til å bekrefte Guds Ord på jorden.

To utvalgte familier

Etter at Israel var delt og Rehabeam forsøkte å samle Efraim tilbake under sin makt, advarte JHVH ham mot å kjempe imot sine slektninger (2Krøn 11:4). Da fiendenasjonene gikk imot Israels delte hus, sa han: « Har du ikke lagt merke til hva dette folket har talt og sagt: De

---

75 Denne loven viser den allmektiges mangfold, fordi han sier «ett vitne er ikke nok til at noen dømmes til døden» (4Mos 35:30; 5Mos 19:15). Han krever et mangfold av vitner til en forbrytelse før noen kan bli henrettet. I disse versene, er én oversatt fra Echad og kan bety et tall, forent, første, lik, alene, en mann, bare, andre, sammen, samme, unik, hver (S&BDB # H259; TWOT # 61). Echad også brukes til å definere vår Gud i Shema, 5Mos 6;4 trosbekjennelsen: «Hør, Israel ... Herren er en [Echad]. «Echad kan bety alene, som i bare, eller det kan bety sammen, som i en / forent / samme. Når det gjelder menneskelige vitner, må Echad tas i sin «mangfold i enhet» mening. Mens det er sant at vår Gud skal være være den eneste Gud for israelittene er det også sant at Hans Echad-krav står i flertallsform. «Skriften kan ikke brytes» (Joh 10:35) og det viser JHVH som vitne mot Israels folk (Mal 3:5, 3Mos 20:5; 5Mos 32:35; Sal 96:13). Dersom Han er entall, og har vært vitne mot en mann som fører til hans død, da han har forbrutt seg mot Skriften. For å være et Skrifttro vitne mot en mann, må han ses i mangfoldet innenfor enhetsfølelse av Echad. Og han er flertall med Jeshua Messias som i siste instans kommer til å være menneskehetens dommer og jury. Jeshua er det levende Ord og Hans Ord kommer en dag til å bli brukt til å dømme hele menneskeheten (Joh 1:1; 5:22-24,30-34: 12:48; Heb 4:12). (ved Judith Dennis.)

to slektene som JHVH hadde utvalgt, dem forkastet han? Og mitt folk forakter de, så de ikke mer er noe folk i deres øyne»

Denne holdningen gjorde den Hellige vred og Han sverget når det gjaldt sine to hus, «Dersom jeg ikke hadde opprettet min pakt med dag og natt, og ikke gitt lover for himmel og jord, så hadde jeg også forkastet Jakobs ætt ... men jeg vil gjøre ende på deres fangenskap og forbarme meg over dem» (Jer 33:23-26).

Israel består av to familier som Faderen utvalgte. Disse to er Hans *mispochah*[76]. De er Hans to nasjoner, Hans to kongeriker (Ezek 35:10, 37:22). Han kaller dem: «Begge Israels hus» (Jes 8:14). Begge er kalt til å bekrefte Hans sannhet i verden og tjenestegjøre som Hans to vitner på jorden.

Valgt til å settes på prøve

Det utvalgte Israel ble kalt til å settes på prøve, fordi ordet for «utvalgt» også kan oversettes med «prøvet». «Se, jeg renser deg, men ikke som sølv. Jeg *prøver* deg i lidelsens ovn» (Jes 48:10).

Theological Workbook sier om det hebraiske ordet *bachar* (utvalgt) «roten til ordet betyr 'å sjekke nøye'... derfor er koplingen mellom 'utprøving' eller 'gransking' å finne i Jesaja 48:10... Ordet blir først og fremst brukt for å uttrykke utvelgelsen som har vesentlig og evigvarende betydning.»[77]

For at Israel skal være utvalgt må Israel settes på prøve. Er det en velsignelse eller en forbannelse? Hvilken veg vil Israel velge under sin jordiske vandring?

Shema Israel... Hør, forstå og adlyd, O Israel. Velg i dag hvem du vil tjene. Bestem deg for å bestå prøven.

---

76 Familie/mishpochah: S&BDB # H 4940, slektninger, skyldfolk.
77 Theological Wordbook of the Old Testament, Moody Press, 1985, # 231, Vol. I, s 100

Løftene

Så langt har vi sett følgende:

❑ Abraham ble lovet skarer av biologiske arvinger. Hans sønnesønn og arving, Jakob, ble lovet at en nasjon og en mengde nasjoner skulle komme fra hans lender.

❑ Jakob gav sin førstefødselsvelsignelse til Josef, og deretter til Efraim, som i sin tur skulle bli «melo hagoyim», hedningenes fylde.

❑ De villfarne fårene fra Nordriket ble gitt et løfte om at de en dag skulle samles tilbake.

❑ Sett i sammenheng betyr det at «Israel» skal samles i personen Jeshua Messias.

❑ Israels folk ble valgt til å være «vitne» for Israels Gud og Han trenger to av dem.

❑ Selv om de er «utvalgt til evig tid» må hele Israel likevel «velge» om de vil elske og tjene Den Ene Hellige eller ikke.

❑ Vi skal nå granske det moderne Israel.

DEL 2

ISRAEL I DAG -
MYTER OG FAKTA

9.

EN UVURDERLIG SKATT

Hvem er Israel? Hvorfor trenger vi i det hele tatt å vite dette? Er det ikke nok å være frelst i Messias?

Svaret er at vi trenger å vite dette fordi måten vi definerer Israel på avgjør hvordan vi forstår Skriften og hvem vi tror Guds utvalgte folk er. Svaret avgjør kursen for det enkelte menneskets livskall så vel som hva vi tror om formålet til Jeshua Messias kongerike.

Enten vi forstår dette eller ikke, så vil svaret vi får utgjøre en vesentlig rolle i livet vårt. På Guds "spillebrett" utgjør Israels folk de viktigste brikkene, og dersom vi ikke vet hvem brikkene er, hvordan kan vi da være med i spillet, eller endatil forstå hvordan spillet spilles?

Israels folk er Israels Guds familie. De er Hans utvalgte folk. Men hvem utgjør familien? Er det jødene – eller er det de nytestamentlige troende?

Hvem er Israel?

Gjennom lange tider har svaret ekskludert de som holdt seg til jødedommen, men på vår tid er det noen som også gir et svar som på samme vis ekskluderer de nytestamentlige troende fra å være en del av Israels utvalgte folk. For å løse dette dilemmaet er det enkelte som lærer at det jødiske folk er «Guds utvalgte folk» og at kirken er «Kristi brud». Vår Messias sa imidlertid klart ifra at Han er ett med Faderen. Det var derfor jødene tok opp steiner for å steine ham (Joh 10:30-31). Når sant skal sies er Jeshua:

❑	Ett med «Israels Gud».

❑	Ett med Ham som kaller Israel, «Et hellig folk… utvalgt … til å være Hans eiendom av alle folkeslag på jorden.»

❑	Ett med Ham som sverger at bare dersom «himlene kan måles,» kommer han til å «skille seg fra Israels barn.»

❑	Ett med Ham som sverger: «Dersom jeg ikke hadde fastsatt min pakt med dag og natt og lovene i himlene og på jorden, da hadde jeg forkastet Jakobs etterkommere.» (5Mos 7:6, Jer 31:37, 33:25-26.)[78]

Himmelen er fortsatt ikke målt. Israels etterkommere er fortsatt Guds utvalgte folk. JHVH fortsetter å elske Judas folk. Og likevel …

Den nye pakts utvalgte

I det nye testamente skriver Peter til dem «som er utlendinger» og sier om dem: «dere er en utvalgt ætt, et kongelig presteskap, et hellig folk, et folk til eiendom» (1Pet 1:1, 2:9). På samme måte skriver Paulus til de troende i Tessaloniki, og sier til dem: «fordi han fra begynnelsen har utvalgt dere til frelse, ved Åndens helliggjørelse og ved tro på sannheten». (2Tess 2:13). Hva er da sannheten? Hvem er det utvalgte folk? Er dét det jødiske folk, eller er det utlendingene Peter skriver til? En annen måte vi kan stille dette spørsmålet på, er denne: Dersom Israels Gud igjen skulle kalle sitt folk ut i ødemarken, hvor skal da hans ikke-jødiske etterfølgere slå opp sine telt?

Å forstå Israel vil hjelpe oss til å skjønne sammenhengen i Guds endetidsplaner bedre. Det gir oss også et svar som mange ikke-jødiske troende stiller seg selv: *Hvem er jeg for Israels Gud?* For å prøve å svare på dette spørsmålet må vi huske at JHVH sier: «Israel er min sønn, min

---

78	Se Joh 17:22; 1Kor 8:6; 1Tim 2:5; 5Mos 6:4; 7:6; 14:2; Mark 12:29; 2Mos 5:1-2; 2Sam 7:24; Jer 30:1; 33:22,24; 46:28; Rom 11:2-5,26-29.

førstefødte.» (2Mos 4:22). Vi kan også si det slik at Faderens førstefødte er Israel. Det åpenbarer også at Israel er en førstefødselstittel og det å være Guds førstefødte er å være Israel. I tillegg blir Messias etterfølgere kalt «høytidsskaren og menigheten av de førstefødte som er oppskrevet i himlene, til en dommer som er alles Gud, og til de fullendte rettferdiges ånder, til Jesus, mellommannen for en ny pakt» (Heb 12:23-24, Efes 2:11-22).

Like fullt, når det gjelder dette livsviktige kallet er mange tilfreds med å bruke tittelen på seg selv på en abstrakt og åndelig måte. Andre tenker at det ikke betyr noe om de er en del av Israels folk eller ikke. *«Vi er kirken,»* sier mange stolt, *«hvorfor skal vel vi bry oss med å være en del av Israel?»*

Intet rom for omvendelse

Det å være Faderens førstefødte må vi å ta på alvor siden vi ikke ønsker å følge i Esaus dåraktige fotspor. Skriften advarer oss når det gjelder denne ynkelige og til sist forkastede mann: «Se til at ikke noen er utuktig eller verdslig som Esau, han som solgte sin førstefødselsrett for et eneste måltid mat». Men enda viktigere er det når Esau senere ønsket å arve velsignelsen – da ble han avvist; «da han senere ville arve velsignelsen, ble han avvist, enda han søkte den med tårer, for han fant ikke rom for omvendelse» (Heb 12:15-17)

Esau gikk glipp av en ekstraordinær velsignelse. Han bommet på målet, og selv om han gråt over sin feiltakelse, kunne han ikke vinne tilbake det han hadde tapt. Vi må ikke være som ham. Vi må ikke ta del i Esaus synd.

Esaus dårskap

Esaus sørgelige historie begynner allerede etter at Rebekka ble gravid. Da barna støtte mot hverandre i hennes morsliv ble hun fortalt: «I ditt liv er det to folk, og fra ditt skjød skal to folkeslag skille lag. Det ene folk skal være sterkere enn det andre, og den eldste skal tjene den yngste». Senere, «[da] hun skulle føde, se, da var det tvillinger i hennes liv. Den første som kom fram, var rød og lodden som en kappe over hele kroppen, Og de kalte ham Esau. Deretter kom hans bror fram. Hans hånd holdt fast i Esaus hæl, og de kalte ham Jakob» (1Mos 25:22-26).

Når det gjelder arven var Esau den førstefødte av Isaks sønner. Men Esau solgte til syvende og sist sin førstefødselsrett til sin yngre bror, Jakob, og det for en skål med linsevelling. Linser. Esau gikk glipp av arven for en skål med linsevelling.

Da han kom tilbake fra jakten og var sulten, sa Esau til Jakob; «la meg få sette til live noe av det røde – dette røde du har der. For jeg er rent utkjørt.» Derfor ble navnet hans Edom (som betyr «rød»). Mens lukten av den nykokte linsevellingen drev gjennom teltet, svarte Jakob sin bror, «selg meg da i dag din førstefødselsrett». Esau som var sulten, svarte «Se, jeg holder på å dø, hva verd har vel da førstefødselsretten for meg?» Men Jakob avkrevde ham en ed, før han gav ham av vellingen. Og Esau sverget, og med denne dåraktige avsvergelsen solgte han førstefødselsretten. Jakob gav da Esau brød og linsevelling, og han åt, drakk, reiste seg og gikk.

På den måten foraktet Esau sin førstefødselsrett (1Mos 25:28-34). «Jeg holder på å dø,» sa denne sultne jegeren til sin bror, «hva verd har vel da førstefødselsretten for meg?». Sagt med andre ord, det er vanskelig for meg å holde fast på denne rettigheten. Dessuten, hva betyr det vel i dette livet om jeg er arving av Abraham og Isak eller ikke?

Jakob gav da Esau en skål med linsevelling, og Esau solgte slik sin arv. Og Esau spiste. Uansett fikk denne sørgelige mannens likegyldige holdning JHVH til å proklamere at han hadde «foraktet sin førstefødselsrett».

Esau skal elimineres

Det var meningen at Esau skulle arve førstefødselsretten og dermed være familiens neste overhode[79], men han brydde seg ikke om privilegiet. Derfor sa den Hellige om ham: «var ikke Esau Jakobs bror?

---

79 5Mos 21:17, S&BDB # H 4941 og 1062

Likevel har jeg elsket Jakob, men hatet Esau». I bunn og grunn sa Han
med andre ord, at jeg har gitt hans arv til sjakalene og kommer til evig
tid å være avvisende mot Esau. Han kommer til å bli plyndret, jeg skal
utslette hans vise menn, og alle skal utryddes ved nedslaktning og til
evig tid være dekket med skam. Jakob kommer til å eie eiendelene de-
res, men Esau skal være som kornstubber, det skal ikke være noen til-
bake fra ham (Mal 1:2-4; Obad 1:6-9, 17-18; Jer 49:10). Mot enden skal
det sies at Esau og hans avkom er utslettet – at han ikke er mer. Esau.
Utslettet. Til evig tid.

Den nye pakts troende og Esau

Vi må vokte oss for ikke å bli som Esau. Husk, at disse fortellingene
er forbilder for oss og ble nedskrevet for at vi skulle lære av dem (1Kor
10:1,11). Vi trenger også å gi akt på Abbas advarsler.

> «For dere er ikke kommet til et fjell som en kan føle på, til
> flammende ild og skyer, mørke og storm... Men dere er
> kommet til Sions berg, til den levende Guds stad, det him-
> melske Jerusalem, til englenes skarer, til høytids-skaren og
> menigheten[*Ekklesia*] av de førstefødte som er oppskrevet i
> himlene, til en dommer som er alles Gud, og til de fullendte
> rettferdiges ånder, til Jesus, mellommannen for en ny pakt...
> Se til at dere ikke avviser Ham som taler! For unnslapp ikke
> de som avviste ham som talte på jorden, hvor meget mindre
> skal da vi unnslippe». Selv JHVHs «røst rystet den gang jor-
> den... men også himmelen... For de er jo skapte ting. Og
> så skal det som ikke kan rokkes, bli stående. Da vi altså får
> et rike som ikke kan rystes, så la oss være takknemlige og
> derved tjene Gud til hans behag, med blygsel og ærefrykt.»
> (Heb 12:18-28)

Å forakte vår førstefødselsrett

Fordi han ikke verdsatte det å være førstefødt arving ble Esau kalt en bespottelig mann. Han hadde ingen ærefrykt og brydde seg ikke om det privilegium han hadde. Dermed var han lett å ryste. Han brydde seg så lite at han solgte førstefødselsretten, han gav etter og gav fra seg det som skulle ha vært umistelig for ham[80].

I det nye testamente advarer Faderen: «Esau hatet jeg» (Rom 9:13). For troende som tar lett på sitt kall om å være en utkalt forsamling av Israels førstefødte risikerer de å begå en synd som sidestilles med Esaus. Vi vil ikke være som ham, og vi vil heller ikke være som en av hans likesinnede, for også de ble utslettet (Jer 49:10). Vi må ikke bysses i drømmeland; å tro at det å være født ovenfra, gjør at vi ikke trenger forstand og forståelsesevne. Den viktigste sannheten som er gitt til mennesket er det faktum at han kan omvende seg og være lydig og følge i Hans fotspor. Vi må anerkjenne Hans sannhet. Faderens ord er sannhet – alt sammen. Det er ingenting i Guds ord som kan avskrives som «uviktig». Når Faderen kaller oss sine førstefødte, betyr det at han har gitt oss en gave, en uvurderlig skatt. Akkurat som vår forfader Jakob, bør vi klynge oss til det vi har fått med urokkelig besluttsomhet.

---

80   Solgt: Strong's # G 591. Se 1Mos 31:15; 37:28,36; Sal 73:18; 74:3; Heb 12:16

10.

BLODET – OG VÅR GJENLØSER

Ordet slår fast at «kjøttets sjel er i blodet» og at «en mann kan ikke løskjøpe en bror, han kan ikke gi Gud løsepenger for ham». For å si det enda en gang. Livet er i blodet og en dødelig mann, en «*ish*»[81], kan ikke under noen omstendighet løskjøpe et annet menneskes liv. JHVH sier om et fallent menneske: «- for utløsning av deres sjel er for dyr, og han må avstå fra det til evig tid-» Likevel har vi håp.

Kong David proklamerte; «Gud skal forløse min sjel fra dødsrikets vold» (3Mos 17:11,14; Sal 49:8-9,15).

Mens vi hjelper mennesker å bli løst fra jordiske snarer, trenger vi å forstå at det bare er vår Gud som kan betale den høye prisen det koster å løskjøpe oss til evig tid. Det er bare Han som kan frikjøpe oss fra graven. Og prisen Hans for evig løskjøpelse er blod: «For kjøttets sjel er i blodet, og jeg har gitt dere det på alteret til å gjøre soning for deres sjeler. For blodet er det som gjør soning, fordi sjelen er i det.» (3Mos 17:11, Heb 9:22)

For å forstå gjenløsningen i vår Messias' blod, for å se hvordan hans blod er «annerledes» og derfor var tilstrekkelig til å betale prisen for våre synder, la oss se nærmere på Adams blod.

---

81   S&BDB # H 376

Livet er i blodet

I boken *The Chemistry of the Blood* skrev den nå avdøde dr. M.R. DeHaan om Adams synd og avstraffelse. Hans konklusjon er at siden den gang har alle mennesker lidd av en universell «blodforgiftning»[82]. DeHaan forklarer hvordan menneskets blod renser kroppen fra urenheter og han relaterer prosessen til den måten Messias' blod renser Hans legeme fra synd (1Joh 1:7). Da skaperen formet Adams legeme fra jorden ble han ikke et levende vesen før Gud pustet livets ånde inn i hans nese: «Herren formet mennesket av leirjord, og blåste livets ånde i hans nese, og mennesket ble til en levende sjel» (1Mos 2:7)[83] DeHaan konkluderer med at det livet JHVH åndet inn i Adam hadde å gjøre med blodet fordi kjødets liv er i blodet.

Mens de var i Hagen advarte Faderen Adam om ikke å ete av treet til kunnskap om godt og ondt, «for den dag du eter av det, skal du visselig dø» (1Mos 2:17). Adam spiste like fullt, og ifølge DeHaan spredte giften seg fra det bittet og fordømte menneskeætten til døden. Siden vi alle nedstammer fra Adam, lider vi derfor alle av hans «blodsykdom». Alle er påvirket av Adams handlinger, fordi Gud lot «alle folkeslag av ett blod bo over hele jorderike» (Apg 17:26). Uten unntak må hver og én dø; fordi vi alle, enten vi er jøde, hedning, slave eller fri mann, er påvirket av samme blod, samme synd som var i Adam.

Det vil si: Alle utenom Jeshua.

Vi skal kort granske hvorfor Jeshua Messias' blod er annerledes, og hvorfor han er unik i menneskelig sammenheng.

Blodets kilder

Dr. DeHaan sier at JHVH skapte kvinnen på en måte slik at han kunne bruke henne til å føre fram en ny Adam – det vil si, vår Messias, Jeshua (1Kor 15:45). DeHaan skriver:

---

82   The Chemistry of The Blood, Zondervan, 1971, s 16

83   Adam ble en levende sjel, en «chai nefesh». Ånde: Neshama, vind, guddommelig inspirasjon, intellekt, sjel, ånd. Liv: chai, levende, livskraftig, dyr, livlig, frisk, løpende. Nefesh: S&BDB #'s H 5397; 2416; 5315, respektive.

«Blodet som strømmer i et nyfødt barns årer og vener kommer ikke fra moren, men blir produsert i fosterets egen kropp. Likevel er det bare etter at spermaen har trengt inn i eggcellen og at fosteret begynner å utvikle seg at blodet dukker opp. Som en enkel illustrasjon på dette, kan du se for deg et hønseegg. Man kan ruge på dette ubefruktede hønseegget, men det kommer ikke til å utvikle seg. Det kommer til å tørke fullstendig inn, men lar man egget bli befruktet av hannens sperma så fører rugingen et embryo fram i lyset. Etter bare noen få timer utvikler det seg til å bli synlig. Etter en kort tid dukker det opp en rød strek, som viser at blodet er blitt til. Og livet er i blodet.»[84]

Livet begynte i Hagen

Merk deg at det i den ovennevnte billedliggjørelsen, der blodet blir dannet i fosteret, skjer dette først etter at spermaen har trengt inn i egget. Vi ser et parallelt livsprinsipp i et stakkarslig såkorn. Dersom vi tar et enkeltstående såkorn og planter og pleier det, får vi en grøde å høste inn. Etter noen få år, kan vi ha flere hundre dekar med korn, alt fra den livskraften som fantes i ett eneste lite korn. Når det gjelder menneskelivet så begynte det en gang, i Hagen, da den Hellige åndet inn i en klump av leire og skapte det første mennesket. Adam ble skapt først. Deretter ble livsfrøet plassert i ham først, i hans frø, og det er den samme livskraften som siden har vokst seg nedover til hver og én av oss.

Eva bidro med sine egg og fungerte som «rugemaskin» der mannens fruktbarhetsgjørende sæd, har funnet en make. Når disse to blir ført sammen, kan de to næres og vokse til fullkommenhet.

Jeshuas dyrebare blod

Jeshua Messias er en ny Adam. Men Hans blod annerledes. Han hadde ikke Adams blod strømmende gjennom sine vener fordi han ikke hadde noen menneskelig far. Jeshua hadde i stedet sin himmel-

---

84 The Chemistry of The Blood, Zondervan, 1971, s 30-31

ske fars blod. Men mer enn det. Dersom Jeshua hadde båret fram sitt normale adams blod til Faderen som løsepenge for oss, da hadde Skriften blitt gjort ugyldig (Joh 10:35, Sal 49:7,15). Jeshua hadde aldri gjort noe slikt og derfor måtte hans livsblod være annerledes. Likevel blir vi fortalt at:

❑ Hans blod ble båret frem for vår skyld (Heb 9:14)

❑ Hans blod renser oss fra all synd (1Joh 1:7)

❑ Han helliget oss i og med sitt eget blod (Apg 26:18, 1Kor 1:2, Heb 13:12)

❑ «For dere vet at det ikke var med forgjengelige ting, med sølv eller gull, dere ble kjøpt fri fra den dårlige ferd som var arvet fra fedrene, men med Kristi dyrebare blod, som blodet av et feilfritt og lyteløst lam.» (1Pet 1:18-19)

❑ Jeshua er vår gjenløser og vi er hans eiendom (Luk 24:21; Gal 3:13, 4:5, Tit 2:14)

Vår frelser og gjenløser

Jeshua Messias er Gud i menneskeform. Han er både vår frelser og gjenløser og JHVH sier: «Det fins ingen annen Gud enn meg», og «ingen annen Gud frelser - uten meg» (Jes 45:21, Hos 13:4). Vi leser også i Luk 2:11; «I dag er det født dere en frelser, som er Messias, JHVH - i Davids by». I Joh 4:42 blir Jeshua kalt verdens frelser og det kan ikke være mer enn én frelser. Jeshua er vår gjenløser, og Han er ett med JHVH, som sier: «Jeg, Herren, er din frelser». Jeshua er vår Elohim som er kommet i kjød (Jes 49:26, Joh 10:25-30, 33; 8:58-59).

Det hemmelighetsfulle mysteriet

Messias var mer enn bare et menneske. Han var Gud. Vi blir fortalt at Han *hadde del, eller tok del* i menneskeheten: «Da nå barna har del i kjød og blod, fikk også han på samme vis *del i det...*» (Heb 2:14). I

1Kor 9:10 står det samme greske ordet som betyr «å få sin del», oversatt med «å ta bare litt».[85]

Jeshua tok del i vår menneskelighet og Hans blodsætt kom fra Hans himmelske Far. Derfor taler Apg 20:28 om «Guds menighet, som han vant seg med sitt eget blod» eller sagt med andre ord, det var «Guds blod».

I *Amplified Bible* står det: «Stor, viktig og tungvektig, det bevitner vi, er den skjulte sannhet, det hemmelighetsfulle mysterium i gudeligheten. Han (Gud) ble fremstilt i menneskers form.» (1Tim 3:16).[86]

Vi må tro at Jeshua Messias var Gud som kom for å gjenløse oss[87]. Vi må ha tro på Hans gjenløsende blod, utøst på våre vegne (Efes 1:7). En slik tro gir oss inngangsrett til «menigheten *[ekklesia]* av de førstefødte som er oppskrevet i himlene» (Rom 3:25, Åpen 5:9, Heb 12:23-24).

Vår Messias' blod var også forskjellig på den måten at det ikke bare tildekket eller gjorde bot for våre synder, men helt og fullt utslettet dem. Hans blod var i stand til å fjerne våre synder like langt fra oss, som Østen er fra Vesten (Sal 103:12). Det er derfor Hans blodsoffer ble gjort en gang for alle (Heb 7:27, 9:12, 10:10,19).

Antikrists ånd

Apostelen Johannes spør: «Hvem er løgneren, uten ham som fornekter at Jeshua er Messias?» Han advarer dessuten at «Antikrist for-

---

85 Dele/metecho: Strongs G3348. Kjøtt/sarx: Evig kjød, Strongs G4561.
Han tok del i vår menneskelighet og vi får del I hans guddommelige natur (2Pet 1:4)

86 «Blodet inneholder faktisk livsprinsippet» at livet i hele kroppen har sitt opphav fra blodet er en åpenbaringslæresetning … som anatomikere har understrekt så sterkt t den bekrefter dette» (NIV Bible, Quick Verse for Windows, 1992-1999, Leviticus 17:11 fotnotene).

87 JHVH Elohim er en majoritet og Han sier at vi ikke kan «ha ande guder» (Elohim: S&BDB 430, 259, 1Mos 1:26, Jes 51:2; 2Mos 20:3; 5Mos 5:7). Dermed kan ikke Jeshuas guddommelighet være slik at han er adskilt fra JHVH. Han kan ikke ha kommet til etter den foruteksisterende Gud, fordi Han sa: «Før er det ingen Gud, og etter meg kommer det ingen.» (Jes 43:10). Ei heller kunne Jeshua være en mini-guddom. Man kan ikke være «litt gravid» og Jeshua kan ikke være «litt guddommelig.» Han er enten helt guddommelig eller overhodet ikke. Han deler Faderens foruteksisterende natur eller så er Han ikke sann guddom, og han var der, som skaper, «i begynnelsen hos Gud» (Joh 1:1-5). Enn videre, for å leve samtidig, slik som Han gjør det i manges hjerter, må Jeshua være allestedsnærværende.

nekter Faderen og sønnen … alle ånder som bekjenner at Jeshua er Messias, kommet i kjød er av Gud; alle ånder som ikke bekjenner Jeshua er ikke fra Gud; og dette er antikrists ånd … de som ikke anerkjenner Jeshua Messias kommet i kjød. Dette er forføreren og antikristen.» (1Joh 2:18,22, 4:2-3, 2Joh 1:7-11).

Vi må bekjenne at Jeshua Messias er kommet i kjød, og at han er kommet ved vann og ånd (1Joh 5:6)[88]. Vi må også tro at «Hans mor, Maria, var trolovet med Josef, men før de var kommet sammen, viste det seg at hun var med barn, ved Den Hellige Ånd» (Matt 1:18). Når det gjelder disse sannhetene, er det «Ånden [...] som vitner, fordi Ånden er sannheten». Den Hellige Ånd / *Ruach HaKodesh* vitner for oss at Jeshua Messias er mer enn bare et menneske. Å tro noe mindre enn det er å la seg forføre av antikrists ånd.[89]

Siden Jeshua Messias' blod måtte være forskjellig og siden Hans fars identitet gir denne forskjellen, så la oss nå se hvordan dette prinsippet om «fedre og blodslinjer» gjelder Israels barn.

---

88 Eksternt kjød / Sarx: Strong # G 4561. Vår himmelske Fader kaller seg «kilden med det levende vann» (Jer 2:13). «Kilden» (maqowr) kan gjelde avkom, levende (chai), kjøtt, og vann (mayim) (S&BDB # 4726, 2416, 4325). Jeshua gir oss levende vann, og livet fins i blodet hans (Joh 4:11-14, 7:38, Jer 17:13; Joh 6:53-55).

89 Det første mordet skjedde på grunn av et blodsoffer. Fordi Kains ublodige offer ikke godtatt, raste han mot Abel, som tilsynelatende forstått viktigheten av å ha et blodsoffer (1Mos 4:1-25; 1Joh 3:12-13). Når vi tror at Jeshua Messias er vårt «Blodsoffer», da kommer de som er av denne verden til å vende sitt raseri mot oss.

11.

DET FYSISKE ISRAEL

I oldtidens Israel, ble stammemessig tilknytning avgjort ifølge ens far. Ordet gjentar mange ganger at blodslinjen, som betyr hvordan ens ætt henger sammen med ens forfedre i direkte linje, eller hvordan en nedstammer i direkte linje, eller fysiske stamtavle, regnes utfra fedrene. Det er din far og ikke din mor som avgjør hvilken stamme du tilhører.[90]

La oss nevne noen eksempler:

❑ Faderen fortalte Abraham at nasjoner og konger skulle komme fra hans lender (1Mos 35:11).

❑ Jakobs hus ble definert som de som kom fra hans lender (2Mos 1:5)

❑ Jakobs hus ble også definert som «Alle disse som kom med Jakob til Egypt, som var hans ætlinger, foruten Jakobs sønnekoner, var sekstiseks sjeler» (1Mos 46:26)

❑ Hebreerbrevet taler om Levi som om han var i sin fars Abrahams lender (Heb 7:9-10).

❑ Abrahams omskjærelsespakt er med mannen, slik at han kan bære fram avkom som er overgitt JHVH (1Mos 17:10-11; Jer 4:4, Rom 4:11),

---

90 Blodslinje: Websters Third New International Dictionary, 3 vol. Encyclopedia Britannica, 1981; Ammerican Heritage Dictionary, Third Edition, Houghton Mifflin, 1992.

Det ble påbudt at Israels barn skulle få arven etter navnet på den stammen deres fedre tilhørte.

Alle kvinnelige arvinger til sin fars eiendom ble instruert å gifte seg innen sin fars stamme slik at arven ikke skulle gå fra en stamme til en annen. Når en kvinne giftet seg over i en annen stamme, ble barna hennes regnet for å tilhøre deres fars stamme (4Mos 26:55, 36:5-12, Ezek 47:13-14).

For å drepe Israels barn, sa kongen av Egypt at alle guttebarn skulle drepes, men at jentebarna skulle få leve (2Mos 1:12-22).

Faderen utryddet både Jeroboams og Akabs hus ved å drepe alle guttebarn i deres slektstre (1Kong 14:10, 21:21-22; 2Kong 9:7-9).

I tillegg til disse bibelske bevisene, forteller *Apokryfene* oss følgende:
«Også jeg er et dødelig menneske som alle andre. Jeg nedstammer fra det første menneske som ble formet av jord. I mors liv ble mitt legeme dannet, omgitt av blod i ti måneder fikk jeg fast form, unnfanget av en manns sæd» (*Visdommens bok 7:1-3 Apokryfene.*)»[91]
Dette gamle skriftet gir oss et tidlig synspunkt på spørsmålet om arv og bekrefter at den ble ført etter fedrenes blodslinje.

Israelittene forblir israelitter – uansett

Når det gjelder Jakobs biologiske arvinger, lærer genetisk vitenskap i vår tid at «Y-kromosomet er det som holder familiens historie på den mannlige siden ... skrevet i DNAets bokstaver ... [ligger]en gjengivelse av mannens forfedre på farssiden.»[92] Jødedommen har tradisjon at de

---

91   Apokryfene (gresk for «skjulte ting»): Består av fjorten bøker skrevet etter gjennomføringen av den hebraiske kanon. Apokryfene er inkludert i Septuaginta og i den latinske Vulgata, og elleve av dem er inkludert i den katolske Douay-bibelen, Apokryfene anses imidlertid som ukanoniske av protestanter. Likevel er det et gammelt skrift som potensielt gir oss forståelse av hvordan man tenkte om slike saker i oldtiden. www.bibel.no

92   "NOVA Online: Lost Tribes of Israel|Why the Y Chromosome» Se www.pbs.org/wgbh/nova/israel/familyy.html

som tilhører det jødiske presteskapet, *Kohanim*, alle nedstammer fra en enkel mannlig forfader: Aron. Studier i molekylær genetikk bekrefter denne tanken, og viser at y-kromosomet hos alle deres menn har sterke likhetstrekk med hverandre på grunn av en ubrutt rekke.

Forskere har også oppdaget at *Kohanim* fra hele verden har genetiske markører som bekrefter denne muntlige overleveringen. Ifølge PBS' nettsted kan: «forskere ... ha funnet ... en markør som indikerer faderlig kobling... [som] potensielt er et sterkt redskap som lar oss se dypere inn i historien.»

The Jerusalem Report Magazine, skriver i et førstesideoppslag under seksjonen «Jewish World» at «ifølge jødisk lov oppnås kohen-status bare via faderlinjens arvegang.»[93]

Ifølge jødedommens tradisjoner blir *Kohanim* status avgjort av fars ætt. Ifølge vitenskapen er det den genetiske sammensetningen av Levis sønner som gjør dem til fysiske levitter[94]. Dersom disse standardene viser seg å være riktige, bør de likeledes gjelde (og kunne brukes) på alle Israels barn. Logisk sett kan vi ikke bruke en genetisk standard på en stamme og ikke kunne bruke den på en annen stamme. I tillegg må denne standarden også holde vann når det gjelder ens tro – eller vantro.

Akkurat som Jeshua Messias blodslinje kom fra Hans far, slik kommer også Israels barns blodslinje fra deres fedre. Dette prinsippet står fast på tross av deres lokalisering eller fysiske utseende. Ens biologiske sammensetning kan ikke endres. Våre reelle bestefedre er for alltid våre bestefedre, uansett hva vi tror eller ikke tror. Velsignet eller forbannet, så forblir israelitter alltid israelitter i blodet, fordi vår Gud «ikke tar tilbake sine gaver og sitt kall» (Rom 11:29, Lamsa, o.f.a.)

---

93 The Jerusalem Report Magazine, 10. Mai 1999

94 I Genetic Confirmation (2003, Key of David, St Cloud, FL), skrev Michele Libin, «... alle i live i dag har en høy sannsynlighet for å ha noe av Abrahams, Isaks og Jakobs genetiske materiale. «Family Tree DNA (en jødisk organisasjon) forsker på tanken om at mange som «elsker Israel» og har spurt om sine genetiske tester, dele visse genetiske markører med det jødiske folk de har testet, og at de kan være fra de tapte stammene. Monarksommerfugler og havskilpadder er genetisk programmert til å «vende tilbake» til et sted de aldri har vært, og det virker som mange efraimitter opplever en lignende genetisk oppvåkning og nå lengter etter å «returnere» til sin arv og landet Israel (se Dr .Georgina Perdomo, www.etzyoseph.org, Lost Tribes, www.familytreedna.com).

Med dette friskt i minne husker vi at enkelte av det første århundrets levitter fulgte Jeshua Messias, mens andre fortsatte å holde seg til tradisjonell jødedom. Likevel kommer alle disse etterkommerne av disse til fortsatte å være fysiske levitter i Den Allmektiges øyne[95].

Det å tro på Israels Messias kunne ikke på noen måte føre til at disse jødiske lederne i det første århundret mistet sine genetiske markører. Det kan ikke skje. I dag finnes mange av deres etterkommere blant Messias' etterfølgere.

Et jødisk Etiopia? Et efraimittisk Vesten?

La oss nå se på 1Kong 10:1-13 for å illustrere et poeng om israelittenes varierte etnisitet. Disse versene forteller at dronningen av Sheva (Saba) hadde hørt om Salomos berømmelse og kom til Jerusalem for å besøke ham. Ifølge etiopisk tradisjon giftet Sheva (som het Makeda) seg med Salomo, og at deres sønn, Menelik I, grunnla det første etiopiske dynastiet[96].

La oss et øyeblikk anta at Sheva virkelig var blant Salomos hundrevis av hustruer (1Kong 11:3) og at en sønn ble født av henne. La oss også anta at han, da han ble født, så akkurat ut som sin mørkhudede etiopiske mor.

Uansett hvordan han så ut, hadde denne sønnen, på grunn av sin far vært nedstammet fra Juda stamme. Fører vi denne tanken et steg videre, kan vi anta at denne unge mannen vokste opp og giftet seg med en etiopisk kvinne og at de fikk sønner, som alle vokste opp og giftet seg med etiopiske kvinner og fikk sønner. Prosessen fortsetter dermed, og mens vi sover har Han som både åpner og lukker morsliv, sakte men sikkert gjort hele Etiopia til Juda stamme…[97]

Utfra dette scenariet, ser vi at etterkommerne av de tolv stammene kan være hvor som helst og at vi overhodet ikke vet noe sikkert. Og,

---

95   Mange israelitter trodde på Jeshua (se Luk 8:41; 18:18; Joh 2:23; 3:1; 4:39,41; 7:31; 10:42; 11:45; 12:42; Apg 4:4; 9:42; 18:8; 21:20).

96   The New Encyclopaedia Britannica, 29 Vol., 1985, Vol. 10, Sheba, s 714

97   Morsliv: Gen 20:18; 30:22

dersom sannheten ble gjort kjent, kommer vi trolig til å finne et betydelig antall efraimitter i Vesten, fordi en «Østavind» ble sendt mot Efraim og østavinden har en tendens til å føre ting mot vest. Derfor er det som Faderen sier at i de siste dager skal Efraim «komme skjelvende fra Vesten»[98] (Hosea 13:15; 11:9-10).

Josefs fargerike kappe

Vi ser også at Israel skulle bestå av mange forskjellige etniske grupperinger i det at Jakob gav Josef en profetisk «kappe med mange farger» (1Mos 37:3). Farger eller *pas*, kommer fra et ord som kan bety håndflate eller fotsåle. Josefs kappe gjenspeilte tanken om at han skulle avle mange ulike typer folk. I tillegg skulle hans etterkommere være tro mot den hebraiske betydningen av navnet hans og derfor bli *svært mange*[99].

Vi ser derfor at Israels etterkommere skulle finnes igjen i alle nasjoner og ha alle tenkelige hudfarger og nyanser. Israelitter kan finnes overalt og kan ha et hvilket som helst etnisk trekk mennesker kjenner til. Hvem er så etter Efraim? Og hvem er etter Juda? Og hvor fins de idag?

Det er ene og alene den himmelske Fader som vet dette helt sikkert, men kanskje ett av de mange biologiske barna som ble lovet Abraham, Isak og Jakob leser denne boken akkurat nå...

---

98 I tidligere norske oversettelser står oftest oversatt «fra havet», men i 2011-oversettelsen har man valg «fra vest», dette er basert på at havet i forhold til Israel ligger i vest. o.a.

99 Farger: S&BDB #H6446. Josef: #H3130. Merk: Josefs kjortel ble dyppet i blod fra et dyr, og dyr sonet bare for (eller dekket) synd. I hans annet komme, som «Messias ben Josef,» skal den «salvede sønn av Josef,» Jeshua Messias, ha en frakk dyppet i sitt eget syndfrie, evig forsonende blod (1Mos 37:31; Åpen 19:13).

Våre Israelittiske røtter

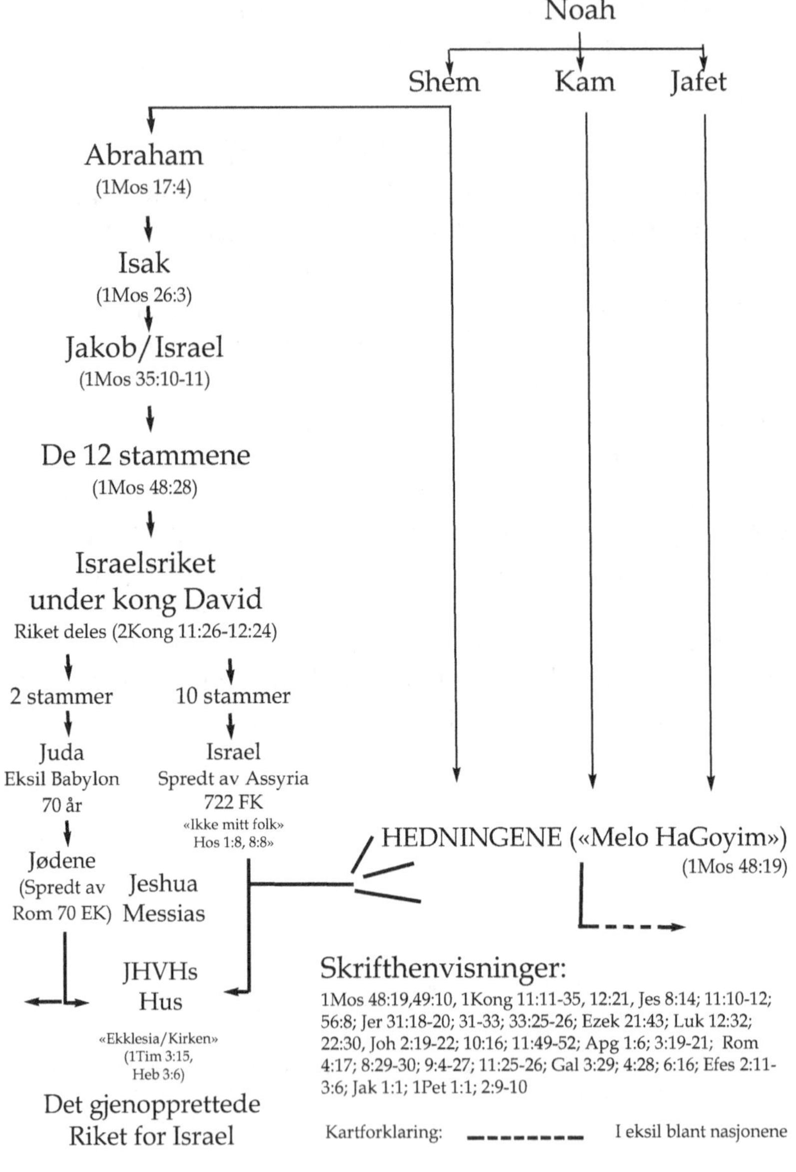

12.

BOKSTAVELIG ELLER ÅNDELIG

Nytestamentlige troende undrer seg ofte over hvorvidt de skal forstå løftene til Israel bokstavelig eller åndelig. Slik har det seg fordi straks kirken begynte å hevde at de var «det åndelige Israel» var det mange som utelukkende begynte å tolke Ordet på denne måten. Men glemmer vi ikke noe viktig når vi tenker slik?

Som etterfølgere av Jeshua Messias skal vi ikke sette vår lit til kjød, men i stedet la oss bli oppbygget som et åndelig hus, en bolig der vår Gud lever ved sin Ånd. Som sanne tilbedere tilber vi JHVH i ånd og sannhet. Han vil imidlertid at vår ånd og sjel og legeme skal bevares som en enhet.[100]

Vi er kalt til å være et åndelig folk, men vår Gud har likevel alltid brukt fysiske mennesker til å gjennomføre sine åndelige formål på jorden. Han ønsket for eksempel å gjenløse sine barn fra en ond Farao, og brukte Moses. Da Han ønsket å straffe Amalek, brukte han kong Saul (2Mos 3:9-10; 1Sam 15:2-3). Han bruker alltid alminnelige mennesker som vil følge Hans Ånd.

Larver og sommerfugler

1Kor 15:42-44 forteller oss: «Slik er det også med de dødes oppstandelse. Det blir sådd i forgjengelighet, det oppstår i uforgjengelighet. Det blir sådd i vanære, det oppstår i herlighet. Det blir sådd i svakhet, det oppstår i kraft. Det blir sådd et naturlig legeme, det oppstår et åndelig legeme. Så sant det fins et naturlig legeme, finnes det også et

---

100 Fil 3:3; 1Pet 2:5; Efes 2:22; Joh 4:23; 1Tess 5:23

åndelig legeme». Skriften sammenligner en mann med et såkorn, noe som betyr at å skille det fysiske og åndelige mennesket er som å bruke tvang til å skille kimen fra dens ytre skall, det er som å forsøke å skille sommerfuglen fra larven. I dette livet er mennesket i en prosess hvor det blir forvandlet (2Kor 3:18). Akkurat som sommerfuglen går mennesket gjennom en forvandling. I et *House of David Herald* nyhetsbrev med overskrift, «Frøprinsippet», skriver Efraim og Rimona Frank om dette spørsmålet:

«Dersom vi kalte larven 'Adam', hva skulle vi da kalle sommerfuglen? Er de to forskjellige insekter eller er de ett og samme insekt? Grunnleggende sett er de ett og det samme. Denne enhetsånden taler Jeshua om i sin yppersteprestlige bønn, i Getsemane: «Jeg ber for dem som ved deres [Apostlenes] ord kommer til tro på meg, at de alle må være ett, likesom du, Far, i meg, og jeg i deg - at også de må være ett i oss, for at verden skal tro at du har utsendt meg.» (Joh 17:20-23)

«Adferden til larven og sommerfuglens er helt forskjellig. Larven eter liv, sommerfuglen gir liv. Hvordan kan sommerfuglen være i larven og larven i sommerfuglen? Selv om de er helt forskjellige, endatil motsetninger, kommer de begge fra samme utgangspunkt, samme frø. Mange skiller disse to fra hverandre, og dermed tar de ethvert håp den stakkars larven måtte ha ... om at Gud har skapt denne svake, vanærede skapningen til å bli akkurat det motsatte. [Larven er akkurat som den første Adam, det naturlige mennesket, om hvem det kan sies:] «Likesom vi har båret bildet av den jordiske, så skal vi også bære bildet av den himmelske» (1Kor 15:49).]

Skriften sammenligner det naturlige mennesket med gress (kortlevd), sauer (svake), blomster (forgjengelige) og støv (jordisk). Det kan være frøets tilstand eller larvens om du vil, men det fins et liv skjult inni det. Det er et liv (embryo) som er skapt i dens foreldres bilde, eller frøets far. Det frøet kan ikke forgå, men er praktfullt, velbårent, kraftfullt og åndelig.

Når vi som troende ser oss selv i et speil og ser det naturlige
mennesket, burde vi se dypere inn i avkrokene av vårt eget
håp, for vår Gud har proklamert: «vi skal alle bli forvandlet,
i ett nu, i et øyeblikk, ved den siste basun.» (1Kor 15:51-52).
Som vår Faders såkorn så «... skal våre liv brukes til å frem-
føre hans sannhet. Våre liv skal vise fram Hans enhet, Hans
formålsmessige forening og Hans harmoni i å gjennomføre
tidsaldrenes plan. Derfor er det vesentlig at vi slutter å spre
forvrengte doktriner om adskillelse av det fysiske og det ån-
delige. For begge deler av frøet er en del av Faderens store
plan!»[101]

Ordbilder

JHVH bruker ofte liknelser når Han taler til oss i Skriften. Barn
kan forstå fortellingene Hans, og allikevel kan de gå den vise hus forbi.
Mens vi søker å forstå hans liknelser og mysterier, er det viktig ikke å
lese mer inn i ordene enn det Han har skrevet der. Vi må være frie til å
gå inn i Skriftens sannheter som han nå avslører.

Når det gjelder meninger som fins i forskjellige Skrifter i jødisk
tradisjon, fins det *grunnleggende* sett fire metoder for eksegese, eller
utlegning av Skriften. *P'shat*: Enkel, bokstavelig, historisk. *Remez*: Al-
legorisk, hint-preget. *Drash*: Moralsk, homiletisk, personlig. *Sod*: Hem-
meligheter, skjulte sannheter. Hvordan det nå enn har seg, synes det å
ha vært flere måter å tolke Skriften på, på den tiden da Jeshua var her
på jorden[102].

Mange av JHVHs løfter har flere betydninger. Eksempelvis: Den

---

101 «The Seed Principle» av Ephraim og Rimona Frank, Vol II, Book 7

102 Basert på akronymet «PaRDeS» (Hagen), er et system som sies å ha sitt opphav med Moses ben
Shem Tov av Leon rundt 1290 (forfatteren av mystisismeskriftet Zohar). Hillel, en samtidig av Herodes,
brukte sju prinsipper for tolkning, som jødedommen utvidet til tretten, deretter to og tretti, og nå fire
primærformer. Dette gir mulighet for «underkategorier,» selv som regnbuen har sju primærfarger,
men mange fargetoner. Se The Encyclopedia of Jewish Life and Thought, 1996, Carta, Pardes, s.
343. The Encyclopedia of Jewish Symbols, 1992, Frankel & Teutsch, Aronson Inc., Northvale, NJ,
Pardes og Kabbalah, s. 126, 86-87, og, Principles of Rabbinical Interpretation, David Bivin, www.
jerusalemperspective.com.

enkle betydningen av 2Mos 4:22 var at det gamle Israel var sønnen som ble satt fri fra Egypts slaveri. Likevel brukte Matteus dette verset for å tale om Faderens sønn, Jeshua, som også var *Israel*. Jeshua var i Egypt «til Herodes var død, for at det skulle bli oppfylt som Herren hadde talt ved profeten: Fra Egypt kalte jeg min sønn» (Matt 2:15)[103]. Dette samme verset sies også å symbolisere hver enkelt av oss, som sønner som blir kalt ut av denne verden (Egypt) og over i Israels evige rike.

Land og fruktbarhet

JHVHs fruktbarhet, forøkelse og landløfter har mange betydninger. Gud sa til dyrene samt Adam og Noah at de skulle være fruktbare og bli mange. Til Abraham sa han: «Jeg vil gjøre deg uendelig fruktbar, og jeg skal gjøre nasjoner av deg [og] hele det landet som du ser, til deg vil jeg gi det, og til din ætt for alle tider.» Til Isak sa Gud: «Jeg vil gjøre din ætt så tallrik som stjernene på himmelen, og jeg vil gi din att alle disse land.» og til Jakob: «Vær fruktbar og bli tallrik … og til din slekt etter deg vil jeg gi landet.» (1Mos 1:22,28; 9:7, 13:15, 17:6, 26:4, 35:11-12).

Disse løftene er først og fremst bokstavelig ment. Skaperen ønsket at hans israelittiske barn skulle bære bokstavelig frukt, og å være fruktbare, vokse, tilta og å innta myndighetsstillinger[104]. Det samme kallet hviler over enhver som følger i patriarkenes fotspor.

Eretz og Melo

Vår Gud lovet *eretz* til våre forfedre. *Eretz* kan bety både et spesifikt land, slik som Israel – men det kan også bety hele jorden[105]. For å si det på en annen måte kan det bety det landet som ble gitt til de tolv stammene, eller jorden som ennå en gang skal bli gitt til alle Israels barn (Ezek 45:1). For «*Eretz* hører JHVH til - og alt det som fyller den

---

103 2Mos 4:22; Hos 11:1; Jes 49:3,6; Sal 2:7; Ords 30:4; Jes 9:6-7; Matt 1:15-25
104 Fruktbar: S&BDB # H 6509; TWOT # 1809; BDBL p 826. Øke: S&BDB # H7235; TWOT # 2103.
105 S&BDB # H 776; TWOT #167

(melo).» (Sal 24:1). Abraham og hans etterkommere ble lovet at «han skulle være arving til verden» (Rom 4:13). Dette passer med forståelsen av fylden *(melo)* av hele jorden tilhører Faderen og Hans herskende barn. For *melo* blir oversatt med «alt som fyller den» eller «alt som er på den» i Salme 24:1. Dermed kan oppfyllelsen av Efraims *melo hagoy-im*-velsignelse være at *eretz* – verden er full av dem (1Mos 48:19).

Brudgommen og bruden

Vår Messias skal en dag vende tilbake til sin utvalgte by, Jerusalem. Derfra skal Israels konge herske over hele jorden. Selv om hele jorden tilhører JHVH, er Jerusalem jordens sentrum. Hun er den lovede «bruden» (Jes 62:4-5, Åpen 21:2). Mens vi lærer mye om at vi ser på Ham som brudgom og oss selv som Messias' brud, lærer vi også mye om at vi ser på Ham som *brudgommen* og oss selv som *Hans legeme*. På denne måten kan vi se på oss selv som Jerusalems brudgom (be-skytter). Vi forstår at en dag skal vi innta henne og bli ett med henne. Dermed ber vi uten opphold om at det skal gå henne vel. Akkurat som en ektemann, har vi omsorg for henne og beskytter henne fra de som vil skade henne[106].

Davids sønn

JHVH gav David et løfte: «…min tjener David har jeg gitt et løfte med ed: Til evig tid vil jeg grunnfeste din ætt, jeg vil bygge din trone fra slekt til slekt. Hans ætt skal bli til evig tid, hans trone som solen for mitt åsyn. Som månen skal den stå for evig» (Sal 89:4-5, 37-38). David sa at dette løftet talte om hans hus i en fjern fremtid (2Sam 7:19). JHVH sa: «Når dine dagers tall blir fullt, og du hviler hos dine fedre, da vil jeg etter deg oppreise din sønn som skal utgå av ditt liv, og jeg vil grunnfeste hans kongedømme. Han skal bygge et hus for mitt navn, og jeg vil trygge hans kongetrone til evig tid. Jeg vil være hans far, og

---

106 Jerusalem: Luk 19:41; 1Kong 11:13. Jeshua er konge: Matt 27:42; Mark 15:32; Joh 19:12-13. Herske: Sak 8:3; 14:4; Mika 4:2,7. Brudgom/ Brud: Mark 2:19; Efes 5:24-31; Jes 62:4-5; Åpen 21:2; Sal 122:6.

han skal være min sønn ... Ditt hus og ditt kongedømme skal stå fast til evig tid for ditt åsyn, og din trone skal være grunnfestet til evig tid.» (2 Sam 7:12-16)

JHVH kalte «Davids sønn» sin førstefødte og sa om Ham: «Han skal rope til meg: Du er min Fader, min Gud og min frelses klippe. Ja, jeg vil gjøre ham til den førstefødte, den høyeste for kongene på jorden ... Til evig tid skal min pakt stå fast for ham. Jeg vil la hans ætt bli fast til evig tid og hans trone som himmelens dager.» (Sal 89:27-30)

David ønsket å bygge et hus for sin Gud og i tur og orden har det skjedd gjennom Davids sønn, Jeshua Messias, at Faderen har bygget et hus, et dynasti, for David (1Krøn 17). Selv om Salomo bygde opp Davids trone, er Jeshua det såkornet som reelt sett oppfyller de løftene som ble gitt til David. Jeshua ropte ut sin nød til sin Far fra korset, og ble gjenreist som den førstefødte fra de døde, den høyeste av konger på jorden. I Ham og ved Ham skal Israels nye pakt og Davids evige trone og hus stå for evig[107].

Ett frø – ett folk

Det hebraiske ordet *zera* (såkorn) kan brukes i jordbruksmessig forståelse når det gjelder såing og innhøsting. Det kan bety en hel mengde med mennesker, og det kan bety Messias. Det greske ordet *sperma* har tilsvarende dobbelbetydninger, og Skriften henviser til «sæd» på tre måter:

❑ Såing og innhøsting: Hosea kalte sitt første barn Yisre'el fordi JHVH skulle spre Efraims sæd blant alle nasjonene før de skulle vende om og la seg innhøste.

❑ Hele mengden av folkene: «hører dere Kristus til, da er dere Abrahams ætt og arvinger ifølge løftet» (Gal 3:29)

❑ Vår Messias: Galaterne forteller oss at Jeshua er «den ætten, som løftet gjaldt» (Gal 3:19)

---

107 Kol 1:16-18; Åpen 1:5; Jer 23:5; 30:9; Amos 9:11; Apg 3:20-23; 15:14-18; Hos 3:5.

I Galaterbrevet 3:16 sier Paulus: «Men løftene ble gitt til Abraham og hans ætt. Han sier ikke: Og til dine ætlinger, som om det gjaldt mange. Men som når det gjelder en: Og din ætt. Og dette er Messias». Dermed antyder Paulus at det fins flere betydninger av ordet, akkurat som *«etterkommere»* og *«zera»*, entallsordet *sperma/sæd/såkorn*, kan brukes som et felles substantiv. Dermed bekrefter Paulus at Israels folk er Guds sønn og Jeshua Messias er Guds sønn. De biologiske Israels barn nedstammer fra Abraham og er hans ætt; vår Messias er «den ætt» som ble lovet Abraham og alle som har troens såkorn og setter sin lit til ham er ett med det lovede såkornet. Alle disse sannhetene og mer til finnes i disse versene[108].

En nasjon og en skare av nasjoner

JHVH lovet Jakob: «Et folk, ja en mengde folkeslag skal stamme fra deg» (1Mos 35:11). En *goy* (nasjon) og en *kahal* [av] *goyim* (nasjoner) skal komme fra Israel.

❑ Goy blir brukt til å beskrive nasjonen Israel. JHVH lovet Abraham: «Jeg vil gjøre deg til et stort *goy*» (1Mos 12:2).

❑ Moses bønnfalt JHVH: «Kom i hu at dette *goy* er ditt folk» (2Mos 33:13).

❑ Da Israel gikk over Jordan, ble hele nasjonen/*goy* omskåret (Jos 3:17, 4:1, 5:8).

Goy/Goyim ble brukt i Skriften for å definere politiske, etniske og territoriale grupperinger (uten noen som helst form for moralsk kopling). Dermed foreslås tanken om en gruppering av folk som er underlagt et styre. Likevel, etter at Israel fikk sin pakt og inntok Kana'an, ble ordene *goy/goyim* først og fremst brukt til å beskrive de hedenske

---

108 Zera: Se Theological Wordbook of the Old Testament:, vol. I, Moody, 1980, s 581, # 582. Svare / Høstet: Hos 1:4,11, 2:21-22 og fotnotene i NIV Study Bible. Multiplisere: 1Mos 12:01 - 3; 15:1-6, 17:4,6-8, 24:60, 26:3-4, 28:3-4,14, 48:4,19, 5Mos 7:7, 2Mos 32:13; 1Krøn 16:16-17. Sperma: Strong # G 4690. Se 2Mos 4:22; Hos 11:1, Matt 2:15, Joh 17:20-26, Rom 9:6-9, 2Kor 1:20, Gal 3:02, 4:7,21-31; Efes 1:10; Heb 1:02. Se også Jewish New Testament Commentary av Stern, Jewish New Testament Publications, 1995, s. 549

nasjonene som omkranset dem. Det ble ensbetydende med hedninge-folkene[109]. Dette er den vanlige måten *goy* blir brukt i dag. Derfor spør vi, hva mente Israels Gud da han snakket om «hedningene/goy» som er kalt med Hans navn (Amos 9:12, Apg 15:17)? Vi skal nå forsøke å definere dette.

Manasse og Efraim – det gamle og det nye

Fra Jakob kom først en enkeltstående nasjon, det gammeltesta-mentlige Israel. Via Jakobs sønn, Jeshua Messias, vokste det fram en forsamling av nasjoner, det nytestamentlige Israel.

Vi skal nå se hvordan dette løftet bokstavelig talt blir oppfylt. Vi begynner med å peke på at akkurat som Paulus brukte Sara og Ha-gar som representative bilder på det himmelske og det jordiske Jeru-salem, slik har den *enkle* stammen Manasse vært en liknelse for den *frittstående* nasjonen som var den gamle pakts Israel, mens de *samlede stammene* i Efraim representerer de *mange nasjonene* som er samlet sammen i det nytestamentlige Israel (Gal 4:24-27). Sagt på en annen måte så ble Manasse når alt kommer til alt en del av den gruppen av stammer som vi kjenner som Efraim. På samme måte ser vi at de tro-ende i den gamle pakt ble en del av den forsamlingen av nasjoner som er den nye pakts Israel. På denne måten ser vi oppfyllelsen av både den frittstående «nasjon» og «mengden av nasjoner» som ble lovet Jakob/Israel (1Mos 35:11).

Vi kan konkludere med at vi finner mange slike «bokstavelige og åndelige» betydninger i den himmelske Faders store løfter. Derfor trenger vi å tro bokstavelig og fysisk gå i tro på Faderens løfter – *men bare under trygg ledelse fra Den Hellige Ånd.*

---

109 S&BDB #H1471; TWOT #326; Young's Bible Dictionary, Tyndale, 1984, Gentiles, s 230. BDBL sier at ordet oftest er brukt om ikke-hebraiske folkeslag. Noah Websters Dictionary fra 1828 sier: 'Gentile' subst. L. gentilis, fra L. gens, nasjon, rase, brukt om hedningefolkene ... en som dyrker falske guder; en person som verken er jøde eller Kristen; en hedning.

13.

ISRAEL: ET MYSTERIUM ENN SÅ LENGE

I Forkynneren 3:1 leser vi: « Alt har sin tid, og en tid er det satt for alt det som skjer under himmelen» I Daniel 12:4 blir det avslørt at: «Mange skal fare omkring, og kunnskapen skal bli stor». I Romerbrevet 11:25-26 skriver Paulus til oss: «Jeg vil ikke, brødre, at dere skal være uvitende om denne hemmelighet - for at dere ikke skal anse dere selv for forstandige: Forherdelse er for en del kommet over Israel, inntil hedningenes fylde er kommet inn. Og slik skal hele Israel bli frelst.» For å forstå hva Paulus mente trenger vi å se at det fins noe som kalles forutbestemte tider. Det fins en tid hvor kunnskapen skal tilta. Det fins tider da mysterier skal åpenbares. Mysteriene i Skriften gir informasjon som tidligere har blitt innhyllet i en pålagt taushet. Den tausheten kan ha vært bestemt til å vare en fastsatt tid, eller den kan være noe som er pålagt dem som nekter å høre sannheten[110].

Jeshua talte til sine apostler om bibelske mysterier. «Dere er det gitt å få kjenne himlenes rikes *mysterion*», men til visse andre «er det ikke gitt» Han talte også i liknelser, for at ikke de som hadde harde hjerter skulle forstå det som ble sagt og misbruke de skjulte sannhetene om riket (Matt 13:11, 13-15). På samme vis talte også Paulus ofte om sannheter som var «hemmeligheter (som)har vært skjult fra evighet av og gjennom alle slekter» men som på hans tid ble «åpenbart for hans

---

110 Mysterion: Å lukke munnen, en hemmelighet eller et mysterium, spesielt ved tanken om stillhet. Strongs # G3466.

hellige». Blant disse finner vi: «Messias i dere, håpet om herlighet»(Kol 1:26-27)[111].

Israels Mysterium

Når det gjelder det som heter "den midlertidige forherdelsen som er kommet over Israel", ser vi at den skulle vare «inntil videre.» Men hvor lenge er det? Når kan sløres løftes? Når kan Israels tilslørte øyne åpnes for hemmeligheten som har vært skjult så lenge for dem? Svaret er: «Ikke før hedningenes fylde er kommet inn.»

En delvis forherdelse, enkelte av Faderens sannheter ble gjemt for Israels stammer. Denne forherdelsen skulle vare inntil hedningenes fylde er kommet inn. (Rom 11:25). Men hva er denne hedningenes fylde? Forteller dette verset oss simpelthen at et visst antall hedninger skal slutte seg til Israel?

Det kan ikke være den fulle betydningen. Å få hedninger til å slå seg sammen med Israel kvalifiserer ikke til et *mysterion*, fordi det alltid har vært tillatt for hedninger å slutte seg til Israel. Vår Gud proklamerte for lenge siden: «Når en fremmed oppholder seg hos deg og vil holde påske for JHVH, skal alle menn hos ham omskjæres. Da kan han få være med og holde høytid, han skal være som en innfødt i landet.» (2Mos 12:48). Straks en fremmed begynte å leve i harmoni med folket, ble omskåret og feiret påske for JHVH ble han deretter regnet som en «innfødt i landet» (2Mos 12:48). Han ble deretter regnet som «borger av Israel.»

Tre krav – et folk

Ved å la seg omskjære, feire påske og bo iblant Israel ble man regnet som en av dem. Straks en person oppfylte disse tre kravene, ble han regnet som borger og innfødt israeler.

Vi må forstå at det var veldig viktig for Faderen at det ikke ble et skille mellom innfødte og de som flyttet inn blant folket, og derfor

---

111 Hemmeligheter: Se Rom 16:25, 1Kor 2:7; Åpen 10:7, 2Kor 12:4, se også 1Kor 4:1; 13:2.

gjentok Han dette mer enn 25 ganger[112]. Videre proklamerte Han denne regelen som en regel til evig tid i Israel. «I forsamlingen skal det være samme lov for dere og for den fremmede som hører til hos dere - en evig lov, fra slekt til slekt. For JHVHs åsyn gjelder det samme for den fremmede som for dere selv. Det skal være én lov og én rett for dere og for den fremmede som holder til hos dere.» (4. Mos 15:15-16)

JHVH instruerte også de som sluttet seg til Israels folk om hvilke holdninger de skulle ha: «Den fremmede som holder seg til JHVH, må ikke si: JHVH vil visst skille meg fra sitt folk! De fremmede som holder seg til JHVH. Dem vil jeg føre til mitt hellige berg og la dem glede seg i mitt bønnehus. For mitt hus skal kalles et bønnens hus for alle folk. Enda flere vil jeg samle til ham, i tillegg til dem som allerede er samlet til ham.» (Jes 56:3,6-8)[113]

Det er ikke snakk om noen hemmelighet i å la hedninger slutte seg til Israel, fordi Israel alltid har vært i stand til å ta opp fremmede i Israels hus.

Til tross for dette faktum proklamerte Israels profeter for lenge siden at Faderen skulle samle noen *andre*, som var et mysterium, til fylden.

Hvem er så disse *andre*?

Hva er hemmeligheten?

Paulus snakker om en hemmelighet når det gjelder hele Israels frelse: «Og slik skal hele Israel bli frelst», skriver han i Romerbrevet 11:26. Enkelte hevder at han sier at alle de biologiske israelittene som lever skal bli frelst. Men det kan ikke være svaret, fordi han på et annet sted skriver: «For ikke alle som stammer fra Israel, er virkelig Israel». Dette sier han ut ifra det faktum at utro israelitter ble avskåret fra Israels folk[114].

---

112 Primærversene er: 2Mos 12:48-49; 3Mos 19:34, 24:22, 4Mos 9:14, 15:15-16,29, Ezek 47:22. Se også 2Mos 12:19, 20:10, 22:21, 23:9,12, 3Mos 17:8,10,12, 18:26, 19:33, 20:02, 22:18, 24:16; 25:6, 4Mos 15:30, 35:15, Jos 20:09, Sal 146:9, Mal 3:5.

113 Disse er lovet «et navn bedre enn sønner og døtre» (Jes 56:5).

114 1Mos 17:14; 2Mos 12:15; 3Mos 7:20-27; Matt 12:34-41; Rom 9:6; 11:22; 1Kor 6:9; Åpen 22:15.

Paulus taler snarere om den måten Faderen har bestemt at frelsen skal komme dem til del som er i Israel, og som vil ta imot hans frelse. Dermed kan vi se nærmere på Williams oversettelse av det nye testamente (*The New Testament*), der dette verset er oversatt: «Og så på den måten».

Williams oversetter dette verset slik fordi det greske ordet *houto* betyr: «på denne måten (som viser til det som er sagt eller det som følger); slik eller sånn.»[115] Paulus sin kommentar kommer etter hans forklaring om Israels oljetre, og det kommer før hans oppsummering. «Slik skal hele Israel bli frelst.» (Rom 11:17, 24-26). Med dette i minne, kan en utvidet forståelse av hva Paulus sier være noe slikt som: «På denne måten skal alle i Israel som ønsker å bli frelst, bli frelst.»

Frelsesplanen

I denne talen forklarer også Paulus det guddommelige mandat som er gitt dem som blir kalt «ville oljekvister». Han avslører at disse er kalt for å provosere Juda til nidkjærhet (Rom 11:14).

Hellig provokasjon kommer til å få Juda til å begjære det de ville oljekvistene har.

Slik kommer frelsen til dem som vil bli frelst. Navnet «Jeshua» betyr *frelse*[116] og de som engang var ville oljekvister skal føre Judas folk til Ham.

Når det gjelder de siste tider har Jeshua Messias også sagt: «Jerusalem skal ligge nedtrådt av hedninger inntil hedningefolkenes tider er til ende» (Luk 21:24). I dag er ikke Jerusalem fullstendig under hedningefolkenes kontroll. I 1917 ble byen befridd fra muslimsk herrevelde av de allierte. I 1967 gav JHVH byen tilbake til jødiske hender – med unntak av Tempelberget. Som lovet, har han begynt å velge ut Juda og Jerusalem (Sak 2:12). For fullt ut å forstå denne gjenforeningen, må vi forstå at han har latt en slags blindhet kommer over Israel – «delvis»

---

115 The New Testament av Charles Williams, kompilert fra 26 oversettelser av Bibelen, Zondervan, 1985. Se også Strongs ord # G 3778

116 Jeshua / Frelse: Se 1Mos 49:18 og S & BDB # H 3444

eller *meros* som betyr «delvis blindhet», «Halvblind» eller «midlertidig blindet».

Mange tror at denne blindheten taler om at det jødiske folk har forherdet seg når det gjelder sannheten om Jeshua Messias. Det er en viss sannhet i denne forklaringen, fordi mange av Juda har vært så blinde for sannheten om Jeshua. Men i våre dager blir sløret løftet fra deres øyne og jøder over hele verden ser at han er deres etterlengtede *Mashiach* (Messias). Men det er noe mer med det Paulus skriver enn bare en manglende evne til å se Jeshua. Tross alt sier Jeshua selv: «Jeg har også *andre får*, som *ikke hører til i denne kveen*. Også dem skal jeg lede, og de skal høre min røst. Og det skal bli *en hjord* og en hyrde». Han sa også: «Jeg er ikke utsendt til andre enn de fortapte får av Israels hus». (Joh 10:16, Matt 15:24)[117].

Er de andre sauene også blinde?

Forandret Messias sin plan eller er det vi som har gått glipp av noe her? Kan det skjulte ha noe å gjøre med det mysteriet som er nevnt i Romerbrevet 11? Kan det være at "hedningenes fylde" som er bestemt å skulle komme inn i Israels fylde også er rammet av denne blindheten?

For nesten 2000 år siden sa Paulus at han avslørte et mysterium – noe som betyr at de som kom til å være blinde for dette mysteriet – *ikke ville være i stand til å se hele sannheten før nå!*

I et nøtteskall sa Paulus at Israel ikke fullt ut ville være i stand til å forstå dette mysteriet før i vår tid! Denne blindheten kom til å berøre alle som tilhører Israel, fordi hele Israel for lenge siden var påvirket med en manglende evne til å se klart. En tid kunne Jakobs tolv stammer bare se delvis. Begge husene var rammet av blindhet. Derfor, dersom vi er en del av Israels folk, da har også vi vært delvis blindet[118].

117 Delvis: Strongs # G3313. Andre sauer som ikke hører til denne flokken, indikerer en liten innelukket gårdsplass, en liten sammenkomst, en flokk indikerer en stor samling av sau. Se Vincents Word Studies, flokk, Vol s 192-193; framstilling av Johannesevangeliet av Pink s 128-129

118 Hoseaboken forteller om Efraims straff og lovet gjenopprettelse og er ofte referert i det Nye Testamente. De straffer og lover gjort i Efraim skilte seg fra de i Juda, og akkurat som løftene til Juda er bokstavelige, så er det løfter til Efraim som er like bokstavelige. Se Ezek 4:3,6 om gjenopprettelsen Riket for Israel, Angus Wootten, 2000, Key of David Publishing, Saint Cloud, FL.

For å se hvem som hadde forherdet seg og hvordan det skjedde, skal vi nå granske hovedteoriene som blir forkynt når det gjelder kirken og Israel[119].

Vi skal se på hver teori i lys av Skriften. Dersom vi finner et hull i teorien skal vi frimodig forkaste den. Så skal vi fortsette med å granske til vi finner det fullkomne Israel-teppet som fortsatt veves av vår himmelske Faders hender.

---

119 Kirken og Israel: Åpen3: 16; 2 Tim 3:1-12, Apg 7:38, 2Tess 1:1; 2:13, Joh 8:44; 10:33; Åpen2:9; 3:9; Matt 7: 23

14.

MANGELFULLE LÆRESETNINGER

Det fins utallige doktriner om kirken og det jødiske folk. Mange av disse enten fornekter, taler nedsettende om eller overser den andre grupperingen. De mest populære av disse teoriene er:

☐ Erstatningsteologien

☐ Separate enheter – separate pakter

☐ Det fysiske og det åndelige Israel

☐ Adopterte, innpodede hedninger

☐ Det jødiske folk representerer hele Israel.

Erstatningsteologien er en teori som hevder at kirken har erstattet jødene. Enkelte av dens tilhengere påstår endatil at: «Gud er ferdig med jødene». Selv om de utlendingene som blir kalt er en utvalgt rase/nasjon (1Pet 1:1, 2:9), er de ikke utvalgt til å erstatte det jødiske Israel. Å innta den holdningen er å forbryte seg mot Paulus' utsagn i Romerbrevet 11:18 der han advarer mot å være arrogant mot de jødiske greinene. Likevel er arrogansen tydelig til stede hos dem som fremmer denne falske læren.

Det var denne lumske læren som nørte opp under ilden i Hitlers holocaust. Den tenner negative tanker fordi den får folk til å regne med forfølgelse av den såkalte «forkastede» jøden. Den oppmuntrer også til en nedlatende stilltienhet når man står overfor grov ondskap. I kontrast til denne tanken advarer Skriften: «Se ikke med skadefryd på din brors dag, på hans ulykkes dag. Gled deg ikke over Judas barn den dag de går til grunne» og «Ros deg ikke mot greinene! (Juda) Roser du deg, så vit at det ikke er du som bærer roten, men roten som bærer deg! Du vil da si: Greinene ble brukket av for at jeg skulle bli podet inn. Nåvel! På grunn av vantro ble de avbrutt. Men du står ved din tro. Vær ikke overmodig, men frykt! For sparte ikke Gud de naturlige greinene, vil han heller ikke spare deg.» (Obadja 1:12; Rom 11:18-21).

En gang tidligere følte noen israelitter at de var mer åndelige enn sine nabofolk. «Ingen ting skal skade oss», sa de. Som svar på denne hovmodige påstanden, sa JHVH, «fordi folket har talt disse ord, skal jeg gjøre mine ord til ... en ild og disse menneskene til ved.» (Jer 5:12-14). Jeshua fortalte om en lignende dom og sa: «Mener dere at disse galileere var syndere framfor alle andre galileere, siden de har lidt dette? Nei sier jeg dere! Men hvis dere ikke omvender dere, så skal dere alle omkomme på samme måte» (Luk 13:1-5).

Når kristne ser ned på det jødiske folk utsetter de seg for risikoen å bli dømt som hovmodige av Israels Gud og pådrar seg dermed hans vrede.

Vår Gud er ikke ferdig med jødene

Vår Gud er ikke ferdig med jødene. Han har sverget at det kommer en tid da det «på Sions berg og i Jerusalem skal det være en flokk som har sluppet unna ... For se, i de dager og på den tid, gjør [jeg] ende på Judas og Jerusalems fangenskap» og «de som overfaller Juda, skal bli utryddet» (Joel 3:5-6 og Jes 11:11-13).

Juda er nok en gang samlet i sine forfedres land, og likevel blir denne vesle nasjonen kontinuerlig presset fra alle kanter. Det er vesentlig at de troende ikke blir regnet blant dem som reiser seg mot henne med urettferdige motiver. I Joel 3:7 advarer Faderen om at etter at Han har gjenopprettet Judas lykke, da skal Han samle alle nasjonene, og føre dem ned i Josafats dal, og «holde rettergang med dem».

Hedningekristen – en selvmotsigelse

Mange lærer at ikke-jødiske troende er «hedningkristne». Likevel kaller Efes 2:11-22 dem forhenværende hedninger. I vers 2:19 står det: «Så er dere da ikke lenger fremmede og utlendinger, men dere er de helliges medborgere og Guds husfolk [av Israel]». I tillegg definerer *Websters Dictionary hedning* som *vantro*. Det greske ordet som er brukt for «hedning» er *ethnos* og kan bety utlending, avgudsdyrker eller hedning. På hebraisk brukes *goy/goyim* først og fremst om utlending, hedning eller fremmed. Likevel trenger vi å forstå at nasjonalitet først og fremst blir avgjort av ens herredømme. Forskjellen mellom en hedensk hedning og Faderens hedninger er basert på «hvem som styrer» folket. Når vi blir styrt av JHVH er vi ikke fremmede/utlendinger, men hører til i hans nasjon. Vi tilhører en hellig og stor nasjon som ble lovet Abraham (1Mos 12:2). Vi kan derfor konkludere at tittelen «hedninge-kristen» er en selvmotsigelse av de helt store. Et ubibelsk paradoks[120].

Nok en gang ser vi at dørene til Israels fellesskap alltid har stått åpne for alle som ønsker å bli en del av Israel, eller leve i harmoni med dem, med Israels folk og Gud, men Israel på sin side hadde forbud mot å bli som hedningene. Hun skulle i stedet skille seg ut fra de andre. Deres skikker skulle være annerledes. På denne måten kunne verden lett se forskjell mellom et velsignet Israel og hedningenasjonene.

Forskjellen har å gjøre med Faderens plan for evangelisering – som handler om å gjøre andre mennesker sjalu og ønske å bli som dem, slik at hedningene ønsker å bli en del av JHVHs utvalgte folk og dermed til sist å slår seg sammen med dem[121].

Jeshua underviste at det skulle være forskjell mellom hedninge-folkene og Israel. Han sammenlignet den hedenske religionen med «Babylon» og advarte sine etterfølgere: «Kom ut av henne». Hans folk skulle ene og alene tilhøre Gud[122]. Han advarte at om en bror nekter å

120 Hedning: Websters Third International Dictionary, Encyclopedia Britannica, 1981, hedninger, vol. 1, s. 947. Gresk: Strong # G 1484, dessuten, Youngs Bible Dictionary, hedninger, Tyndale, 1984 s., 230. Hebraisk: S & BDB # H 1471; TWOT # 326. Guds Goy: Israel er kalt til å være hellig, beskikket til JHVH. De skal ikke styres etter hedensk skikk.

121 2Mos 11:7; 5Mos 4:20, 7:6, 14:2, Sal 33:12, 135:4, Jes 43:1, Est 3:8, Titus 2:14; 1Pet 2:9.

122 Apg 20,28; Efes 1:14; Titus 2:14; Åp 18:4, 1Pet 2:9

låne øre til oss, da må vi fortelle dette videre til *ekklesia*; og dersom han fremdeles nekter å lytte, da må han være for oss som «en *hedning* og en toller» (Matt 18:17; 20:25-28; Mark 10:42; Luk 22:25)

Vår Gud ønsker ikke at Hans nye paktsfolk skal være lik hedningene. De skal komme ut fra dem og tilhøre Israels folk (Matt 5:47; 6:7; 2Kor 6:17; 1Tess 4:5; 1Pet 2:12).

Identitetskrisen

Da Jesu Kristi etterfølgere historisk sett forsøkte å skille seg fra hedningene, henviste de ofte til det samlede legemet som «Det nye Israel» og til Judas folk som «Det gamle Israel». I disse siste tider har imidlertid Faderen tillatt at vi får se Israel på en ny måte.

Enda en gang ser vi, at når Den Allmektige førte Judas folk tilbake til landet og begynte å velsigne dem, så førte det til en identitetskrise innad i kirken. Brått oppstod det et vitalt spørsmål i horisonten: «Hvis vår Gud er Israels Gud og det jødiske folket er Israel; hvem er da Kirken?»

Etter hvert som mennesker begynte å granske spørsmålet, begynte mange å stille nye spørsmål og avvise feilaktige læresetninger om Israel og Kirken. Plutselig ble alt forskjellig. Det jødiske folk var i det lovede land, de ble en moderne og mektig nasjon i Israel – og Israels Gud viste dem nåde. Det er interessant å merke seg at de hjemvendende judeerne egentlig hadde tenkt å kalles staten sin *Judea*[123]. Det var i siste minutt at statsminister David Ben Gurion bestemte at navnet på deres nye hjemland skulle være *Israel*. Det hadde nok ikke plaget de anti-jødiske kreftene i kirken om Israel hadde blitt kalt Judea. De hadde sannsynligvis tenkt at, selv om «de forkastede jødene» var tilbake i Judea, så var kirken fortsatt «det nye Israel» - og de kunne ha fortsatt å undervise erstatningsteologi. Men Israels Gud hadde kontroll. David Ben Gurion navngav staten Israel, og hjemkomsten til den nye staten tente en identitetskrise

---

123 Mange navn ble foreslått: Sion, Judea, Ivriya, etc. «Frimerker trykt på forhånd var merket 'Doar Ivri' (hebraisk Mail) siden ingen visste hva navnet skulle være «Israel: A History av Martin Gilbert, 1998, William Morrow & Company, The War of Independence 1948 mai til første våpenhvilen, s. 187

i kirken. Mange kristne begynte å kalle seg selv «det åndelige Israel». De begynte også å legge stor vekt på å tolke skriften i typer og skyggebilder – og male Israel i åndelige, eteriske og uforståelige farger fra det hinsidige. Enkelte trodde at kallet til å være Israel var ment for det neste livet.

For andre igjen var spørsmålet uviktig. Å være en del av kirken var nok for dem. Tittelen Israels førstefødte ble vurdert som uviktig. Og de som ikke kunne finne rom i sine hjerter til å omfavne slike trossetninger ble etterlatt til å stride med en mengde spørsmål om deres tro.

Forskjellige enheter

Mange kristne fortsetter å tro at kirken og Israel er adskilte enheter. De tror at Israel er det jødiske folk, og at kirken er det ikke-jødiske folk. Enkelte hevder endatil at Faderens folk er jødene og at Jesu folk er de kristne. Men det er en tanke som strider mot Skriften. Vi er ment å skulle ha «ett håp i vårt kall» og vi skal være «en hjord med en hyrde». Jeshua ba om: «at de kan være ett, likesom vi er ett». (Efes 4:4, Joh 10:16, 17:11).

Forskjellige pakter

Enten du forstår det eller ikke så er tanken om at det jødiske folk har en adskilt pakt basert på tanken om at Abrahams løfte skulle oppfylles i hans fysiske arvinger – og at hans arvinger er sett på som det jødiske folk alene. Men om det stemmer, hva skal man da si om de troende i urkirken? De var en gruppe jøder som valgte å følge Israels Messias (Joh 12:12, Apg 24:5,14; 28:22).

Deres etterkommere forble trolig i kirken. Å fortsette i jødedommen ville fått dem til å skjule eller fornekte sin tro på Jeshua. Vi antar at de elsket Ham for høyt til å gjøre det, og spør: Er deres etterkommere også biologiske arvinger? Er ikke etterkommerne av Peter, Jakob og Johannes like mye Abrahams arvinger som det jødiske folk?

Dersom vi sier at de ikke lenger er fysiske arvinger da sier vi i bunn og grunn at belønningen for å følge den jødiske Messias er lik å bli avskåret fra å være en del av Israel. Sannheten er at greinene ble «brutt av» fra oljetreet på grunn av vantro mot Ham. De som fulgte Ham var og er fremdeles forankret i Israels oljetre (Rom 11:17,20). I tillegg er det forutsagt i Torahen at JHVH skulle oppreise en profet i Israel; og at Han skulle «legge sine ord i hans munn.» JHVH advarte til og med at alle de som ikke ville lytte til denne profeten skulle bli stilt til ansvar. Jeshua Messias er denne profeten, så ved å si at de første troende og deres etterkommere ikke lenger er en del av Israel fordi de trodde og fulgte ham er i strid med Skriften[124].

Dersom vi sier at barn av det første århundres rabbinske jøder er Abrahams arvinger fordi de er jøder, men at barna til de første jødiske troende ikke er det, da påstår vi at disse troende ble gjort arveløse fordi de ikke fulgte rabbinsk jødedom[125]. Dersom det har seg slik, hva skal da være retningslinjene for å bli innlemmet i Israel? Genetikk? Følger rabbinske jødiske skikker? Eller skal vi i stedet stole på Skriften som standard, fra 1Mosebok til Åpenbaringen?

Hvem er jøde?

På dette tidspunktet i historien ville det vært umulig for noen som helst å skille kristne og jøder basert på reell genetisk arv. Mens JHVH garantert kjenner hvem som stammer fra hvem, er det dåraktig for menneskeslekten å forsøke å dele Hans folk basert på fysisk avstamning[126]. Det er altfor mange variabler til stede. Vi har for eksempel den

---

124 Jeshua er den profeterte Messias som Israel ble bedt å følge (5Mos 18:18-19; Joh 5:46-47, 8:28, 12:49-50, 17:8,17, Apg 3:22-23). Dette er ikke det samme som å si kirken virkelig har fulgt ham, mens ingen jøder har det. Israels to hus er som de to sønnene som Jeshua snakket om i Matteus 21:28-31: En sa han ville gå, men gjorde det ikke, den andre sa han ikke ville gå, men gjorde det. Ingen av har et perfekt rulleblad. Vi ser også at Paulus skrev til «alle de hellige i Kristus Jesus» og sa til dem: «Vi er de omskårne, som tilber i Guds Ånd» (Fil 1:1; 3:3).

125 Rabbinsk jødedom: En religion utviklet av rabbinere etter ødeleggelsen av tempelet (70 EK), deres grunnleggende læresetning er at «Messias ennå ikke har kommet.»

126 Mens menneskeheten ikke kan vite hvem som er eller ikke er biologisk israelitt, vet Faderen i himmelen det: «Jeg kjenner Efraim, og Israel er ikke skjult for meg» (Hos 5:3). «Ingen skapning er skjult for ham» (Heb 4:13).

synden som heter hor (2Mos 20:14). Dersom en jødisk person hadde bare en eneste utro bestemor, så kom hennes hemmelige synd til å sende familietreet ut i en helt ukjent retning. Hennes etterkommere kunne tro at de nedstamme fra kong David, men når sant skal sies var de avkom av en ukjent hedning.

I tillegg vet vi at jødedommen alltid har akseptert konvertitter, og at barn av disse konvertittene lever blant det jødiske folk[127]. Dersom bare genetiske arvinger kan ta del i den «jødiske pakten» hva kommer da til å skje med deres konvertitter og deres barn? Vi må heller ikke overse de mange voldtektene som jødiske kvinner har blitt utsatt for opp gjennom århundrene. Mange tror at dette var grunnen til at jødedommen begynte å bestemme at jødiskhet skulle avgjøres matriarkalsk. Det vil si, basert på omsorg for disse kvinnenes ulykke og deres avkom, valgte de å elske og akseptere barn av ukjente fedre. Til sist kan vi heller ikke glemme adopsjonsspørsmålet.

Under holocaust drepte enkelte mennesker, som hevdet å være kristne, foreldrene til jødiske barn. Mange av disse barna ble adoptert av kjærlige kristne som brydde seg om dem.

Faktorer som inngifte, konverteringer, voldtekt og adopsjoner må tas med i regnestykket dersom man skal hevde at fysiske jøder har en egen, adskilt pakt, ellers kan ikke konklusjonen regnes som gyldig. Vi må også være nøye med å bruke like vekter og mål i vår analyse, fordi alt annet er regnet som en styggedom for vår Gud (Ords 20:10). Dersom vi inkluderer konvertittene til Juda i vår «Israelsavgjørelse» må vi også inkludere de konvertittene som følger Efraim på samme måte. Da må vi slå fast at de er like gyldige som Judas konvertitter.

Konklusjoner

Vi kan derfor konkludere slik:

---

127 2Mos 12:38; Est 8:17; Ezra 2:59, Apg 2:10. Kaleb (av Juda stamme) var en av de to speiderne, og sønn av kenisitten Jefunne Det fins enkelte som mener at Jefunne var konvertitt og at Kaleb derfor var sønn av en konvertitt (1Mos 15:19, 4Mos 32:12, Jos 14:6,14, S & BDB # H3611).

❏   Vår Gud er ikke ferdig med jødene.

❏   Han forbyr dem som slutter seg til Ham fra å si at de er adskilt fra Hans folk, Israel.

❏   Jeshua skiller ikke seg selv fra Faderen

❏   De Gode Hyrde har ikke adskilte flokker.

❏   Det er bare Faderen som vet hvem som er biologisk israelitt.

❏   Å tro eller ikke tro en spesifikk lære kan ikke endre de fakta som gjelder ens genetiske sammensetning.

❏   Biologiske etterkommere av begge Israels hus kan trolig finnes igjen i alle nasjoner.

❏   Vi kan ikke vite sikkert hvem som er og hvem som ikke er nedstammet fra patriarkene[128].

Væpnet med disse konklusjonene, skal vi nå se nærmere på teorien om adskilte pakter fra et annet perspektiv.

---

128 Ikke ferdig med Juda: Obad 1:12; Rom 11:18-21. Ett Folk: Jes 56:3,6-8. Jeshua er ett med JHVH: Johannes 10:16; 17:11. Én saueflokk: Ezek 34:10-16; Joh 10:11-16; Matt 15:24; israelittene finnes overalt: Hos 1-2, 5;3, 8:8, Amos 9:9; Sak 10:9

15.

FRYNSETE TEORIER

Det fins enkelte som hevder at hedningekirken har en pakt med Gud som er adskilt fra Israel, selv om det ikke er skrevet noe sted at den allmektige har gjort noen ny pakt med hedningene. I stedet ser vi at Jeshua inngikk en ny pakt med «Israels barn», slik det var lovet dem:

> «Se, dager kommer, sier JHVH, da jeg vil opprette en ny pakt med Israels hus og med Judas hus. Den skal ikke være som den pakt jeg opprettet med deres fedre på den dag da jeg tok dem ved hånden og førte dem ut av landet Egypt, den pakt med meg som de brøt, enda jeg var deres ektemann, sier JHVH. Men dette er den pakt jeg vil opprette med Israels hus etter de dager, sier JHVH: Jeg vil gi min lov i deres sinn og skrive den i deres hjerte. Jeg vil være deres Gud, og de skal være mitt folk» (Jer 31:31-33).

JHVH lovet en ny pakt til begge Israels hus. Som en oppfyllelse av dette løftet sa Jeshua til sine disipler: «Dette er den nye pakt i mitt blod». Han sa dette til Israels sønner som satt til bords med Ham ved Pesach-måltidet. Dermed innstiftet Han den nye lovede pakt (Luk 22:20, Heb 8:6-12, 1Kor 5:7, 11:25). Disse mennene fulgte Israels Messias. De fortsatte å møtes i sine lokale synagoger og i Templet. Skriften forteller om dem at de var en jødisk sekt som ble kjent som «Veien» (Apg 24:5,14; 26:5; 28:22). Den nye pakt begynte med Israels sønner, ikke med hedningene. Jeshua Messias sa; at på en klippefast tro som Peter hadde skulle Han «bygge» sin *ekklesia* (Matt 16;18). Septuaginta bruker det samme greske ordet i Jer 33:7, hvor JHVH sier om Juda og Israel: «Jeg vil *bygge dem opp* som i den første tiden». Amos blir oversatt på samme måte, fordi JHVH oppfyller sitt evige løfte om til evig tid å *gjenopprette og gjenoppbygge* Davids falne hytte (Amos 9:11, Apg 15:16)[129]. Disse versene bekrefter at Jeshua gjenoppretter Israels delte hus. Enten tar vi del i hans nye pakt eller så har vi ingen pakt overhodet.

Menigheten i Ødemarken

Mange forsøker å skille kirken fra Israel. Likevel talte Stefanus til sitt forsvar, mot sine forfølgere, om «menigheten [*kirken/ekklesia*] i ørkenen» (Apg 7:38). Ordet *ekklesia* blir brukt i *Septuaginta* for å beskrive det gamle Israel; det blir også brukt for å beskrive etterfølgerne av Israels Messias. Vi er kalt til å være «forsamlingen [*ekklesia*] av de førstefødte» og å tilhøre Israels fellesskap[130]. Dermed kan vi slå fast at Skriften ikke skiller mellom Israel og de troende. De som tilhørte urkirken skilte ikke forsamlingen fra Israel og vi bør ikke skille den sanne menighet *[ekklesia]* fra Israel, fordi det fins bare ett folk som er kalt av Gud.

Et åndelig kall

Mange deler Israel inn i fysiske og åndelige leirer, men de antagelser denne inndelingen er basert på er feilaktige. Teorien insinuerer at ikke-jødiske troende ikke nedstammer fra Abraham (som ikke kan bevises) og de som tror på denne læren pleier å skille kirken fra Israel (som ikke er Skriftmessig holdbart). På den annen side er denne teorien korrekt i og med at hele Israel, jøde og ikke-jøde til sammen er kalt til å tilbe Faderen i ånd og sannhet.

---

129 Strong # G 3618. Å være byggmester, bekrefte, bygge opp, oppbyggende, istandsette, og # H1129, å bygge (Bokstavelig & billedlig), få barn, lage, reparere, sette (opp). Septuaginta på CD av Sir Lancelot CL Brenton, 1851, Marsh, Iowa: www.ecmarsh.com / LXX / Jeremia.
130 Heb 12:22-23; Efes 2:11-22.

Jeshua proklamerte: «Men timen kommer, og er nå, da de sanne tilbedere skal tilbe Faderen i ånd og sannhet. For det er slike tilbedere Faderen vil ha» (Joh 4:23). Sett i dette lys trenger vi å være et «åndelig Israel». Likevel trenger vi å forstå at alle troende i Messias er fysiske vesener. Alle nedstammer fra en eller annen. Det eneste spørsmålet er: Hvem stammer de fra? Nok engang; bak tanken om et åndelig vs. et fysisk Israel ligger det en tanke om at ikke-jødiske troende ikke nedstammer fra Abraham. Likevel ble han lovet skarer av biologiske arvinger og de må være et eller annet sted, så hvorfor kan de ikke være blant Messias' etterfølgere? Tross alt er han Abrahams lovede biologiske «ætt». Er det ikke da rimelig å tro at Abrahams «ætt» skulle følge «ætten»?

Å forsøke å dele opp Israel basert på biologi er ikke klokt. Mens det er sant at troende blir bygget opp til et «åndelig hus», så betyr ikke det at vi skal tolke «bygget opp» som at vi ikke også er biologiske arvinger. I stedet stadfester det å være «åndelige» at vi har gått inn i Israels nye pakt, og tilhører den evige Israels Guds – men det betyr ikke at vi ikke også er fysiske arvinger (1Pet 2:5, Gal 6:16).

Vi er alle adopterte

Mange underviser at «troende hedninger» må adopteres inn i Abrahams familie, og at fysiske jøder ikke trenger å bli adoptert. Dette er en lære som ofte går hånd i hånd med en feil forståelse av Israels oljetre.

De fleste troende får sin første forståelse av Israels oljetre fra Rom 11. Paulus forteller om ville oljekvister som blir podet inn blant de andre (vers 17). I dette brevet henviser han til de troende jødene i sin egen tid. Selv om han kaller dem «naturlige» grener, taler han først og fremst til deres naturlige stilling, ikke deres biologiske avstamning (dette skal vi se nærmere på senere).

Når det gjelder dette treet, ser vi at greinene kan brekkes av og podes inn igjen. Vi ser også at forholdet til roten (Jeshua Messias) er det som avgjør greinenes tilstand (Åp 22:16). For å bli værende i treet må man også ha et rett forhold til gartneren (JHVH), som Jeshua kaller «vingårdsmannen»[131].

Følgene av en feilaktig adopsjonslære

Mange tolker Paulus' referanser til oljetreet å bety at tidligere «hedninge» (ikke-jødiske) troende ikke er «naturlige» barn, men er «åndelig adopterte, innpodede» barn. På den annen side mener man at det jødiske folk blir sett på som «naturlige barn som verken er adopterte eller innpodet.» Denne tolkningen kan skape en av to negative reaksjoner blant ikke-jødiske troende:

Den ene er at de ser på seg selv som adopterte, og derfor mindreverdige, i forhold til de «naturlige jødiske barna», eller at de ser på seg selv som mer «åndelige» og det jødiske folket som mer «kjødelige». Begge synspunktene gir negative resultater.

De som føler seg mindreverdige, fordi de mener at de er som adopterte barn, kan sammenlignes med barn som er blitt adoptert inn i en familie. Adopterte barn har en rekke hinder å overvinne, uansett hvor høyt de er elsket av sine adoptivforeldre. Selv når kjærligheten er uten ende, skjer det ofte at de ikke føler den samme nære tilknytningen som et naturlig født barn. De føler seg annerledes, og faktum er at de er annerledes i biologisk henseende. Denne feilaktige læren kan skape en tilsvarende følelse av mindreverdighet hos troende som kan føre til at de nesten føler seg «avviste»[132].

Enda flere lar seg påvirke av den tenkning at de tilhører en mer «åndelig» gruppering, fordi de er «åndelig adoptert». Noen tror endatil at de er overlegne i forhold til de antatte «åndelig tomme og kjødelige

---

131 Prinsippet er at Juda er «naturlig» bare når de forholder seg til vingårdsmannens regler (Joh 15:1). Ellers blir de «kuttet for vantros skyld.» Når de omfavner Messias, er de «podet inn igjen» (Rom 11:17,23, 24). Naturlig: Strong # 5449 G, 2798. Vingårdsmannen: Jes 5:1-7; Pred 5:9, Ezek 36:9, Joh 15:1, Rom 11:17,24.

132 Se boken, Rejection av Henry W. Wright, «adopsjon» side 33, Be in Health, Thomaston, GA, 30286. Denne uttalelsen er ikke ment å sverte adopterte barn eller deres foreldre. Poenget er at det er det forskjell når et barn er det adoptert og den andre er det ikke. Men er det dette egentlig ikke tilfellet mellom jødiske og ikke-jødiske barn, fordi hver og en må adopteres dersom de skal bli medlemmer i Faderens evige familie.

jødene». Det er trist at de som oppfører seg som overlegne vanligvis trenger å gjøre noe for å dekke over sine egne mindreverdighetsfølelser. Enda verre er det at følelsen av falsk overlegenhet trolig kommer til å vedvare så lenge disse menneskene lever under den falske forståelsen at de alene er adopterte.

Falsk rasemessig stolthet

Den samme læren har en tendens til å fremme en annen reaksjon i jødiske troende. Enkelte av dem føler at de har en overlegen stilling i Israels Guds familie. De kan tro at de er «de naturlige barna» og fordi de er nedstammet fra den «utvalgte rasen, jødene», så er de blitt «to ganger utvalgt.» Denne tanken føder en falsk rasemessig stolthet som fører til stridigheter. Siden genealogi ikke kan bevises, er konklusjonen deres basert på utilstrekkelige antakelser og «via antakelser kommer ingenting annet enn strid.» Vi må unngå å være stolte, fordi Leviatan selv sies å være «konge over alle stolte dyr» (Ordsp 13:10; 16:19, 1Tim 1:4, Jes 27:1, Job 41:25).

Ingen av disse følelsene av mindreverdighet eller overlegenhet høver seg Israels Guds barn. Vi må derfor visselig omvende oss fra slike tanker. De fører bare til misforståelser og splittelse i Messias' legeme.

Barnekårets ånd

Sannheten er at ikke-jødiske troende ikke er adoptert inn i «Abrahams» familie, slik som mange tror. I stedet må alle troende adopteres inn i den evige Israels Guds familie. Vi ser denne sannheten bekreftet i Skriften som bruker ordet «barnekår» bare fem ganger og at de fem versene erklærer følgende:

❏ «Dere fikk jo ikke trelldommens Ånd, så dere igjen skulle frykte. Men dere fikk barnekårets Ånd som gjør at vi roper: Abba, Far! Ånden selv vitner sammen med vår Ånd at vi er Guds barn» (Rom 8:15-16)

❑ «Vi som har fått Ånden som førstegrøde, også vi sukker med oss selv, mens vi lengter etter vårt barnekår, vårt legemes forløsning» (Rom 8:23)

❑ Paulus taler om at «Dem tilhører barnekåret og herligheten og paktene og lovgivningen og gudstjenesten og løftene» (Rom 9:4)

❑ «…for at han skulle kjøpe dem fri som var under loven, så vi skulle få barnekår» (Gal 4:5)

❑ «Til de hellige i Efesus», skriver Paulus «har han forut bestemt oss til å få barnekår hos seg ved Jesus Messias, etter sin viljes frie råd»

Faderen gir barnekårets ånd for å fri oss fra frykten fra døden og setter oss dermed i stand til å kalle ham Abba, eller Far. Som Hans sønner venter vi på fylden i barnekåret, som er vårt legemes forløsning. Denne barnekårets ånd tilhører Israels barn. Faderen sendte Sin Sønn for å løse dem ut som var underlagt loven (Juda), så vel som de ikke-jødiske hellige (Efraim). Han forutbestemte begge til barnekår som sine sønner i Jeshua Messias. Hver og en av oss må motta barnekårets ånd før vi kan bli en del av Abbas familie og dermed Guds barn. Dette er slik fordi, «alle har syndet og står uten ære for Gud» (Rom 3:23).

Abraham er ikke nevnt i disse versene

Versene om barnekår som er oppført ovenfor nevner ikke Abraham, og de støtter heller ikke tanken om at troende er adoptert inn i Abrahams familie. Dette betyr ikke at Abraham ikke hadde ønsket alle troende inn i sin favn, men det betyr ganske enkelt at vi har gjort spørsmålet uklart ved ikke å forstå den høyere betydningen av det å motta «barnekårets ånd».

Vi trenger også å forstå hva det betyr å være «i Israels oljetre», for det taler om oss og å være grunnfestet i Messias. Dersom en jødisk person kommer til tro på Messias, blir han igjen podet inn på treet, «Men også de andre skal bli innpodet, hvis de ikke holder fast ved sin vantro. For Gud er mektig til å pode dem inn igjen» (Rom 11:23).

Mange bekker små...

Når det betyr så mye det vi tror på, må vi spørre oss selv: Tror vi virkelig dette? Er den grunnvollen vi har bygget vår forståelse av Israel på, en skriftmessig sannhet, eller trenger vi å revurdere vår grunnleggende tro i dette spørsmålet?

I boken *Ten Philosophical Mistakes*, skriver Mortimer J. Adler, en av Amerikas fremste filosofer, om de ti fremste feilkonklusjonene innen utviklingen av moderne tenkning. Han gransker de alvorlige konsekvensene disse feilslutningene har på våre liv. Adler påpeker flere alminnelige, skadevoldende feilslutninger hos verdens største tenkere. Han konkluderer med at de alle oppfant nye former for visdom ved å fortsette å bygge på sviktende fundamenter. Sagt med andre ord: De unnlot å gå tilbake til opprinnelsen og begynne å bygge på de opprinnelige sannhetene; de gravde seg simpelthen ikke dypt nok ned til sannhetsberget. Adler siterte en påstand Aristoteles kom med(4. århundre FK):

«Det første lille avvik fra sannheten blir senere multiplisert med tusen», og han refererer Thomas Aquinas: «Små feil i begynnelsen fører til alvorlige følger på slutten.» Adler skriver selv:

«I stedet for å gå tilbake til begynnelsen og finne kilden til disse bitte små feilene i begynnelsen, har moderne tenkere forsøkt å omgå resultatet av de tidlige feilene, og ofte eskalerte vanskelighetene i stedet for at de overvant dem.»[133].

Ny visdom bygget på feil grunnlag

Lider kristne og jøder av samme feilslutning? Har vi funnet nye visdom som ikke er bygget på opprinnelige sannheter? Hvis dette stemmer, er det disse feilene som utgjør problemene våre? Svaret på hvert

---

133 Ten Philosophical Mistakes s. XIII, XV. New York: MacMillian, 1997. Se også, Restoring Israel's Kingdom av Angus Wootten, 2000, Key of David Publishing, Saint Cloud, FL, s. 53-54, kapittel 7, «Who Told You?»

av disse spørsmålene er et ettertrykkelig «Ja!»

Spesielt har ikke den nye pakts *ekklesia* kommet seg over de tidlige læremessige splittelsene og teologiske feilene som ble grunnlagt. Særlig forkrøplende er de feilene som ble gjort når det gjelder Israel. Disse feilslutningene blinder de troende, og de forhindrer oss fra å se Faderens planer for hans utvalgte folk.

16.

REPRESENTERER JUDA HELE ISRAEL?

Troen på at det jødiske folk representerer hele Israel er det siste punktet på listen vår over teoretiske feilslutninger. De som underviser denne teorien hevder at de to husene ble gjenforent da en liten del av Judas hus vendte tilbake fra Babylon. De konkluderer på den måten fordi Juda, etter sin delvise tilbakevendelse og under en innvielse av det gjenoppbygde tempelet, frambar «et syndoffer for hele Israel» (Ezra 6:17, 8:35). Var så hele Israel til stede ved denne innvielsen? Representerte de som var til stede der hele Israel?

Skriften og historiske dokumenter gir oss svarene på dette.

Over hundre år etter at Nordriket[134] opphørte, sa Faderen om dem: «Er da Efraim min dyrebare sønn og mitt kjæreste barn, siden jeg ennå må komme ham i hu, enda jeg så ofte har talt imot ham? Derfor røres mitt hjerte av medynk med ham, jeg må forbarme meg over ham, sier JHVH.» (Jer 31:20).

2Kong 17:23, som ble nedskrevet omkring 562-538 f.kr., lyder: «Så ble Israel bortført fra sitt land til Assyria, og der har de vært til denne dag»[135].

Dersom vi hopper fremover til omkring 520 FK, ser vi at Sakarja brakk sin «stav, samband, for å gjøre brorskapet mellom Juda og Is-

---

134 100 years: Jeremiah, NIV Study Bible, Zondervan, 1985, se «Author and Date.»
135 NIV Study Bible, Introduksjon til 1Kongebok, s 464-465

rael til intet.» (Sak 11:14). *New International Versions* studiebibel sier at denne handlingen vitner om «oppløsningen av enheten mellom syd og nord.» *De tolv profetene* kaller den brukkne staven «binders» og sier: «Staven… Binders… er nå brutt, noe som vitner om oppløsningen av all enhet og harmoni mellom Israel og Juda»[136]

Sakarja brøt staven sin etter at Juda vendte tilbake fra Babylon, ikke før. Dette betyr at brorskapet mellom Juda og Israel ble brutt etter at Ezra bar fram et syndoffer for hele Israel. Dersom vi gransker disse hendelsene i kontekst, ser vi at Ezras syndoffer var et syndoffer for deres tapte brødre, og at Sakarjas profetiske handling bekrefter at efraimittene forsatte å være forsvunnet og derfor trengte forbønn.

Før Sakarja brøt staven sin, mens Juda fremdeles var i Babylon, skrev profeten Daniel: «Du Herre er rettferdig, men vi må skamme oss. Slik er det på denne dag - Judas menn, Jerusalems innbyggere og hele Israel, både de som er nær, og de som er langt borte, i alle de land som du har drevet dem bort til på grunn av den troløshet de hadde vist mot deg» (Dan 9:7). Juda var nær ved i Babylon, men ifølge Artscrolls Tanakh-serie: «Hele Israel» betydde de ti stammene av Israel som fremdeles var i eksil og fortapte. I kontekst ser vi at referansen til «nær … og langt borte» skulle forstås som Juda og Efraim[137].

Omkring 440 f.kr skrev Ezra at Efraim var spredt i «Hala, Habor, Hara og Gosan-elven, og der er de den dag i dag.» (1Krøn 5:26). Profeten skrev disse ordene mer enn 250 år etter at Efraim var bortført, og mer enn 50 år etter at Juda var vendt hjem fra Babylon for å bygge templet[138]. Ezra mente tydeligvis ikke at Israel var gjenforent. Etter at Juda delvis vendte tilbake til landet kom Jeshua og apostlene – en tid da Paulus sa at Jeshua kom og talte fred til dem som var langt borte, så vel som til dem som var nær (Efes 2:17). «Nær og langt borte» er definert i Daniel 9:7, og Paulus forstod at disse begrepene refererte til både det nærliggende Juda og det bortførte Efraim (se også Jes 56:8 og 57:19).

---

136 520 FK: NIV Study Bible, Introduksjon, Sakarja, s. 1405; NIV sitat, vers 11:14 fotnote, s.1412. Se også, Binders, The Twelve Prophets Soncino, 1980, s. 267, 316-317.

137 ArtScroll, Mesorah, 1982, Daniel, s 248. Se dessuten Jesaja 57:18-19

138 NIV Study Bible Zondervan, 1995, Introduksjonen til Ezra, s 662-663

Juda omtaler de bortførte efraimittene

Encyclopaedia Judaica sier om de bortførte efraimittene i Assyria: «Det er tydelig at de som regel ikke hadde slavestatus eller var en undertrykt befolkning. De bortførte som først slo seg ned i Mesopotamia ble kongens landforpaktere ... håndverkerne blant dem var ansatt i statlige foretak. Etter hvert oppnådde noen av de bortførte økonomisk og sosial status og besatte selv høytstående stillinger i den assyriske administrasjonen .... En stor del av etterkommerne til bortførte israelitter ble integrert i det mesopotamiske samfunnet og dette førte til deres absorpsjon i de utenlandske områdene.»[139]

Assimilert, men ikke tapt

Efraim ble «oppslukt av nasjonene». Likevel sier JHVH om dem: «For se, jeg befaler at Israels ætt skal ristes blant alle folkeslag, likesom en rister med et såld, og ikke et korn faller til jorden.» (Hos 8:8, Amos 9:9). Vi leser om deres profeterte spredning i 5Mos 28:64: « JHVH skal spre deg blant alle folkene fra jordens ene ende til den andre. Der skal du dyrke andre guder, som verken du eller dine fedre har kjent, stokk og stein». Selv om efraimittene skulle spres blant alle folkeslag og tilbe falske guder, skulle Israels Gud ha nåde med dem. Ikke ett eneste korn av dem skulle gå tapt for ham. Han sier: «Jeg kjenner Efraim, og Israel er ikke skjult for meg» (Hos 5:3), og dessuten: «Jeg vil så dem ut blant folkene. Men i de fjerne land skal de komme meg i hu. De skal leve med sine barn og komme tilbake». Efraim ble ikke spredt for å forkastes til evig tid, men ble nøye sådd, overvåket, vannet og næret, med tanke på en stor innhøstning i de siste tider (Sak 10:6-9).

Efraim er så visst ikke tapt for Faderen, men har han blitt gjenforent med Juda?

Hele Israel?

Judas delvise hjemvendelse til Landet kan vi lese om i Ezra. På den tiden «stod Ezra opp og lot de øverste prestene og levittene og alle Isra-

---

139 Encyclopaedia Judaica, Keter, 1972, Exile, Assyrian, s 1036

els høvdinger sverge på at de ville gjøre som det var sagt. Og de sverget på det.» (Ezra 10:5).

Enkelte hevder at denne seremonien beviser at de to husene var gjenforent, siden noen av dem vendte tilbake fra Babylon. Men dette stemmer ikke. «Hele Israel» betyr simpelthen de som var til stede ved denne spesifikke seremonien. Det definerer spesifikt «de» som «sverget». Det taler om «det offeret ... alle de israelittene som bodde der, hadde gitt» (Ezra 8:25, o.f.a.)

Enkelte av de som sier at Efraim for lengst var gjenforent med Juda hevder at Ezras bruk av ordene «hele Israel» beviser at Juda representerte hele Israel, men begrepet «hele Israel» blir brukt på samme måte for å beskrive bare Nordriket: «Da hele Israel hørte at Jeroboam var kommet tilbake, sendte de bud etter ham. De kalte ham til folkeforsamlingen og gjorde ham til konge over hele Israel. Det var ikke noen som holdt seg til Davids hus, unntatt Juda stamme» (1Kong 12:20). I dette tilfelle, ekskluderer «hele Israel» Juda helt og holdent. I begge tilfeller refererer Skriften til hele Israel om de som var til stede på det spesifikke tidspunktet.

Majoriteten var ikke til stede

Det faktum at enkelte fra Juda gikk i forbønn for hele Israe,l med noen av dem fra de andre stammene, beviser ikke at Juda deretter representerte hele Israel. Majoriteten av de biologiske israelittene som levde på denne tiden var ikke til stede under Ezras seremoni. For den saks skyld var majoriteten av jødene også fortsatt i Babylon. Husk også: alle de israelittene som ikke var til stede fortsatte også å være etterkommere av Israel. De opplevde ikke en plutselig endring fordi de ikke var tilgjengelig for denne seremonien. Dersom vi sier oss enige i denne standarden, og dermed kutter bort de forsvunne efraimittene som ikke var til stede, da må vi også bruke den samme standarden overfor dem fra Juda som ikke var til stede for å avlegge ed. Dette ville da bety at de fleste av dagens jøder ikke er jøder, fordi majoriteten av judeerne ble værende igjen i Babylon.

Bevisførselen for denne tenkningen er ikke logisk. Jakobs etterkommere fortsatte å være hans ætt, uansett hvor de hadde vandret på den tiden da Ezra bar fram sitt offer. Husk, Abba trekker ikke sitt kall tilbake (Rom 11:29).

Juda ble fortsatt kalt Juda

At jøder enkelte ganger ble kalt «Israel» beviser ikke at Efraim var blitt gjenforent med Juda. Mens navnet Israel først og fremst ble brukt for å peke på Israels hus, eller Efraim, og var en fødselsrett som ble gitt til Josef, ble det også brukt som en benevnelse på alle Jakobs sønner: «Etterkommerne av Ja'akov, han som Han gav navnet Israel». I enkelte tilfeller ble begge husene kalt «Israel» (2Kong 17:34, 1Krøn 5:1-2, Jes 8:14). Da jødene vendte tilbake fra Babylon, bruker skriften først og fremst begrepene «jødene» og «Juda» for å beskrive de hjemvendte. For eksempel kan vi lese om hvordan deres motstandere «som bodde der i landet, gjorde Judas folk motløst og skremte dem fra å bygge» (Ezra 4:4). Og de ble kalt «jødene - den rest som var blitt frelst fra fangenskapet» (Neh 1:2).

Har vi gått glipp av gjenforeningen?

Har de to husene blitt gjenforent siden Ezra levde? Svaret er både ja og nei. Ja, i og med at alle som tilhører Messias' legeme er «gjenforente israelitter», men nei i den forståelse at vi ikke har blitt fullt ut manifestert i denne enheten. Ja, på den måten at Jeshua har gjort oss til ett nytt menneske og at vår enhet er å finne i Ham, men nei i den forstand at ikke hele Israel helt og fullt har tatt til seg denne enheten. De fleste vandrer i en delvis forståelse. Vår enhet er tilgjengelig i dag, men vi har ikke tatt den helt og holdent i bruk – ennå. Ingen av de to husene har greid å ta til seg løftet, slik det skal tas i bruk. Vi trenger fremdeles å bli et fullstendig omvendt, fullstendig gjenforent og gjenopprettet Israels folk (Efes 2:14-16; Ezek 37:15-28). Vi ser tilsvarende «ja og nei»-eksempler i og med at Jeshua nå sitter på sin fars Davids trone, men hans kongerike har ennå ikke nådd sin fylde. Det var også gitt en spesifikk dag da Jeshua ble ofret som vårt påskelam, og likevel er Han «Lammet som ble slaktet, fra verdens grunnvoll ble lagt» (Åpen 13:8)[140].

Inntil hele Israel fyller visse vilkår, må de fortsette å være adskilte hus. Det er først når de helt og fullt inntar den nye pakt at de blir fullstendig gjenforent. De kommer bare til å bli gjenopprettet når begge har Faderens lover skrevet på sine hjerter av Den Hellige Ånd *(Ruach HaKodesh)*. Det er først når vi ikke lenger underviser hver vår neste, fordi vi alle kjenner Gud, at det kan sies at hele Israel helt og fullt har tatt steget inn i sin nye pakt og er fullstendig gjenforent (Heb 8:8-12, Jer 31:31-33).

Mange jødiske rabbinere har konkludert med at moderne jøder primært nedstammer fra Juda og Benjamin stamme (se for eksempel *Artscroll Chumash*, 5Mos 32:26, s. 1106). Vi kan på samme vis konkludere at Juda ikke representerer hele Israel.

---

140 At Jeshua allerede «har satt seg» indikerer at han allerede nå regjerer over sitt rike (Luk 1:32, Heb 1:3, 10:12, 12:2, Åp 3:21). Hans rike er ennå ikke kommet til sin rett: Matt 6:10, Lukas 11:2, se også Jes 27:9; 55:3, 59:21, Jer 31:31-34, 32:38-40; Heb 8:8-12; 10:16. Påskelammet: 1Kor 5:7, Joh 1:29, 1Pet 1:19, Mark 15:34.

17.

KJENNETEGN PÅ DET GJENOPPRETTEDE ISRAEL

Til tross for deres tidligere feilgrep har vår Far lovet helt og fullt å gjenforene Israel i de siste tider. Han forteller også om negative kjennetegn som fins i begge hus, og han avslører at når de omvender seg, da skal de erfare en seierrik gjenforening. JHVH sier:

«På den tid skal JHVH enda en gang rekke ut sin hånd for å vinne tilbake resten av sitt folk, de som blir berget fra Assyria og Egypt og Patros og Etiopia og Elam og Shin'ar og Hamat og havets øyer. Han skal løfte et banner for folkene, han skal samle de fordrevne av Israel og sanke de spredte av Juda fra jordens fire hjørner. Da skal Efraims misunnelse vike, og de som overfaller Juda, skal bli utryddet. Efraim skal ikke misunne Juda og Juda ikke overfalle Efraim. De skal slå ned på filistrenes skulder mot vest. Sammen skal de plyndre Østens barn. På Edom og Moab skal de legge hånd, og Ammons barn [Jordan] skal lyde dem». (Jes 11:11-14)

Ordet avslører at Efraim er misunnelig på Juda. Når denne sjalusien forsvinner kommer Efraim til å slutte å forgude eller forakte det jødiske folk. Dette skjer samtidig med at sløret fra Rom 11:25 blir løftet fra Efraims blindede øyne. Da kommer han til å bli i stand til å se sannheten om sin egen israelittiske identitet – og dermed slutte å være misunnelig, fordi han kommer til å forstå at han verken er mer eller mindre utvalgt enn Juda. Med denne åpenbaringen kommer en nøkkel som vil åpne en dør for helbredelse og endring for Efraim. Når han forstår hvem han er, kommer han til å føle seg tryggere som en del av Israels folk, og kommer bedre til å forstå hvilken rolle han spiller i verden.

En angrende Efraim

Faderen sier om den tidligere villfarne Efraim: «Jeg har visselig hørt Efraim klage». Rede til å gjøre bot svarer Efraim da: «Du har tuktet meg. Ja, jeg ble tuktet som en utemmet kalv. Omvend meg du, så blir jeg omvendt! Du er jo JHVH min Gud. For etter at jeg har vendt meg bort fra deg, angrer jeg. Og etter at jeg har fått forstand [*Emphasized Bible* oversetter denne teksten som «etter at jeg lærte meg selv *å kjenne*.»[141]], slår jeg meg på hoften. Jeg ble skamfull og ydmyket, for jeg bærer min ungdoms skam.» (Jer 31:18-19)

Etter at Efraim lærer seg selv å kjenne og blir undervist om sine egne israelske røtter, blir han skamfull over sin ungdoms synder og vender seg bort fra sine hedenske skikker. Deretter blir han «lik en mektig mann» og da skal JHVH «plystre etter dem for å samle dem sammen [med Juda]» og «Efraim skal komme skjelvende fra Vesten». På den tiden skal Efraim vende tilbake i store skarer, «inntil det ikke fins mer plass for dem» (Sak 10:7-8,10; Hos 11:9-10; 12:1).

Judas fiender skal elimineres

Efraims endring fører til at Judas fiender blir utslettet. Dette skjer fordi Efraim til sist kommer til å ta et frimodig standpunkt sammen med bror Juda. Efraims standpunkt kommer til å bety all verden, fordi han, slik det er forutsagt, skal stå som en mektig mann. Som et fullstendig omvendt og virkelig endret Israel, skal Efraim bli stående som en mektig fyrste.

---

141 The Emphasized Bible av J. B. Rotherham, 26 Translations of the Holy Bible, Zondervan, 1985, Mathis

Det vi ser her er en grunnsetning for gjenopprettelsesplanen for Israel. Jeshua sa: «Hvert rike som kommer i strid med seg selv, blir lagt øde» (Luk 11:17). Det betyr at det motsatte også er sant: Et forent rike kan ikke legges i ruiner; et forent hus kommer ikke til å falle. Når Efraim og Juda stå sammen skal Judas fiender forvitre. Å forstå denne gjenforeningsplanen kommer til å hjelpe oss til å bevege oss fremover mot gjenreisningen av Riket for Israel.

Juda skal slutte å plage Efraim

Når Juda ser endringer i Efraim kommer han til å slutte å plage ham[142]. Da kommer han ikke lenger til å nekte å anerkjenne Efraim som legitim og likestilt arving. Juda kommer til å akseptere ham fordi Efraim kommer til å begynne å oppføre seg som en israelitt. Sammen kommer de til å bli en uovervinnelig hær som beseirer en gammel fiende.

Den eldgamle striden mellom Ismael og Isak

Når de to husene greier å slutte fred internt, da kommer tiden for en eldgammel konflikt mellom Ismael og Isak. De arabiske folkene er først og fremst nedstammet fra Ismael, og Efraim og Juda nedstammer først og fremst fra Isak og Jakob. Vi har sett de tre største religionene, jødedommen, kristendommen og islam krige i fortiden, og vi ser dem fremdeles i dag i bitre konflikter. Men når de to Israels hus forenes, skal «Jakobs hus ... bli en ild og Josefs hus en flamme. Og Esaus hus skal bli til halm.» For JHVH har sverget, «Jeg spenner Juda som min bue og legger Efraim på buen ... Jeg gjør deg lik en kjempes sverd.» (Obad 1:18, Sak 9:13, 1Sam 17:45, Jes 11:13-14). JHVHs pil og bue kommer til sist å være på plass – og ve dem som reiser seg mot hans planer.

---

142 Plage (Vex): S & BDB # 6887 H, tsarar: å innskrenke, plage, beleire, binde, nød, være en motstander / fiende, undertrykke, vex, kan tale om å bli begrenset, eller utsatt for sterk følelsesmessig reaksjon, som i tilfeller av kontroversielle avgjørelser (Jes 11:13; TWOT, # 1973, s. 778). Paulus sier at de som tilhører Juda er «fiender av evangeliet for din skyld» (Rom 11:28).

Et renset, helt Israel

«Vi blir fortalt at på den tiden skal «Israels barn komme, de og Judas barn sammen. De skal gå og gråte, og JHVH sin Gud skal de søke. De skal spørre etter veien til Sion, hit er deres åsyn vendt: Kom og gi dere til JHVH ved en evig pakt, som ikke blir glemt!» og « I de dager og på den tid, sier JHVH, skal de lete etter Israels misgjerning, men den skal ikke være til, og etter Judas synder, men de skal ikke finnes, for jeg vil tilgi dem som jeg lar bli tilbake» (Jer 50:4-5,20)

Om å glemme arken og utvandringen av Egypt

De som engang ble kalt «troløse Israel og svikefulle Juda» skal atter vende tilbake til Sion. For JHVH har sverget:

> «Jeg vil gi dere hyrder etter mitt hjerte. De skal vokte dere med forstand og visdom. Når dere blir et stort og tallrikt folk i landet i de dager … skal de ikke lenger tale om JHVHs paktsark eller tenke på den. De skal ikke komme den i hu og ikke savne den, og det skal ikke lenger bli laget noen slik ark. På den tid skal de kalle Jerusalem JHVHs trone. Og alle folkene skal samle seg der, til JHVH i Jerusalem. De skal ikke mer følge sitt onde, hårde hjerte. I de dager skal Judas hus gå til Israels hus. De skal komme sammen fra landet i nord.» (Jer 3:14-18). «Se, derfor skal dager komme[143], sier JHVH, da det ikke mer skal bli sagt: Så sant JHVH lever, han som førte Israels barn opp fra landet Egypt! Men det skal bli sagt: Så sant JHVH lever, han som førte Israels barn opp fra landet i nord og fra alle de land som han hadde drevet dem bort til. Og jeg vil føre dem tilbake til deres land, det som jeg gav deres fedre.» (Jer 16:11-16).

Den Hellige skal ennå en gang frelse Judas hus og Israels hus fra

---

143 Nord, tsaphon: kompassretning, å skjule; plassere der dommen venter. S & BDB # H6828; TWOT # 1953. Fra # 6845: å skjule ved å dekke over, å reservere, beskytte, aktelse, holde hemmelig. Se 2Sam 14:14; Sal 48:2, Jes 14:13, 41:25, 43:6, Jer 4:6

Østen og Vesten. Han skal vende tilbake til Sion og deretter vil Juda og Efraim kalle Sion for «Den Trofaste By» (Sak 8:3,7,13).

Et rent Israel

Endelig skal vi se på Ezekiels beskrivelse av det gjenforente Israel.

Vi leser: « Ta deg en stav for Juda og ta deg en annen stav for Efraim». For så sier JHVH Israels *Elohim* «Jeg skal gjøre dem til én stav i min hånd... Jeg vil gjøre dem til ett folk i landet, på Israels fjell, og en konge skal være konge for dem alle. De skal ikke mer være to folk og ikke mer dele seg i to riker. De skal ikke mer gjøre seg urene med sine motbydelige avguder og med sine styggedommer eller med noen av sine misgjerninger. Jeg vil utfri dem fra alle deres bosteder, der de syndet, og rense dem. De skal være mitt folk, og jeg skal være deres Gud. Min tjener David skal være konge over dem, og en hyrde skal det være for dem alle. Mine lover skal de følge, og mine bud skal de holde og leve etter dem. De skal bo i det landet jeg gav min tjener Jakob, det som deres fedre bodde i. De skal bo i det, de og deres barn og deres barnebarn, til evig tid. Og David min tjener, skal være deres fyrste for evig. Og jeg vil slutte en fredspakt med dem - en evig pakt med dem skal det være. Jeg vil bosette dem i mitt land og la dem bli tallrike, og jeg vil sette min helligdom midt iblant dem for evig tid». (Ezek 37:16-26)

Ennå ikke gjenforent

Juda og Efraim er ikke blitt gjenforent enda:

❑ Etter at Juda delvis vendte tilbake fra Babylon, forlot de igjen Landet. Straks JHVH gjenforener de to husene skal de leve for evig i landet. Da skal de ikke lenger gi bort deler av det lovede land i bytte for fred.

❑ Skriften beskriver et gjenforent Israel som ikke engang husker paktsarken. I stedet skal de huske sin Frelser med minne om en herligere utvandring som vil komme. Derfor, inntil vi ser et folk som har disse karakteristikkene, er ikke Israels gjenforening fullstendig.

❑ Efraim og Juda har ennå ikke opplevd fullstendig utslettelse av sine fiender, filisterne og Babylon.

❑ Straks JHVH gjenforener Israel kommer de ikke lenger til å besmitte seg selv med sine synder, det betyr at det ikke skal være noen overtredelser i Israel, ingen synder i Juda: «Derfor blir Jakobs misgjerning utsonet. Og det at hans synd blir tatt bort, gir full frukt, når alle altersteiner blir knust som kalkstein, og Astaroth-bilder og solstøtter ikke reiser seg mer» (Jes 27:9). Verken kristendommen eller jødedommen kvalifiserer til Ezekiels fullstendig gjenforente hus.

❑ Når JHVH gjenforener hele Israel skal de ha én konge. Siden Han er den siste kongen denne verden skal ha noensinne, er Han ingen annen enn Kongenes Konge og Herrenes Herre. Han er Jeshua, Israels hyrdekonge.

Aldri noensinne, siden de ble spredt, har Juda og Efraim oppfylt disse Skriftordene. Siden de ble bortført har ikke de to husene vært en nasjon i landet med kontroll over hele sin arv. Ei heller har de hatt en Davids konge. Enda mindre har de vært et folk uten synder eller overtredelser[144]. Oppfyllelsen av disse profetiene krever at det ikke fins noen overtredelser og ingen synd i noen av husene. Disse versene taler om et forent, rent, rettferdig og hellig Israel. De taler om en fremtid der Jeshua skal herske som konge over Sannhetens stad. Inntil det skjer, arbeider Faderen fremdeles med Juda og Efraim.

---

144 Kongedømmet i Israel ble gitt til David og hans ætt til evig tid (2Krøn 13:5). Herodes var ikke jødisk og de hasmoneiske kongene kom fra Levi, og kunne derfor ikke oppfylle dette verset (NIV Study Bible, fotnotene, Matt 2:1). Se også Ezek 11:15-20; 14:4, Jes 27:6-9)

Rabbinerne og de eldgamle skriftene samstemmer

At de to husene ennå ikke er gjenforent har rabbinerne lenge undervist om. For eksempel står det å lese i *Artscrolls Tanakh-serie* at *Rambam* (Moshe ben Nachman) sa følgende i sine kommentarer til Ezra: «De ti stammene vendte ikke tilbake til landet .... De jødiske bosetterne i Jerusalem bestod bare av medlemmer fra Juda og Benjamin stamme og noen få representanter fra andre stammer.»

Den israelske forfatteren John Hulley, som skrev boken «*Comets, Jews and Christians*» sier «Troen på de ti stammenes fortsatte eksistens ble sett på som et udiskutabelt faktum under hele det andre tempelets periode og den talmudiske tidsperioden.» På samme måte er det mange rabbinere som har trodd at Israels fordrevne skal samles på nytt og at de ti stammene skal vende tilbake og ta del i *Olam Haba*, eller den kommende verden. Mange jødiske skribenter hevder at de av Josef/Efraim som er tapt i diasporaen er «hedninger». De tror at Josef i høyeste grad er i live. Den israelske akademikeren Yair Davidi skriver: «De aller fleste [rabbinske kommentatorer] heller til den forståelse at de ti tapte stammene befinner seg i Vest-Europa»[145]

I sin kommende bok, «*Yeshua's Ministry Decoded: Prophetic Pictures and the End-Times*», skriver Natan Lawrence om hvordan Jeshuas undervisning billedlig avslører endetidshendelser. Lawrence viser også hvordan de henger sammen med JHVHs høst-fester, Jeshuas vielse til sin israelittiske brud, Israels forening og gjenopprettelse, og de helliges fremtidige bestemmelse. Lawrence viser til mange gamle og rabbinske kilder som på samme måte bekrefter og beviser spredningen og den lovede gjenopprettelsen av Israels en gang tapte stammer[146].

I den eldgamle boken *Andre Esdras* leser vi: «De ti stammene som ble ledet bort fra sitt eget land til fangenskap i de dager kong Hosea

---

145 Sitat fra Rambam: *Ezra*, Mesorah, 1984, s 151. Sitat fra Hulley: *Do The Rabbis Expect To See the Lost Tribes*, Hulley, Jerusalem, 2000. World-to-Come: *Encyclopaedia Judaica, Ten Lost Tribes*,s 1004; *Everyman's Talmud, New American Edition*, Rev. Dr. A. Cohen, Dutton, N.Y., 1949, s. 354; *A Matter of Return*, Rabbi Rafael Eisenberg, Feldheim, Jerusalem & New York, 1980, s 130. Davidy sitat fra: *Ephraim*, kapitel 8, Davidy, Israel, 1995, se dessuten *Lost Israelite Identity*, Jerusalem, 1996.
146 Key of David Publishing, Saint Cloud, FL, 2006

hersket ... ble ført til et fremmed land. Men de besluttet å forlate dette landet som var befolket av hedningene, og dra til et fjernt land som aldri var blitt bebodd av mennesker» og «Der har de bodd siden» (*Andre Esdras* 13:40-46)[147].

Israel er enda ikke gjenforent fullt ut. Eldgamle skrifter bekrefter det. Mange rabbinere vet det. Jeshuas folk trenger å lære dette.

147 The New English Bible With the Apocrypha, Oxford, 1970, et gammelt skrift som skinner lys over en tidlig forståelse av disse spørsmål.

Hvordan gjenkjenne det gjenopprettede Israel	*Skrifthenvisninger*
Efraims sjalusi mot Juda forsvinner	Jes 11:13
Efraim omvender seg fra sin avgudsdyrkelse	Jer 31:18-19
De som er fiendtlige mot Juda blir utslettet	Jes 11:13
Juda slutter å irritere Efraim	Jes 11:13
Efraim blir en mektig fyrste	Sak 10:7
Efraim kommer «skjelvende» fra Vesten	Hos 11:10
Efraim vender hjem i store skarer	Sak 10:8-10
Jakob blir som en ild, Josef som en ildslue	Obad 1:18
Juda skal bli en bue, Efraim en pil	Sak 9:13
Det botferdige Israel spør om veien til Zion	Jer 3:14; 50:5
Ingen mer synd finnes i Israel	Jer 50:20
Alle skal glemme både Arken og Utvandringen fra Egypt	Jer 3:17; 16:14
Begge skal kalle Zion «Den Trofaste Stad»	Sak 8:3,7,13
To kjepper blir én nasjon i Herrens hånd	Ezek 37:15-28
Efraim og Juda skal ha en felles konge; Jeshua	Ezek 37:24
Israel skal ikke være besmittet av noen synd	Ezek 37:23-24
JHVHs helligdom skal være midt iblant dem til evig tid	Ezek 37:26-27

18.

GÅ FORBI BARNELÆRDOMMEN

Forfatteren av Hebreerbrevet sier at han har mye å si om Jeshua, men at han har et problem. Han mistenker at tilhørerne hans har sløve ører. Derfor refser han dem og sier: «For skjønt dere etter tiden burde være lærere, trenger dere igjen at noen lærer dere de første grunnleggende ting i Guds ord, Dere er blitt slike som trenger til melk, ikke fast føde. For den som ennå får melk, er ukyndig i rettferds ord, han er jo et barn. Men fast føde er for voksne, for dem som ved bruk har øvd sine sanser opp til å skille mellom godt og ondt». (Heb 5:10-14)

Hebreerbrevet maner oss til å vokse utover de elementære, grunnleggende sannheter om Messias, og komme oss videre, og bli modne. Vi blir oppmuntret til å ikke lenger «legge [en] grunnvoll med omvendelse fra døde gjerninger og tro på Gud, med lære om dåp og håndspåleggelse, oppstandelse fra de døde og evig dom. Og dette vil vi gjøre, om Gud tillater det.» (Heb 6:1-3)

Grunnleggende prinsipper er absolutt vesentlig. De er sentrale for å ha et godt fundament. Derfor blir også alle barn i grunnskolen først opplært i det grunnleggende. Dersom man ikke lærer at 2+2=4, kommer man aldri til å fungere på ulike områder i livet. Dersom man ikke lærer seg sin ABC, kommer man aldri til å bli i stand til å lese eller skrive. På den annen side, dersom vi bare underviser de grunnleggende prinsippene om igjen og om igjen, da kommer denne uendelige repetisjonen til å kjede dem til døde, og de kommer til å bli skoletrette.

De kommer deretter til å snuble seg gjennom livet, dårlig utrustet for fremtiden.

Det første grunnlaget

De grunnleggende prinsippene for vår tro sies å være:

- Omvendelse fra døde gjerninger

- Tro til Gud

- Dåp

- Håndspåleggelse

- De dødes oppstandelse

- Evig dom

Vokt deg for sløvhetens grøft

Etter den ovennevnte listen, taler Hebreerbrevet deretter om de som har smakt Guds gode Ord, men deretter falt i fra. Forfatteren er bekymret for dette og oppmuntrer de troende til å vise iver inntil enden (Heb 6:5-11).

Han formaner oss til å stå på, og han advarer oss mot en særskilt grøft, en grøft som vi forstår når vi kobler versene 6:1 og 6:12 sammen. «La oss derfor gå forbi barnelærdommen om Messias, og gå videre mot det fullkomne, så vi ikke igjen legger grunnvoll med omvendelse fra døde gjerninger og tro på Gud ... så dere ikke blir *sløve*, men følger etter dem som ved tro og tålmod arver løftene». Denne grøften blir kalt *nothros*, som betyr *sløv, lat, dum, kjedsommelig, apatisk.*

For å unngå denne grøften, trenger vi – når vi hører evangeliet om riket, å være ivrige og bryte oss veg fremover og ikke snuble på grunn av sløvhet eller mangel på selvdisiplin. Eller, når vi forkynner evangeliet, så må vi hjelpe å lede sauene videre fra det grunnleggende. For dersom forkynneren bare taler de grunnleggende prinsippene for troen, da oppmuntrer han tilhørerne sine til å bli apatiske. Folket føler ingen behov for å komme seg videre om de ikke blir utfordret eller inspirert[148]. På samme måte som barnet kjeder seg uendelig med stadig repetisjon av ABC-boka, kan også voksne vende seg bort av rendyrket kjedsomhet. Dersom man aldri blir utfordret med den hele og fulle sannhet, kan det hende at de aldri blir inspirert til å utvikle seg videre utover det grunnleggende, eller lære om sin sanne fremtid.

Trossløvhet og kuren mot den

De som blir sløve risikerer å bli smittet av noe som kalles «trossløvhet». Hebreerne beskriver denne sykdommen og nevner også kuren mot den. Vi blir fortalt at, «Da JHVH gav Abraham løftet, sverget han ved seg selv – han hadde jo ingen større å sverge ved – og sa: Sannelig, jeg vil rikt velsigne deg og gjøre din ætt tallrik!»

JHVHs ed gjaldt som en bekreftelse av Hans løfte – som Han gav fordi «Da Gud så ville vise løftets arvinger desto mer klart hvor urokkelig hans vilje er, innestod han for det med ed». Siden Hans løfte og ed ikke kan endres, kan vi sette vår lit til dem og være ved godt mot (Heb 6:13-19).

Håpet oppmuntrer den trøtte sjel, og vår Gud ønsker at vi skal se hvor stor vekt Han legger på sitt løfte til Abraham, fordi når man vet hvor viktig det er å holde det løftet, så kommer det til å gi oss håp. Derfor leser vi i *New International Version*: «Fordi Gud ønsket å gjøre sitt formåls uforanderlige natur tydelig for arvingene i det som var lovet, bekreftet han det med en ed.» (Heb 6:17, o.f.a.) I *New American Standards* oversettelse leser vi at: «Han begjærte å vise løftets arvinger hvor fast hans formål stod.» I *King James* blir vi fortalt: «Han var mer enn villig til å vise løftets arvinger hvor urokkelig hans råd var.»

Uten tvil ønsker JHVH at vi skal se og ha håp når det gjelder den beslutsomheten Han har for å holde det løftet Han har gitt til Abra-

---

148 Nothros: Strong # G 3576, fra # G 3541 (det siste nummererte ordet er brukt i Hebreerne 12:8 om uekte barn som er uten oppdragelse). Se Hos 6:3; Matt 24:14, Fil 3:12-14, 2Pet 1:10.

ham[149]. Spesielt ønsker Han at «løftets arvinger» skal få se Hans sannhet, og «hører dere Messias til, da er dere Abrahams ætt og arvinger ifølge løftet» (Gal 3:29).

Arvingene

Når det gjelder Faderens urokkelige ord har vi blitt advart om at «Dere skal ikke legge noe til det ordet jeg byder dere, og dere skal ikke trekke noe fra» (5Mos 4:2, 12:32). Vi skal verken legge til eller trekke fra Guds inspirerte ord i Skriften. Likevel er det mange som legger til ord til Gal 3:29 og sier: «dersom du tilhører Messias, da *blir* du Abrahams åndelige ætt». Men verset sier faktisk: «hører dere Messias til, da er dere Abrahams ætt og arvinger ifølge løftet». Dersom vi tar ordet som det står, kan det kanskje bli sagt at det å tilhøre Messias beviser at vi er Abrahams fysiske ætt.

Et annet eksempel på å legge til Ordet finner vi i Gal 4:28: «Men vi, brødre, er løftets barn, likesom Isak.» For virkelig å være «likesom Isak» må man være en fysisk arving som er fylt med håp til Abrahams Gud. Det er hva det betyr å virkelig være «likesom Isak». Disse utsagnene står ikke i motsetning til det faktum at vi skal være Abrahams «åndelige arvinger» og de fornekter heller ikke at troende som ikke er fysisk i slekt med ham kan bli inkludert. De viser oss bare at disse versene kan bli brukt som mulig bekreftelse på Faderens løfte om å gjøre Abrahams biologiske ætt tallrik.

Ingen av disse eksemplene på oversettelser kan i absolutt forstand bevises, men i bunn og grunn kan de heller ikke avvises blankt.

Å skape sorg i en rettferdig manns hjerte

Nok en gang: Biologisk avstamning fra Abraham kan ikke bevises og det kan heller ikke fremsettes noe krav. Punktum. På den annen side er det skrevet at Abraham er «far til alle som tror» (Rom 4:11) – derfor må vi heller ikke forsøke å stjele bort fra noen det håp de har i troen på

---

149 Strong # G 4055, 276, 1012 respektive.

at de er reelle arvinger av Abraham. Dersom de tror at de fysisk sett er en del av løftets folk, skal vi ikke forsøke å rive håpet fra dem. Faderen advarer til og med at han er imot de som «ved løgn gjør (dere) den rettferdiges hjerte motløst, uten at jeg har bedrøvet ham» (Ezek 13:22). Dersom det skaper glede i en troendes hjerte å tro at han er en biologisk arving av Abraham, siden det heller ikke kan bevises at han ikke er det, må vi vokte oss for å fortelle ham noe annet. Vi må ikke gjøre den rettferdige trist, når JHVH ikke har gjort ham trist. Vi må ikke ta motet fra dem, eller gjøre slik at de fornekter sin førstefødselsrett.

Grip fatt i håpet

Etter å ha forklart behovet for å komme seg videre, forteller Hebreerbrevets forfatter oss at vi har «en sterk trøst ved to urokkelige ting». Han kaller dette håpet «et anker for sjelen, et som er trygt og fast og når inn til det som er innefor bak forhenget» (Heb 6:18-19).

Vi trenger å bevege oss forbi den grunnleggende melkedietten og gripe fatt i dette sterke håpet. Når vi gjør det, kommer vi til å bli trøstet rikelig, i stand til å komme videre og til å bli sanne lærere når det gjelder rettferdighet.

I Jeshua Messias, har vi gått gjennom «Rødehavet» og har gått inn i frelsen. Vi trenger nå å gå over «Jordan» og innta vår israelittiske arv. Vi må bli et paktsfolk som er omskåret på hjertene – arvinger som er hengitt til gjenopprettelsen av JHVHs rike her på jorden og hengitt til å bekrefte det(Luk 1:32-33; Jos 1,5).

La oss derfor ta tak i arven vår og gå videre.

Riket for Israels fall og gjenopprettelse

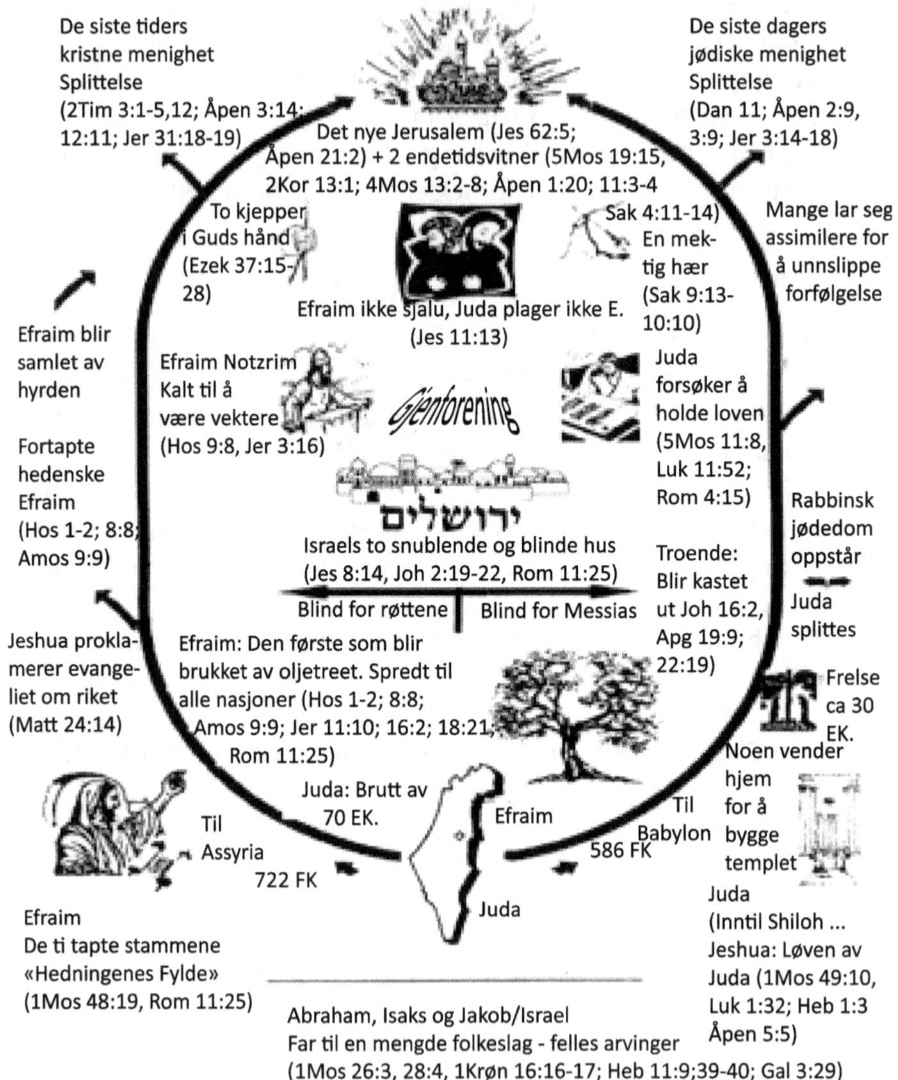

19.

FAMILIÆRE SÆRTREKK

I tidligere tider har mange ikke-jødisk troende forsøkt å kle seg i frynsete læresetninger som idag blir undervist på mange hold. Disse fillete læresetningene har fått dem til å føle seg som uverdige «troende hedninger». De har følt seg som adopterte, annenklasses borgere i nærvær av jødiske troende – som om de ikke var like utvalgte som jødene er. De har ofte følt seg som tolererte stebarn, eller uviktige parenteser i uttalelser Gud gjør om jødene[150]. Men nå er tiden inne for Efraims frigjøring fra slike lammende følelser fordi JHVH har en viktig jobb Han skal gjøre. Efraim trenger å gjøre Juda nidkjær, slik at Juda ønsker å få det som han har. For å få den nødvendige næringen som denne jobben krever, trenger han å endre kostholdet sitt fra melk til kjøtt (Heb 5:12-14).

Betydningen av dette forklarer Jeshua når Han sier: «Min mat er å gjøre Hans vilje som har sendt meg». (Joh 4:34). Å ete maten er å gjøre viljen til Ham som har sendt oss. JHVH ønsker at Abrahams arvinger skal gjøre denne jobben: Han ønsker at de skal bære frukt, bli mange, øke i antall, være store, bli bedre, og innta autoritetsposisjoner. Abrahams barn skal være likesom Isak, et trosfylt barn som gjør sin Fars vilje[151]. Det har seg imidlertid slik at før Efraim «lærer seg selv å kjenne», kommer han til å være misunnelig på Juda og ute av stand til

---

150 Dette handler ikke om å overse Kirkens anti-jødiskhet, men om å endre Efraim og begynne gjenopprettelsen av hele Israel (Jes 11:13, Rom 11:18-21, Joel 3:1-7, Obad 1:12; Sak 2:12).
151 Gal 4:28; Heb 11:13-20; Jak 2:21

å gjøre sitt arbeid[152]. I tidligere tider har Efraim følt seg som lille foreldreløse *Annie*, men nå er det viktig at han begynner å se på seg selv som den hjemvendende sønnen.

Den bortkomne sønnens hjemkomst

I liknelsen om den bortkomne sønnen forteller Jeshua historien om en mann som hadde to sønner, der den yngste bad om å få sin del av arven og deretter dro til et land langt borte. Her sløste han bort alt på et lettsindig liv. Men da hungersnøden kom over landet, måtte han ta seg jobb som svinerøkter. Sulten som han ble, ønsket han ikke annet enn å kunne spise seg mett på grisematen, men han fikk ingenting.

Da kom han til sans og samling og sa: «Hvor mange av min fars innleide tjenere har ikke mer enn nok brød, men her dør jeg av sult.» Han bestemte seg derfor for å vende tilbake til sin fars hus for å bekjenne sin synd og vende om fra sin ulydighet. Men siden han følte seg uverdig til å kalles Faderens sønn, ville han be om å få jobbe som Faderens tjener.

Sønnens far, som lenge hadde lengtet etter at gutten skulle vende hjem, så ham komme og løp ham i møte for å omfavne ham og kysse ham. Han sa endatil til en av slavene sine: «Fort, finn fram den beste drakten og kle på ham, og sett en ring på hans finger og sandaler på føttene hans. Hent gjøkalven, slakt den, og la oss ete og være glade. For denne min sønn, som var død har kommet tilbake til livet, han var forsvunnet og har nå blitt funnet.»

Den eldre sønnen, som hadde vært ute på markene, hørte da han kom tilbake til huset at det lød musikk og lyd av dans. Etter å ha spurt hva som var årsak til dette, ble han fortalt: «Din bror har kommet tilbake og din far har slaktet gjøkalven fordi han har fått ham tilbake i live.»

Uvillig til å gå og delta i denne feiringen ble den eldre broren sint. Derfor kom faren ut og begynte å bønnfalle ham om å bli med inn. Han svarte da Faderen og sa, «i alle disse årene har jeg tjent deg, og jeg

---

152 Jer 31:18-19; Jes 11:13; Rom 11

har aldri avvist et eneste av dine bud; og likevel har du aldri gitt meg så mye som et kje så jeg kunne ha det moro sammen med vennene mine; men når denne sønnen din vender hjem, som har sløst bort eiendelene dine sammen med skjøger, da slakter du gjøkalven for ham.»

Til dette svarte faren: «Sønn, du har alltid vært med meg og alt som er mitt er ditt. Men vi må feire og glede oss, for din bror var død, men har kommet til live igjen, var forsvunnet, men er kommet tilbake.» (Luk 15:11-32).

Liknelsen handler om Efraim

Denne fortellingen gjenspeiler Efraims hjemvendelse til sin himmelske Far på følgende måte:

❑ *Den bortkomne dro til et fremmed land langt borte:* «Israel (Efraim) skal bli bortført fra sitt land» (Amos 7:11).

❑ *Den bortkomne levde løssluppent:* Faderen sier: «Efraim er en temmet kvige, som gjerne vil treske. Men jeg legger et åk på hennes fagre hals. Jeg vil spenne Efraim for, Juda skal pløye, Jakob skal harve» (Hos 10:11).

❑ *Den bortkomne var sulten:* «Se, dager kommer, sier JHVH, da jeg sender hunger i landet, ikke hunger etter brød og ikke tørst etter vann, men etter å høre JHVHs ord» Idag føler Efraim at han smuldrer opp i forsamlingene som tilbyr bare melk fra Ordet når han trenger mettende protein fra kjøtt. Han ønsker gleden og spenningen ved å gjøre Faderens vilje (Joh 4:34).

❑ *Den bortkomne ønsket å spise grisematen:* Å leve med griser beskriver den unge Efraim, ikke Juda. Juda rører ikke svinekjøtt, mens Efraim feirer sin påtatte «frihet» ved å spise svinekjøtt og syltelabber. Selv om han har vært ute og veltet seg i gjørmen, kommer Efraim til å omvende seg og vende hjem, og Faderen kommer til å ønske ham velkommen.

❑ *Den bortkomne kom til sans og samling og begynte å angre sin ungdoms synder:* Faderen sier: «Jeg har visselig hørt Efraim klage.» Til dette svarer den angrende Efraim: «Du har tuktet meg. Ja, jeg ble tuktet som en utemmet kalv. Omvend meg du, så blir jeg omvendt! Du er jo JHVH min Elohim. For etter at jeg har vendt meg bort fra deg, angrer jeg. Og etter at jeg har fått forstand, slår jeg meg på hoften. Jeg ble skamfull og ydmyket, for jeg bærer min ungdoms skam.» (Jer 31:18-19)

❑ *Den bortkomnes far lengtet etter sin sønn:* Vår himmelske Far sier: «Er da Efraim min dyrebare sønn og mitt kjæreste barn, siden jeg ennå må komme ham i hu, enda jeg så ofte har talt imot ham? Derfor røres mitt hjerte av medynk med ham, jeg må forbarme meg over ham.» (Jer 31:20)

❑ *Den bortkomnes eldre bror var ikke fornøyd med sin brors hjemkomst og var endatil irritert over det.* Akkurat som den eldre sønnen; var ikke det første århundrets jødiske ledere glad for de som en gang hadde vært forsvunnet ute i nasjonene. De anklaget Paulus for å føre grekere inn i Templet og på den måten besmitte det hellige stedet. Enkelte var endatil rasende nok til å drepe (Apg 21:27-30). Sørgelig gikk de i samme ånd som enkelte av deres fedre: «Hold dere langt borte fra JHVH! Landet er gitt oss til eiendom» (Ezek 11:15). Selv i dag fins det enkelte jødiske troende som er lite glade for Efraim og hans hjemkomst. De avviser tanken om at ikke-jøder kan være likeverdige arvinger til Israel. Enkelte vil endatil ha ikke-jødiske troende i sine synagoger av helt feil årsaker. Paulus sa om slike typer: «Noen legger seg etter dere med en iver som ikke er av det gode. Men det de ønsker, er å skille dere fra oss, for at dere skal være ivrige for dem.» Sagt med andre ord ønsker de å virke overlegne, slik at du kan be dem om aksept.

Å hente Juda til bords

De som er sjalu på Juda trenger å forstå at den bortkomne var i huset og gledet seg med sin far, men at den eldre var utenfor på markene. Også i liknelsen om klinten og hveten, sier Jeshua: «Markene er denne verden». Den eldre sønnen var ikke i sin fars hus, men han var begynt å komme nær til, eller nærmet seg (Matt 13:38). De som er sjalu trenger også å se at Faderens kjærlighet til den eldre sønnen var så stor at den drev ham til å gå ut av sitt hus for å møte ham, endatil bønnfalle ham. Slik er Faderens hjerte mot Juda. Han har sverget når det gjelder denne elskede. «JHVH skal ta Juda til eie som sin arvedel på den hellige jordgrunnen. Han skal nok en gang utvelge Jerusalem» (Sak 2:16). Abba ønsker at bror Juda skal ta del i festen, og Han ønsker at Efraim skal oppføre seg på en måte som får Juda til å ønske det samme som han har.

For å skape sjalusi – gled deg!

Den eldre broren ble provosert fordi hans yngre bror var i huset sammen med deres far, fordi de feiret, gledet seg og jublet. Begrepet «jublet» er oversatt fra *eufraino* som betyr å være i godt humør, feire, å være lykkelig, å fryde seg[153].

Dette innblikket lærer oss at loviskhet og religion ikke kommer til å provosere Juda til misunnelse – men at glede kommer til å gjøre det. Å la andre se oss i godt humør kan endatil sies å være Abbas plan når det gjelder evangelisering. Når mennesker får se vårt forhold til Jeshua Messias og at vi blir glade og fryder oss, da vil de også få lyst til å bli med. På denne måten kan vi nesten forkynne evangeliet uten ord. Vi lar våre handlinger tale for oss. Vi ønsker at menneskene skal se Gud virke i våre liv.

Glede og feiring er en av hemmelighetene til gjenforeningen vår, og som kanskje er grunnen til at så mange ikke-jøder nå føler en overveldende lyst til å feire Israels høytider. I vår jubel vil vi forstå at vi også

---

153 Strong's # G 2165

trenger å ta et ferskt blikk på disse profetiske tider. Vi trenger å se på de mange måtene de forbereder og forutsier Faderens frelsesplan for sitt folk, og på de mange måtene de taler om Jeshua Messias' gjenløsende verk.[154]

Sjalusiens mange nyanser

Faderen taler om, at en dag «skal Efraims misunnelse vike», og om en tid da «Juda ikke skal plage og herje Efraim» (Jes 11:13, o.f.a.). Disse trekkene karakteriserer forholdet mellom kristne og jøder gjennom tidene. Efraim har vært sjalu og misunnelig på Juda. Det hebraiske ordet som er brukt er *qana*. Sjalu er en god oversettelse, fordi begge ordene dekker en stor bredde når det gjelder følelser. De kan brukes både i positiv forstand for å tale om en altoppslukende iver i kjærlighet: «For *qana* for ditt hus har fortært meg», eller for å beskrive ett av vår Guds trekk: «Jeg, JHVH, din Gud, er en *qana* (nidkjær) Gud» (Salme 69:10; 2Mos 20:5; 34:14). *Qanas* positive aspekt er å finne i troende som føler en nesten uforklarlig kjærlighet til jødene. Mange troende føler en naturlig trang til å beskytte deres jødiske brødre.

Men dersom den blir forvrengt og/eller blir værende ukontrollert kan den vokse til voldelig vrede og sinne. På denne måten kan vi se at Efraims heftige sinne engang brant imot Juda (2Krøn 25:10). Enda verre, at den samme destruktive vreden er tydelig gjennom kirkehistorien. Resultatet av dette sinnet er å finne i skammelig antisemittisk vold som har blitt begått mot jødene. Kirkehistorien er breddfull med tortur fra den spanske inkvisisjonen, brenning og røving under pogromene, alt sammen toppet av Hitlers holocaust.

Kirkehistorien er besmittet av sjalusi, og skadet av hat. Hun begjærer å være «Kristi brud», men bryllupskjolen hennes er flekket med jødisk blod. Det er en forferdelig flekk som må vaskes bort. Det er også en flekk som bare kan vaskes bort med ekte omvendelsestårer. Det er

---

154 For feiringsforslag se Israel's Feasts and their Fullness - utvidet utgave, av Batya Wootten, 2008, Key of David Publishing, St. Cloud, FL. Denne unike boken presenterer høytidene i lys av sannheten om både Efraims og Judas hus. Den er full av ny innsikt og fokuserer på gjenopprettelsen av hele Israels hus

på tide for Efraim å omvende seg og bære fram frukter som er omvendelsen verdig, og ydmykt søke tilgivelse fra sin søster, Juda.

En nær slektning

Judas problem har tradisjonelt vært at han «plager» Efraim. Det hebraiske ordet er *tsarar* og betyr å innskrenke, plage, beleire, binde, nød, være en motstander eller fiende. Det betyr også å begrense, å binde eller å ha sterke følelsesmessig reaksjoner overfor kontroversielle avgjørelser. Det er brukt i Jesaja 8:16: «Bind vitnesbyrdet inn, forsegl ordet i mine disipler!» I negativ forstand har «å binde» gjennom loviskhet vært en måte som Juda har plaget Efraim[155].
Loviske feiltolkninger av Torahen hindrer Efraim, og hindrer ham fra å se og omfavne Torahens mange sannheter. Juda plager også Efraim ved å nekte å anerkjenne ham som en likeverdig arving til Israel, skjønt Juda ofte har hatt rikelig med grunner for å avvise Efraim.

I 2. Sam ser vi en hendelse mellom Israels to hus som illustrerer disse dårlige trekkene. Historien begynner når kong David ble eskortert over Jordan av Judas folk. Juda ventet ikke til hele Israel var samlet før de eskortere kongen over. Efraim ble sint da han oppdaget at han var utelatt fra prosesjonen. Vi leser:

> « …da kom alle Israels menn til kongen og sa til ham: Hvorfor har våre brødre, Judas menn, stjålet deg bort og ført kongen og hans hus og alle Davids menn med ham over Jordan? Da tok alle Judas menn til orde og sa til Israels menn: Fordi kongen er oss nærmest! Hvorfor er dere harme for dette? Har vi vel tæret på kongens gods, eller har vi hatt noen vinning av ham? Men Israels menn svarte Judas menn slik: Ti ganger større del enn dere har vi i den som er konge, og slik også med David. Hvorfor har dere da ringeaktet oss? Var det

---

155 Sjalu / Qana: S & BDB # H 1068. Plage (Vex) / Tsarar: S & BDB # H 6887 og TWOT # 1973. Begrense: Jes 49:19, 2Sam 20:3. Fiende: Judas hus er en «fiende av evangeliet for deres skyld» (Rom 11:28). Binding: Hosea beskriver Efraims synd som «bundet opp» (vers 13:12).

ikke vi som først talte om å hente vår konge tilbake?» (2Sam 19:41-42).

Harde, kvasse ord

Faderens kommentar til denne hendelsen oppsummerer meget godt hva Han synes om saken. «Men Judas menn gav et enda hardere svar enn det Israels menn hadde sagt» (2Sam 19:43).

Det sies at, «Fordi kongen er oss nærmest», er harde, endatil kvasse ord. Å hevde at kongen stod nærmere dem på grunn av biologisk slektskap var hensynsløst siden efraimittene ganske enkelt ikke kunne ordne på sitt slektskap, fordi ingen kan endre på omstendighetene rundt sin egen fødsel.

I dette profetiske bildet ser vi kong David som en slags kong Messias, og vi ser et lignende scenario bli spilt ut i vår egen tid. I århundrer har enorme antall efraimittiske troende bønnfalt mennesker overalt om å følge kong Jesus (som vi nå vet heter Jeshua).[156] Likevel er det mange jødisk troende som nå hevder at Jeshua Messias er deres nære bror – og disse kvasse ordene skaper lignende tilsvar. Med slike ord føler Efraim seg igjen såret, forlatt og behandlet med forakt. I en slik situasjon har han en tendens til å svare med en urettmessig vredeseksplosjon.

I motsetning til det *ene håp* vi har i vårt kall, slik det er proklamert i Efes 4:4, blir denne sårende opptreden ofte avvist under påstanden at jødiske troende har et «annet kall». Det er akseptabelt for en jødisk troende å velge og «være et 'jødisk vitne' for sine brødre» (1Kor 9:20). I den grad slike påstander blir fremsatt, basert på en «antatt biologi», tar de alle feil. Sannheten er at den ikke-jødiske troende kan være etterkommer av en av Jeshuas apostler, og at den jødiske troende kan nedstamme fra en som konverterte til jødedommen. Det vi leser i Ester 8:17 kan selvsagt være årsaken: «Mange av folkene i landet gav seg ut

---

156 David Pennington skrev til oss i en email [om å bringe kongen tilbake] … at det var et profetisk bilde om hva som skulle komme til å skje (i motsatt rekkefølge) i de siste dager. De ti stammene fører David (Messias) tilbake. [Messianic Israel Talk Group, 2/1/2007, www.yahoo.com]

for å være jøder, for frykt for jødene var falt på dem». Enda viktigere er det faktum at Jeshua ikke ser med blide øyne på de stolte som forsøker å kontrollere andre mennesker. Han sa uttrykkelig: «Den som gjør min himmelske fars vilje, han er min bror.» (Matt 12:48-50).

Etter at Judas menn talte kvasst til Efraims menn, sluttet efraimittene å hevde at de hadde «ti ganger større del enn dere» og begynte å si «vi har ingen del i ham» (2sam 19:43; 20:1). Slike påstander kan føre til at mennesker forlate både den som taler og den de allerede tjener.

Dette er sårende ord og vi må slutte å bruke dem. Vår Messias måtte velge å komme gjennom en av stammene og han valgte å komme som løven av Juda, men dette valget ble ikke gjort for å heve noen stamme høyere enn de andre. I stedet kom Jeshua Messias for å lære oss å elske hverandre som brødre.

Scepteret ble gitt i Judas hender

Vi kan se hvordan Juda fortsatte å plage Efraim i den nye pakt. Jødiske ledere kastet det første århundrets etterfølgere av Messias ut av synagogene, og Juda begynte å lyse en forbannesle over de jødiske troende i sine daglige bønner[157]. Selv i dag synes Messias etterfølgere det vanskelig (og nesten umulig) å oppnå borgerskap i Israel. Likevel er det viktig at vi forstår at det er Juda som har fått makten over Det Hellige Land av Israels Gud. Derfor skal ingen søke å tilrane seg Judas plass i gjenopprettelsen. La ingen mennesker komme med arrogante påstander mot Juda. La i stedet hver eneste israelitt søke å tjene sine brødre i denne vanskelige tiden.

Ved å tillate denne situasjonen, er det som om vår Far har gitt Juda kontroll over «familiens fotoalbum» - og Juda vil ikke tillate Efraims bilder i det albumet. Kanskje det er slik fordi Abba ønsker at Efraim skal være ydmyk når han søker å vende tilbake til sin bror og sitt arveland. Efraim trenger å vende tilbake i ydmykhet, fordi sann ydmykhet er et trekk som Faderen ønsker å se i alle sine barn. Faderen ønsker at

---

157 Å legge seg ut med: Joh 9:22, 12:43, 16:2, Apg 26:9-11. Framføring av en forbannelse: Israels høytider, Victor Buksbazen, W. Collingswood, NJ: Gospel Ministry, Inc, 1976, s. 60-61

ydmykheten først skal vises av Efraim, og han er utrustet til å gjøre dette fordi han kjenner til Tjenernes Tjener.

Vi konkluderer med at Jeshuas disipler trolig forstod at denne liknelsen talte om «Israels hjemkomst» til Farshuset. Apg 15:19 taler om dem som «omvender» seg til Gud. Men ordet *epistrefo* (Strongs G1994) kan bety å returnere, å skifte synspunkt og blir av og til oversatt med; «vende hjem» (Matt 10:13; 12:44, Luk 2:20; 17:31, 1Pet 2:25). Det kan også bety å *vende tilbake* til et punkt hvor *en har vært*, å vende om og dra tilbake *(Frederick William Danker, Concise Greek-English Lexicon of the New Testament, University of Chicago Press, 2009)*. Uansett: Efraim må gjøre Teshuvah. Han må vende hjem.

20.

JEREMIAS OLJETRE

I Skriften er det slik at første gangen et ord eller begrep er brukt, setter det en standard for fremtidig tolkning av ordet/begrepet. Jeremia var den første som brukte oljetreet som symbolsk for å beskrive Israels folk. Ved ham talte JHVH og sa: «De har vendt tilbake til sine forfedres misgjerninger, de som ikke ville høre mitt ord, og de har fulgt andre guder og dyrket dem. Israels hus og Judas hus har brutt den pakten jeg sluttet med deres fedre» (Jer 11:10).

Dette ble sagt til både «Israels hus og Judas hus». Jeremia sa også om dem: «JHVH kalte deg et grønt oljetre prydet med fager frukt. Men til lyden av en mektig storm vil han tenne ild på det, så greinene blir ødelagt.»

JHVH kalte både Efraim og Juda «et grønt oljetre», som betyr at de begge skulle være JHVHs *ene* oljetre, fordi JHVHs plan innebærer *ett* folk.

Israel ble kalt til å være et grønt tre, fullt av liv og bugnende av frukter, men splittelsen kom til Israel og med den kom «to greiner» på Israels oljetre. Til sist har dette ført til at hennes brukne greiner ble spredt – blant alle nasjoner på jorden.

Jakobs tolv sønner

For å se treet i hele sin fylde, skal vi her kort gjennomgå litt historisk bakgrunn. Til å begynne med ser vi at Abraham (den første hebreeren), avlet Isak, som avlet Jakob (Israel), som i tur og orden avlet tolv sønner som samlet ble kjent som «Israels tolv stammer»[158].

Fødselsrekkefølgen til Jakobs tolv sønner var slik: Ruben, Simeon, Levi, Juda, Dan, Naftali, Gad, Asher, Issaker, Zebulon, Josef og Benjamin.

Jakobs hustru, Leah, fødte Ruben, Simeon, Levi, Juda, Issakar og Zebulon. Da hun ikke fødte flere gav hun sin tjenestekvinne, Zilpah, til Jakob som medhustru og hun fødte Gad og Asher. Rachels sønner var Josef og Benjamin; og sønnene fra hennes tjenestekvinne, Bilhah, var Dan og Naftali (1Mos 30:9, 35:24-25). Av dette ser vi at Juda var den fjerde av Israels tolv sønner. De fra Judas hus var de første som ble kalt jøder, som kommer fra navnet *Juda*.

For å forstå Israel, trenger vi å være klar over, at vi ikke kan ha navnet «jøde» før vi har noen som het Juda. Juda, som var sønn av Israel var den første som bar dette navnet. Dermed kan vi slå fast at vi ikke kan si at hele Israel er jødisk, fordi Jakob (også kjent som Israel) eksisterte før Juda. Jakob var ikke jødisk, men han var far til Juda. Fra Juda, Israels sønn, derimot, kom jødene. Judas bror Josef var Jakobs ellevte fødte sønn, og den førstefødte av Jakob og Rachel. Josef stammet ikke fra Juda, men var hans bror. Josefs førstefødte arving var Efraim, heller ikke han jødisk. Juda var Efraims onkel.

To greiner – kalt til å være en

I Skriften brukes ofte metaforer for å beskrive virkeligheten. For eksempel, sammenligner Faderen sitt folk med land, trær, vintrær, etc. (Hos 1:2; Matt 7:15-20; Joh 15:5-8).

Som vi vet ble Israel, noen tid etter å ha inntatt det lovede land, delt inn i to hus; Efraim (Israel) og Juda. Etter at Faderen spredte Efraim blant nasjonene, kalte han begge husene ett oljetre. Det første vi merker oss om Israels oljetre er at det har to greiner: Efraim og Juda.

---

158 1Mos 14:13; 32:28; 35:22; 49:28

De første greinene skulle brytes av

Begge Faderens «utvalgte familier» var greiner på hans dyrebare oljetre. Siden efraimittene hadde en tilbøyelighet til hedenskap og tilba hedningenes guder, ble de den første greinen som ble brukket av treet. De ble brutt av fordi de hadde blitt *roa*, verdiløse. Deres stilling var ikke verdig for et oljetre (Jer 33:23-26; 11:10,16M 2:18,21)[159]. Derfor spredte Faderen greinen i et fremmed land, Assyria.

For å forstå Israels spredning trenger vi å huske at Efraim ble sendt til Assyria og Juda til Babylon. Først ble de fleste av de efraimittiske greinene på oljetreet hugget av og senere ble for de fleste judaittiske greinene hugget av. Så, når Jeremia bruker en liknelse fra landbruket når han taler om dem som var «på veg til Assyria», taler han om Efraim.

JHVH har et spørsmål til disse vandrerne. «Jeg hadde plantet deg som et edelt vintre, helt igjennom av ekte sæd. Hvordan er du da blitt omskapt for meg til et uekte, vilt vintre»? (Jer 2:18,21).

Å bli omskapt er å vende seg bort. Utenlandsk eller *nokri*, betyr å bli en fremmed, som å bli en fremmed overfor Israels Gud. På moderne hebraisk betyr *nokri* hedning[160]. Når det gjelder tre, så blir det vilt når det blir omskapt.

De ville greinene

Efraimittene ble ville fordi de frydet seg i utskeielser. JHVH spredte dem blant nasjonene. Der skulle de lide nød «lik et kar som ingen bryr seg om» (Hos 8:8, 2:23, Rom 9:21-22).

Efraim forlot sine fedres land, som var gartnerens land, og på denne måten ble de fremmede. De ble ført snublende nedover en assyrisk veg fordi de ikke hedret Vingårdsmannen. Mens de var i Hans land tillot de ikke Hans Ord å «bryte nytt land». Derfor beskar Faderen dem og spredte dem, i håp om at de en dag skulle komme til å bære frukt (Hos 10:12, Joh 15:1-7).

---

159 TWOT, Vol. 1, Moody, 1981, ord # 2191; BDBL ord # H5237
160 TWOT, Vol. 1, Moody, 1981, s 620-621,580; se også Dom 19:12; 1Kong 8:41

På den følgende plansjen ser vi bilder av Jeremias oljetre som viser hvordan treet ble beskåret. Først ser vi at det ble beskåret for sine efraimittiske greiner, og deretter for sine judaittiske greiner. Til sist ser vi hvordan noen få greiner fra Juda ble ført tilbake fra Babylon.

Når vi gransker disse stadiene i treets liv og deretter ser dets slutning, ser vi Israels oljetre slik det var på den tiden da apostelen Paulus skrev om det.

Israels oljetres fem stadier

Jeremias oljetre, med begge greinene fremdeles plassert godt fast (Efraim og Juda; Jer 11:10-16)

1

Efraims greiner er de første som blir brukket av Efraim blir spredt blant folkeslagene (722 FK) (Hos 1-2; 8:8; Amos 9:9)

2

3

4

Judas brukne greiner blir spredt til Babylon (586 FK) (Sal 137; 2Kong 20:17; 24:15)

Paulus' oljetre: cirka 30 EK.
Noen av Juda vhar vendt tilbake fra Babylon (Rom 11)

5

6

Israels gjenopprettede oljetre med «begge greinene» (etz, kvister, greiner, trær). Gjort til en ny stav/ett nytt tre i Faderens hender. (Esek 37: 15-28)

21.

PAULUS' OLJETRE

«Jeg vil ikke, brødre, at dere skal være uvitende om denne hemmelighet - for at dere ikke skal anse dere selv for kloke: Forherdelse er for en del kommet over Israel, inntil hedningenes fylde er kommet inn» (Rom 11:25).

Da apostelen Paulus skrev disse gåtefulle ordene, så det treet han talte om svært likt ut det siste oljetreet som er fremstilt mot slutten av forrige kapitel.

Både Efraim og Juda var blitt spredt. En liten rest av Juda hadde vendt hjem fra Babylon. De var kommet sammen med noen få efraimittiske etterkommere av bønder og fiskere fra regionene i Galilea, og som var blitt latt værende tilbake av Israels seierherrer. Disse ble samlet kjent som «jødene». Disse få blir fremstilt som vårt sterkt beskårne oljetre, beskåret av Gartnermesteren selv, og greinene var blitt spredt av Hans hellige hånd. Disse var kjernen i det gåtefulle treet som er omtalt i Rom 11.

Mange ikke-jødiske troende kopler seg selv med Israel via sin forståelse av dette treet, og de mener at de er «blitt podet inn på et jødisk oljetre.» Men for bedre å forstå dette treet, må vi merke oss at Paulus ikke podet pærer inn på et ferskentre, men «ville oljekvister» inn på et oljetre. Han talte altså om frukter av samme slag. De ville og de naturlige greinene har et fellestrekk i og med at begge er oljegreiner. Og dersom vi lar Skriften tolke seg selv, så ser vi at hedningene ikke en eneste gang ble kalt et oljetre – men at Israel for sikkert ble kalt det. Paulus snakket om oliven til oliven, om å pode Israel tilbake på sitt eget oljetre.

Dersom vi stoler utelukkende på Skriften for å forstå oljetreets mysterium, ser vi at dette gåtefullt taler om Efraim.

Mysteriet

Når han forteller oss om Faderens planer for sine kultiverte og ville oljegreiner, fremsetter Paulus fem punkter. Han avslører at:

☐   Han snakker om et *mysterium*

☐   At en delvis forherdelse, eller *blindhet*, har funnet sted

☐   At denne blindheten har rammet *Israel.*

☐   At Israel kom til å ha problemer med sannheten *inntil*

☐   Israel var forutbestemt til å komme inn i en bestemt *fylde.*

Som tidligere nevnt er det ikke noe mysterium at personer fra nasjonene sluttet seg til Israels folk. Derfor må det være noe mer med Paulus sin liknelse.

Når vi gransker dette verset ser vi at *King James*-bibelen oversetter det slik (o.f.a.)«Men jeg vil ikke, brødre, at dere skal være uvitende om dette mysteriet, slik at dere skal tro dere vise på eget grunnlag; blindhet har til en viss grad kommet over Israel, inntil hedningenes fylde har kommet inn.»

Det er JHVH som tillater at mennesker får se Hans hemmeligheter. Han alene kan gi oss et hjerte som forstår, øyne som ser og ører som hører hemmelighetene angående hans kongerike. (5Mos 29:4)

Da han forstod at Israel ikke kunne se hele sannheten om Messias, proklamerte Paulus at Israel var blitt underlagt «en sløvhets ånd, øyne som ikke ser, ører som ikke hører». Han snakket også om en delvis forherdelse, en dårskap eller en delvis ufølsomhet, som hadde skjedd med Israel[161]. Han talte om et mysterium som ikke kom til å bli forstått før

---

161 Strong's #G 4457,4456,3313

på et gitt tidspunkt i historien. Inntil da kom en blindhet til å gjøre at både Juda og Efraim ville snuble over Messias (Rom 11:11).

Det at begge Israels hus skulle snuble over spørsmålet med Messias ble forutsagt av Jesaja. Han taler om *JHVH Tsa'va'ot*, og sier: «JHVH, hærskarenes Gud, ham skal dere holde hellig, og han skal være deres frykt, han skal være deres redsel. Han skal bli til en helligdom og til en snublestein og en anstøtsklippe for begge Israels hus.» (Jes 8:13-14).

Hærskarenes JHVH skulle bli en helligdom, og deretter, på den tiden, skulle «begge Israels hus» begynne å snuble over ham. Denne messianske profetien taler om Jeshua Messias. Når noen spør Jeshua om et tegn, sier han: «Riv ned dette templet [denne helligdommen] og på tre dager skal jeg reise den opp igjen (Han talte om sitt legemes tempel). Da han hadde stått opp fra de døde, husket disiplene hans at han hadde sagt dette; og de trodde Skriften.» (Joh 2:18-22).

Den Skriften disiplene husket og trodde var Jes 8:14. I den blir Den Hellige, JHVH i egen høye person, kalt «en helligdom». Begge Israels hus snublet fordi de ikke forstod at JHVH ved sin sønn, ønsket å bygge et tempel som var laget av levende steiner[162]. På ulike måter hadde begge husene begynt å snuble over Jeshua. Helt til denne dagen snubler de over ham, fordi de begge er delvis forblindet. JHVH har lagt et slør over øynene deres som har gjort at de begge ser dunkelt, svakt og delvis (1Kor 13:12). Paulus sa at det er som de ser alt i et dunkelt, ufullkomment speil.

Blindet på forskjellige måter

Efraim og Juda ser diffust på ulike måter. Efraim kan se Messias, men ser ikke sine israelittiske røtter, og ser heller ikke nytten i Hans skrevne Torah. Juda kan se sine røtter, men han kan ikke se den guddommelige Messias, Jeshua, som er den levende Torah.

Siden straffen hans var «rotløshet», der han ikke kunne se sannheten om sine egne israelske røtter[163], har Efraim ofte vært sjalu på Juda,

---

162 1Pet 2:5; 1Kor 6:19; Efes 2:21

163 Efraims staff: Se Ezek 4:5; 3Mos 26:18,21; Hosea 1-2; og Restoring Israel's Kingdom av Angus Wootten, 2000, Key of David Publishing, Saint Cloud, FL

som har lange og meningsfulle røtter. Denne blindheten forhindrer til tider Efraim fra å se hvilken rolle han har spilt som Israels andre hus. Han har ofte ikke vært i stand til å se klart det oljetreet der han og mange av hans folk lenge har vært en del av.

For enkelte har misunnelsen mot Judas røtter endatil forårsaket dem å glemme at de er rotfestet i den viktigste roten av alle – Jeshua Messias.

Roten av treet

Når vi ser nærmere etter oljetreet i Skriften, ser vi at det er Jeshua som er dets røtter. Når vi ser oppover forstår vi at stammen består av Abraham, Isak og Jakob, og at det er ut av denne stammen vi finner «de to hovedgreinene», Juda og Efraim.

Vi vet at dette er tilfellet fordi Jeshua sa: «Jeg er Davids rotskudd og ætt» (Åpen 22:16). Kong David sa: «Jeg er som et grønt oljetre i Elohims hus» og dessuten at alle som frykter JHVH skal få «barn [som] oljekvister» (Sal 52:8, 128:3).

David er i Israels oljetre, og Jeshua, som også er greinen nevnt i Jesaja 11:1, er Davids rotskudd. Jeshua er både en grein i og roten på Israels oljetre. Akkurat som roten gir liv til treet, slik er Jeshua livskilden for alle, inkludert patriarkene[164].

Om å innta vår fylde

Både Efraim og Juda har snublet over spørsmålet om helligdommen. Frem til i dag ser begge bare deler av sannheten. Sløret som engang dekket over deres israelittiske øyne skulle vedvare «inntil...» Vi lever i de spennende dager til «inntil...» Vi lever også i tidens fylde. For, fylden ble lovet til Israel i endens tid – den ble lovet til både Efraim og Juda. Fullendelsen kommer til hele Israel, og hun kommer snart til å bli fylt til overmål. Efraim trenger spesielt å bli fylt med håp når det gjelder denne lovede fylden, fordi det er hans forutbestemmelse å hjelpe

---

164 Joh 11:25; 14:6; 1Joh 5:12; Luk 1:72: Joh 6:49-50

Juda inn i deres lovede fylde.

Noen synes å tro at Paulus' «fylde» taler om et spesifikt antall hedninger som skal komme til troen, og det kunne vært en av betydningene. Men det greske ordet som blir brukt betyr overflod, ferdigstillelse, det som fyller. Dette har sin rot i et ord som betyr å fullføre en tidsperiode eller oppgave, og å bekrefte en profeti. «Kom inn» betyr å gå inn[165]. Ut fra disse definisjonene ser vi at etter å ha fullført sin gjerning med å spre evangeliet til alle nasjonene, så ønsker JHVH at Efraim nå skal stadfeste noe for Juda. Han ønsker at Efraim skal lære å hedre Torahens evige visdom og å feire Israels høytider som de aldri før har gjort.

Fra dette kan vi se at disse versene henviser til Efraims modning. Det forteller om at han kommer seg videre framover forbi det elementære (men nødvendige) i evangeliet. Dette viktige kapitelet i Romerne hinter også om at slutten for Efraims straff nærmer seg. Det samsvarer med den fantastiske tiden når han svarer Yisre'el. For Faderen lovet for lenge siden at «Judas barn og Israels barn skal fylke seg sammen og ta seg én høvding og dra opp over landet. For stor er Yisre'els dag.» (Hos 1:11)[166].

Judas fylde

Juda er også forutbestemt til å nå sin fylde: «Men hvis deres fall er blitt til en rikdom for verden, og deres fåtallighet blitt til en rikdom for hedningene, hvor meget mer da deres fulltallighet» (Rom 11:12). Mika talte om en tid da Juda skulle «vende tilbake sammen med Israels barn» (Mika 5:2). Moses sa at Faderen skal «føre ham til hans folk [Israel]» (5Mos 33:7). Juda trenger å vende tilbake til Israels barn fordi mange av hans greiner ble brutt av fra Israels oljetre da de vendte seg bort fra sin rot, Jeshua. Selv om Paulus talte om Juda som ble podet

---

165 Fylde/Pleroma: Strongs G4138 and 4137. Kom inn: Strongs G1525
166 Høytidene: Israel's Feasts and their Fullness av Batya Wootten. Straff: Ezek 04:05; 3Mos 26:18,21; Hos 1-2; Restoring Israel's Kingdom av Angus Wootten, 2000, 2010, Key of David.

tilbake på «sitt eget oljetre», så var det i begynnelsen et «israelittisk» tre som omfattet begge greinene og begge husene (Rom 11:17,24).

Likevel, Juda stiger inn i sin lovede fylde når han lærer å kalle roten som er Messias, «velsignet» (Luk 13:35). Den guddommelige planen er å la Juda høre sannhetens ord via hans lenge tapte broder, Efraim. Til tross for deres tidligere ville og opprørske status, ønsker JHVH å bruke Efraim. Han gav Villgreins-Efraim et guddommelig mandat: *La Juda ønske seg det du har!* Efraim må ta dette mandatet til seg selv. Han må ta et nytt blikk på Den Helliges Ord og la seg inspirere med forbløffelse over det kall som nå ligger foran ham. Dette betyr; å hjelpe begge husene å bli: «JHVHs plantning til hans ære» (Jes 61:3).

22.

BEGGE GREINENE SKAL MED

Vi trenger å forstå at begge greinene på oljetreet er Israel og at begge har blitt brukt av Faderen til ulike formål. For eksempel taler Romerbrevet 9:4 om «Israels barn ... som paktene ... tilhører.» Selv om de som skrev det nye testamente hovedsakelig kom fra Juda, avslører historien at en rest av de tidligere ville oljegreinene har Gud valgt som deres voktere (5Mos 18:18-19; Joh 17:8,20-21, 12:49:50). Han brukte Efraim til å forkynne for verden at Han har en sønn (Ordsp 30:4). Hadde det ikke vært for det vedvarende arbeidet av først og fremst ikke-jødiske, da hadde vi idag ikke visst noe om Den Salvede og Hans nye pakt[167].

Vår Fader brukte ikke de som tilhørte rabbinsk jødedom for å bevare Israels nye pakt, men la den i Efraims hender for å vokte den. Når vi ser dette får Rom 9:4 en helt ny mening. For Paulus sier at det er «israelittene som har retten til ... pakten og loven.» Imidlertid har den situasjonen som rådde på Paulus' tid forandret seg. I dag ser vi Efraim som den ene JHVH har utpekt som den nye paktens vokter. Om vi derfor taler i rettferdighetens navn om «gjeld overfor jødene», bør vi også lære det samme overfor Efraim. Ezekiel bruker ordet *etz*, eller tre (grein) når han taler om gjenforeningen av de to stavene. JHVHs bud blir kalt et «etz/livets tre» (Ordsp 3:1,18). Papir blir laget av tremasse, og vi har i dag to papirbibler, en som blir bevart av Juda, den andre av

---

167 Messias og Kristus begge betyr «salvet» (Strongs # H 4899, G 5547). Holde Pakten: Efraim har gjort feilvurderinger i presentasjonen av den nye pakt. Men ved å plassere sin historie i Efraims hender, kan Faderen ha holdt «nasjonalistisk stolthet.» i sjakk (Se Ezek 34:11-15; Jes 56:8; Hos 8:8, Amos 9:9; Joh 10:16, 27; 11:52, Matt 15:24, Apg 15:16)

Efraim. Vi kan også se paktens to bøker, som hver tjener som et godt vitne om Israels Gud, der hver av dem trenger den andre for å være fullkommen[168].

Frelsesplanen for hele Israel

Faderen har brukt både Juda og Efraim til å fortelle hans todelte budskap. Han har en lov, men for alle lovbrytere har han også nåde. Det fins to vitner: Lov og Nåde.

I Guds plan om å bevare hele Israel, har Faderen brukt Juda som vitne om Loven, for den er «skolemesteren som fører oss til Messias» (Gal 3:24, o.f.a.). Denne standarden må opprettholdes i verden fordi, «der det ikke er noen lov, der er det heller ikke noe lovbrudd» (Rom 4:15). Juda har forsøkt å opprettholde denne standarden siden de vendte tilbake fra Babylon. Faderen har også brukt Efraim, for han har vitnet om at vi er gjenløst av Messias dyrebare blod. I nesten 2000 år har Efraim proklamert sannheten om at «ved nåde er vi frelst» (1Pet 1:18,19; Rom 4:16)[169].

Når vi fremsetter denne grunnleggende kunngjøringen om vår gjenløsning, blir Efraim, den førstefødte sønn og arving til en dobbel del, et forbilde på Israels forløsning.

Begge husene har blitt brukt av Den Hellige og i vår tid ønsker han at Hans engang delte hus skal fullkomment gjenforenes, og at Hans to vitnefolk skal oppfylle sitt ultimate formål – som er å bekrefte overfor verden at Hans Ord står fast, fra 1. Mosebok til Johannes Åpenbaring.

Jødiske røtter?

Mens vi søker å gjenforene Juda og Efraim finner vi dessverre en-

---

168 Ingen av husene oppfyller fullt ut eller forstår helt den «Paktsboken» Faderen har lagt i deres hender. Etz / Branch: S & BDB # H 6086.

169 Ingen av husene lærer disse sannhetene eksklusivt, for de er ikke gjensidig ekskluderende prinsipper. Se Mama's Torah, «Good Laws – bad attitudes» av Batya Ruth Wootten, 2003, Key of David Publishing, Saint Cloud, Florida

kelte mennesker som forsøker å sette ett hus høyere enn det andre. Enkelte oppmuntrer endatil de troende til å vende tilbake til sine jødiske røtter. Men når alt kommer til alt har dette treet først og fremst blitt holdt i live, og faktisk i vill tilstand, i hundrevis av år, på grunn av ikke-jødene som er i det. Det kan se ut som et «jødisk» tre i den grad at Han som er Davids rotskudd også er «Løven av Juda stamme» (Åpen 5:5)[170].

La det ikke finnes hovmod i noen av de gjenværende greinene. La alle bli stående i ærefrykt for Ham som sa at Han bare ville spare oss dersom vi holder fast på Hans godhet (Rom 11:22). La oss ikke søke å sette noe hus over det andre, men i stedet underordne oss og bli ikledd ydmykhet mot hverandre (1Pet 5:5).

Straks vi er blitt podet inn...

Straks vi er podet inn i det naturlige treet, blir greinen en del av det kultiverte treet, og det gjelder også dets skudd. Om vi taler fra et jordbruksmessig perspektiv, når en oljegrein blir podet inn i et oljetre, så produserer podekvisten deretter frukt av samme slag. Slik er det for dem som for lenge siden ble podet inn i Israels tre, og for deres avkom. Alle greinene i treet fortsetter å produsere israelittiske greiner.

Derfor, å undervise at ikke-jødiske troende nå er blitt podet inn på et «jødisk» oljetre, når faktum er at det er et «israelsk» oljetre, det blir å antydet at grenene som vokser på treet er mindre verdt det de i realiteten er – og dette er mennesker som, til tross for sine feil, har forsøkt å fortelle hele verden om selve roten i over 2000 år.

---

170 Kongestaven, som er et symbol på lederskap, skulle tilhøre Juda inntil Shiloh skulle komme og til ham skulle folkeslagene samles. Dette er en Messiansk profeti og Messias er kommet. Han sitter nå, med kongestav i hånden, høyre hånd på Faderens. Derfra styrer han hjertene til alle som vil godta ham som sin egen (Sal 110:1-2, Heb 10:11, 12 Åpen 3:20-21). Merk: «Messias» hebraiske bokstaver brukes også som tall, og «Shiloh» begge verdt 358, som er det samme tallet for tittelen Targumene (aramaiske parafraser) oversetter «Shiloh» som «Messias», som passer med Talmud, hvor Shiloh sies å være ett av Messias' navn. (På norsk er «Shiloh» oversetter med «Fredsfyrsten»)

Naturlige greiner?

Det sies at Paulus i Romerbrevet 11:21 kaller sine jødiske samtidsbrødre for «naturlige greiner.» Men det greske ordet som er brukt der er «*kata fusis klados*». *Klados* taler om greiner. *Kata* handler om å være knyttet til og i enhet med noe. *Fusis* handler om naturen, med naturlig, forventet respons[171]. Paulus' fokus i dette brevet handler ikke om genetikk, men i hvilken grad jødene på hans tid var «naturlig ett med» og «podet inn på» JHVH og Hans formål. Paulus' understrekning gjaldt ikke det genetiske, men om hva som skulle være det forventede hjertesvaret. Kultiverte greiner skulle naturlig nok ha en skikkelig respons når de ble kultivert av Ham som eide dem, og dessuten i deres opprinnelige jord. De burde reagere på riktig måte overfor JHVH.

For å bli værende på oljetreet, må hver av oss ha en natur som står i pakt med Israels Hellige og Hans Messias. For å bli værende på Hans tre, må man ha en *fusis/natur* som er *kata/podet inn* i ham og svarer til Hans formål/planer.

Når det gjelder å være i pakt med JHVHs formål og planer, hadde JHVH tidligere proklamert at Han skulle føre frem en Rettferdig grein fra Israels renskårne oljetre. Denne greinen er Jeshua Messias. Det er Han som verner om Israel[172].

Hele Israel er kalt til å leve i pakt med denne planen. For Jeshua Messias er livskilden til Israels oljetre, den Ene som israelittene vinner evig liv ved, den Ene som vi må holde oss til (Rom 11:24, Joh 15:4-11). Uansett bakgrunn, må vår natur være i pakt med Ham.

Å kalle alle ikke-jødisk troende «Efraim»

Skal vi kalle alle ikke-jødisk troende «Efraim»? Dersom vi gjør det, betyr det da at det ikke fins noen «ekte hedninger» iblant oss – ingen som ikke er biologisk i slekt med Abraham blant Messias' «efraimittiske» etterfølgere?

---

171 Klados: Strong # G 2798. Kata: # G 2596 (som ofte også betegner intensitet). Fusis: Strong # G 5449. Naturlig: se Matt 9:29, Rom 1:26, 2:14-15, 2Pet 1:4.
172 Jes 4:2, 11, Jer 23:5

Nei, det betyr det ikke. Å tro at Faderen først og fremst samler de israelittiske greinene, betyr ikke at Han nekter frelse til de som ikke er fysisk i slekt med Israel, fordi begge husene inneholder konvertitter. Vi kaller jo konvertittene til jødedommen for «jøder». Dermed hadde vi blitt skyldig i en dobbelmoralistisk holdning, dersom vi nektet tittelen «efraimitter» til oljegreinene som for så lenge siden ble ville. Faderen selv bruker disse titlene når Han taler om å gjøre de «to stavene» til ett (Ezek 37:15-28). Dersom Han bruker dem, og ikke nekter frelse til noen som tilhører Abrahams ætt, da må også vi være frie til å bruke de samme titlene.

For å oppsummere er oljetreets greiner og løv ofte brukt for å symbolisere fred, fremgang, nytt liv, styrke, skjønnhet, vennskap og guddommelig velsignelse.

Må de troende begynne å forstå sannheten om dette treet, og må den forståelsen bli brukt til å føre fram sannheten til hele Israels hus.

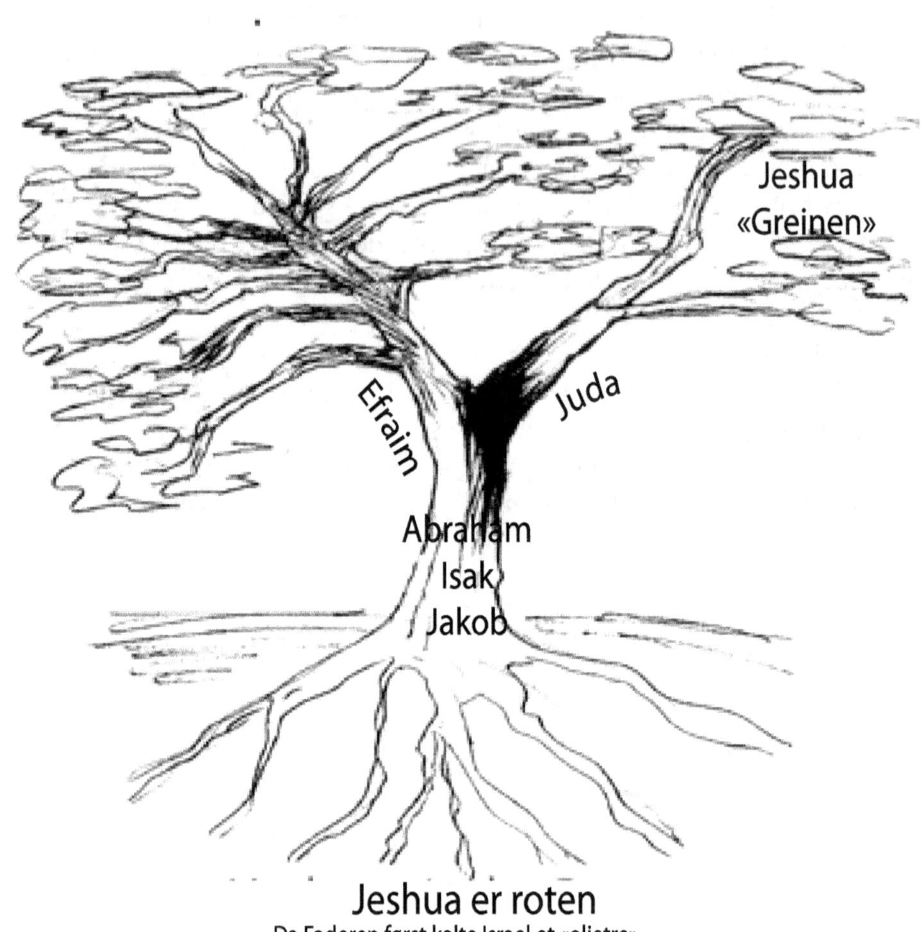

Jeshua er roten

Da Faderen først kalte Israel et «oljetre»
sa han spesifikt at han snakket til «Israels
hus og Judas hus» (Jer 11:10) Jeshua sa:
Jeg er Davids rot og rotskudd. Jesaja kaller
Messias «rotskuddet»; «greinen» (Åpen 22:16
Jes 11:1)

23.

ET NYTT RIKE – NYE REGLER

E r Messiastroende som ikke nedstammer fra patriarkene også en
del av Israel?

Absolutt! I oldtids- Israel var det påbudt, at straks en utlending slo seg sammen med dem, skulle de bli regnet som innfødt i landet.[173] De tre kravene som ble fremsatt var omskjærelse, å holde påske og bo sammen med dem. Disse tre sentrale punktene forble et krav for borgerskap i den nye pakts Israel, om enn med litt annet utseende.[174]

Vi vet at Jeshua er kongen over det nye pakts Israel, og at Hans evige rike ikke er av denne verden. Med Hans komme ble både Riket for Israel og vektleggingen av Israels kongsrikeregulativ endret. Lederskapet til Hans rike ble lagt i hendene på apostlene.

Jeshua Messias sa til Israels øversteprester: «Derfor sier jeg dere: Guds rike skal bli tatt fra dere, og bli gitt til et folk som bærer dets frukter». Han sa også til sine disipler: «Frykt ikke du lille hjord! For det har behaget deres Far å gi dere riket» (Matt 21:43, Se også Luk 12:32, 22:30, Dan 7:9-22, Apg 1:6).

I og med Jeshuas offer ble presteskapet i den nye pakts Israel endret fra Aronspresteskapet til Melkitzedekspresteskapet.[175] «For dersom prestedømmet blir fornyet, da skjer det jo nødvendigvis også en fornyelse av loven» (Heb 7:12).

---

173 Se kapitel 12, Israel: Et mysterium enn så lenge

174 3Mos 19:34; 4Mos 9:14, 15:15-16; 5Mos 18:15-19; Heb 3:3, 5:6, 7:12; Luk 22:8,15,19-20; 1Pet 1:19; 1Kor 5:7, 11:26; Open 3:20; Rom 2:29, Kol 2:11-12, Fil 3:3, Efes 2:11-19.

175 Heb 2:17, 3:1, 5:10, 7:3,16, 8:1,3, 9:7,16; 1Kor 5:7

Fra et lam – til Lammet

Israels lover når det gjaldt påsken ble endret da Guds lam ble ofret for oss. Lammet Jeshua Messias står for vår hjertedør og banker på. Dersom vi åpner døren for Ham og smører Hans blod på våre hjerters dørstolper[176], da stiger Han inn og tar del i måltidet med oss.[177] På denne måten flyttet Jeshua Messias den primære vektleggingen av omskjærelsen fra kjødet til hjertet – som er hvordan det hele begynte med vår far, Abraham.[178] Han fikk først en hjerteendring og ble senere omskåret som et ytre tegn på at noe var skjedd innvendig. På denne måten ble omskjærelsen og påsken omdefinert for dem som tilhører den nye pakts Israel. På samme måte som Abraham først ble omskåret på hjertet, og deretter i kjødet, slik blir også hans nye pakts israelitter først kalt til å fremheve omskjærelsen av hjertet. Når det gjelder påsken, er ikke hovedvekten lenger på det lammet som ble ofret årlig, men på Guds Lam som ble ofret én gang for alle (Jer 4:4, Heb 7:27, 9:12, 10:10). Slik ble to av borgerskapsreglene; omskjærelsen og påsken omdefinert.

Det apostoliske bindeledd

Etter Jeshuas himmelfart ble det tredje kravet, om å bo sammen med folket, stående udefinert. Derfor møttes apostlene i Jerusalem (Apg 15) og spurte: «Hvordan skal vi tilfredsstille dette tredje kravet?»

På dette møtet kom apostlene til en konklusjon. De la til fire grunnleggende krav (Apg 15:20) når det gjaldt omvendelsen, som vi gjerne kan kalle et «bindeledd». Å akseptere dem som omvendte seg, stod og falt ved dette sentrale punktet. De etablerte betingelser for det "å bo sammen med folket". Hovedtrekkene for konklusjonen var slik: «Med disse minimale inkluderingskravene kan vi akseptere de troende som har blitt omskåret av *Ruach HaKodesh* (Den Hellige Ånd), *fordi* vi kan

---

176 Dersom du ikke så langt har spurt Jeshua Messias inn i ditt hjerte, så omvend deg fra dine synder og be Ham stige inn nå. Å kjenne ham er å kjenne en herlighet som varer i evighet.

177 Mark 14:22; Luk 12:37, 22:19; Joh 1:29; 14:23; 1Kor 5:7; 11:24; Åpen 3:20, 19:9.

178 5Mos 10:16, 30:6; Jer 4:4; 1Krøn 29:17; Matt 23:25-28; Rom 2:28-29; Apg 10:47; Joh 4:23; Kol 2:11. Se også Ezek 44:9

stole på dette; vi har sett dem ta del i den nye pakts påske. *Dersom* de også oppfyller det tredje kravet kan vi akseptere dem, *for*, vi vet at dette er troverdig.»

Litt omformulert så sa Jakob: «Brødre, det er ikke nødvendig at disse nye etterfølgerne av Vegen begynner umiddelbart å observere, forstå og følge alle Israels lover og forskrifter. Vi bør ikke umiddelbart fremsette Torahens krav som en snublestein for dem. La oss heller skrive til dem og skissere en minimumsstandard som de kan følge. *Dersom* de aksepterer å holde seg til denne minimumsstandarden kan vi ta dem inn i jødedommen – *for* - i alle byer, helt siden de første tider, har det vært dem som underviser i Mose' lov.» (Se Apg 15:1-21).

Apostlene sa seg enige i det. Disse nye skulle bli en del av «Vegen». De kunne gå i synagogen og templet på samme måte som apostlene gjorde det. Der, ved å være i Messias, ville de få opplæring i den visdommen og de prinsippene som er å finne i Moses' Torah.

Og alle sammen sa «Amen», og saken var avgjort.[179]

Alt dette henger på et lite ord

På bare ett lite ord henger altså aksepten av omvendelse hos apostlene. Det ordet som står i de greske tekstene er *gar*. Akkurat som det norske ordet *for* taler det om årsak og virkning.[180] Dette ordet ble brukt fordi de ledende eldste i Jerusalemsrådet regnet med at de nye ikkejødiske troende også kom til å delta i de lokale synagogene og der bli undervist i Mose' lov. *Følgen* av det kom til å bli at Den Hellige Ånd skulle begynne å skrive Lovens dypeste mening på deres hjerter. De trodde dette fordi dette var kjernen i det som var lovet i - og med - Israels nye pakt. Det var også slik profetene hadde sagt at Israels delte

---

179 Den nye pakts påske: Luk 22:1-19; Joh 6:35,58; 1Kor 5:7-8. Vegen: Apg 9:2; 19:9,23; 24:14,22; Joh 14:6. Avhold fra (Acts 15:20): Avguder, Hor, Kvalt kjøtt, og blod (se 3Mos17:7-14; 18:18-26; 20:1-5, 25). Loven: betydning, JHVH's evige Torah-sannheter; ikke menneskeskapte lover. 5Mos 4:5-6; 11:8-9; 1Kong 2:3; Sal 119:1-6; 3Mos 18:5; Ezek 20:11; Matt 19:17; 5:17-18; 5:20-24; 22:36-40; 23:13; 10:25-28; 16:17; 11:52; Joh 1:1-5

180 Strongs #G1063. *Gar* vitner om en grammatikalsk kopling, en begrunnelse for et vedlagt utsagn. Det er det samme som *slik, fordi, men, også, for, visselig, utvilsomt,derfor...*

kongerike skulle gjenreises.[181]

De nye troende skulle høre Torahens prinsipper i undervisning og Ånden skulle gjøre sin gjerning i deres hjerter. Da skulle det bli slik Gud hadde proklamert: «Jeg vil gi min lov i deres sinn og skrive den på deres hjerter.» (Jer 31:33) Når disse tre kravene ble oppfylt ville de nye troende deretter i nytestamentlig forståelse oppfylle Israels tre regler for borgerskap og var ikke lenger hedninger (Se Efes 2:12-19).

Bare 12 porter – ingen andre innganger

Samme hvilken genetisk bakgrunn en antar å ha, kommer de fleste troende i dag til å si seg enige i, at når alt kommer til alt, vil de bli forent med alle troende av Israel. Men mer enn det. Alle troende skal gå inn i det nye Jerusalem gjennom en av byens tolv porter, som er navngitt etter Israels 12 stammer, for det fins ingen andre innganger. Slik har det seg at alle troende til syvende og sist kommer til å tilhøre en av Israels tolv stammer, fordi den Éne Gud bare har «Ett folk» (Åpen 21:12, Ezek 47:21-22, 48:30-34).

Vi må forstå at alle JHVHs folk kan kalles Israel, enten de er lydige eller ulydige. En opprørsk israelitt kan sendes ut av leiren og dermed ikke være i «rett forhold» til folket – men fortsetter likevel å være «av Israel,» selv i sin status som forbannet på grunn av ulydighet. Det betyr også at han og hans etterkommere kommer til å ha et evig kall over sine liv til å omvende seg og vende tilbake til Den Hellige.[182]

Om å dele leiren

For snart 2000 år siden sa Paulus til de tidligere hedningene som allerede var blitt dratt nær til Israels Messias: «Så er dere da ikke lenger fremmede og utlendinger, men dere er de helliges medborgere». De stod ikke lenger på utsiden, ekskludert fra borgerrettighetene, men

---

181 Apg 15:14-17; Amos 9:9-11; Jer 3:12-18; 12:14-15; 31:18-19; 31:31-33; Hosea 3:5; 4:6; 5:3-4,11,15; 8:1,8,11-12; Jes 11:11-14; Oba 1:18; Sak 8:13; 9:13-17.

182 Når alt kommer til alt trenger vi å tilhøre troen (Rom 9:6; Matt 7:22-23; Åpen 2:9; 3:9; 2Kor 13:5).

hadde i stedet del i borgerskapet med JHVHs eget folk. Derfor, så snart et individ med hedensk bakgrunn ble født på ny i Jeshua Messias, ble han en «medborger av Israel» (Efes 2:11-19). Hans barn skulle også tilhøre Israel. Ved troen på Jeshuas påskeoffer, hjertets omskjærelse og ved å bo sammen med dem, skulle disse omvendte for lengst ha vært gitt fullt borgerskap i Israel. De er kalt til å være et folk ledet av Israels *Ruach HaKodesh*.

Et utvalgt folk

Peter skrev til et *spredt* folk som bodde som utlendinger, og han kalte disse utlendingene for *utvalgt*: «Men dere er en utvalgt ætt, et kongelig presteskap, et hellig folk, et folk til eiendom, for at dere skal forkynne hans storhet, han som kalte dere fra mørket til sitt underfulle lys, dere som før ikke var et folk, men nå er blitt Guds folk, dere som før ikke hadde funnet nåde, men nå har fått nåde» (1Pet 1:1, 2:9-10).

I *New International Versions* studiebibel står det om disse utlendingene som en gang ikke var et folk: «I profeten Hosea er det Israel som ikke er Guds folk; i brevet til Romerne er det hedningene Paulus omtaler med Hoseas' ord; i 1. Peters brev blir ordene brukt om begge.»[183]

Disse ordene blir brukt om begge, fordi det mest sannsynlig er snakk om det samme folket, fordi «da Den Høyeste gav folkene arv, da han skilte menneskenes barn, satte han folkenes grenser etter tallet på Israels sønner» (5Mos 32:8).

Hva med hedninger uten slektskap?

Siden Israel ble spredt blant *alle* nasjonene, kan vi ikke ekskludere noen fra muligheten til å ha vært tidligere fortapt israelitt, uansett rase eller hudfarge. Vi kan ikke vite sikkert hvem eller hvor mange iblant oss

---

183 Fremmede / Utlendinger: Moses var «en fremmed i landet Midjan,» og Abrahams etterkommere var «utlendinger i et fremmed land» (Apg 7:6,29). Disse ordene taler om en bekjent, en gjest, av en som bor andre steder. Disse utlendingene gjør sine hjem med Israel. Se Strong # 's 3581 G, 3941, og Utlendingene [De Fremmede], Interpreter's Dictionary of the Bible, vol. 2, Abingdon, 1962, s. 310; NIV Study Bible 1Pet 2:10 fotnote s. 1890 .

som er reelle biologiske israelitter. Likevel må vi innse at Frankrike er fransk fordi det er bebodd av en majoritet av franskmenn, og at Tyskland er tysk fordi det er bebodd av en majoritet av tyskere – og til slutt kommer Israel mest sannsynlig til å bli funnet med innbyggere som består av en majoritet israelitter. Likevel, selv om Israel var et unntak fra denne regelen og bestod av en «majoritet av hedninger utenfra», så er også disse kalt israelitter, fordi de alle har del i hennes pakter. Uansett om de er fysisk i Israels ætt eller ikke – så er *alle Messias' etterfølgere israelitter*.

Det å vite gjøre en forskjell

Hvilken forskjell betyr det da å vite om vi er eller ikke er en del av Israels folk? Forskjellen er Esau versus Jakob. Er vi foreldreløser eller sanne arvinger? Det kan være vanskelige å forstå hvem som er hvem, men det viktige er, at nå er tiden inne for Efraim til å stå opp slik at hele Israel kan gjenopprettes!

DEL 3

ISRAEL I FREMTIDEN -
VÅRE UTFORDRINGER OG VÅR
BESTEMMELSE

24.

DE TO VITNENE

Før Israel inntok det lovede land sendte Moses ut tolv menn, en fra hver av de tolv stammene, for å utspeide det lovede land. Bare to av dem vendte tilbake med gode nyheter: Kaleb fra Juda stamme og Josva fra Efraim stamme (4Mos 13:2,6,8). Dermed har vi det første eksempelet på to vitner som vitnet for JHVHs løfter; en jøde og en efraimitt.

Når det gjelder vitner ser vi også at Jeshua Messias sa: «Jeg vil gi mine to vitner å profetere» (Åpen 11:3). JHVHs to vitner er salvet for å tale på vegne av Israels Hellige. Jeshua beskriver dem som «to oljetrær... som står for jordens Herre» (Åpen 11:4). Etter å ha sett to oljetrær (eller to greiner) spør Sakarja om dem, og JHVH svarer: «Det er de to salvet med olje som står hos all jordens herre» (Sak 4:11,14).

Fra disse to trærne strømmet det fram olje, som er kilde til lys, og Jeshuas to vitner blir også kalt «to lysestaker». Lysestakene blir ofte kalt kirker *(ekklesia)*; derfor er de to forsamlinger av utkalte (Åpen 11:3-4; 1:20). Lysestaker gir lys og Jeshua sier om dem som følger Ham at «dere er verdens lys» (Matt 5:14).

Skriften beskriver to vitner som er kalt til å kaste lys og som blir beskrevet som to forsamlinger. Faderen kaller nå disse to forsamlingene fram. De er de «to stavene»[184] som i vår tid blir gjort til «ett i Hans

---

184 Ezek 37:20: S&BDB # H 6086: 'ets, eits; fra H 6095; et tre.

hånd» (Ezek 37:15-28). De er Juda og Efraim.

Billedlig talt er de to vitnene to salvede oljetrær som taler Israels Guds sak, og jødedom og kristendom er de eneste to religionene på jorden som vitner om Ham. Selv om islams folk hevder å følge Abrahams Gud, kaller JHVH seg «Abrahams, Isaks og Jakobs Gud» (2Mos 3:16, Apg 3:13). Islam fornekter at Isak og Jakob er Abrahams arvinger, og hevder i stedet at Ishmael er Abrahams rette arving. Derfor kan ikke deres Gud, Allah, og Abrahams Gud være en og den samme.

To individuelle vitner

Mange lærer at det kommer til å være to individer som skal stå fram som de «to vitnene». Hvis det i tillegg, eller utover de to gruppene, Efraim og Juda, skal være to individuelle vitner (og det kan godt være at to individuelle menn skal fylle disse to rollene), og dersom vi følger åndelig presedens, kommer en av dem til å være efraimitt og den andre til å være jøde.

Hvis det skal fremstå to individuelle vitner, kommer disse trolig til å lede Israels to hus i en krig mot Dyret. At Dyret går til krig mot to vitner, antyder at det er to grupper med folk det dreier seg om, siden det er lite trolig at en statsleder vil gå til krig mot to individer (Åpen 13:7-10).

Vi må innse at hvis det finnes et dyr som ønsker å sluke både kristne og jøder, så er det det radikale østlige dyret som bruker Islams sverd mot dem[185]. Jesaja sier om Efraim og Juda: «De skal slå ned på filistrenes skulder mot vest. Sammen skal de plyndre Østens barn. På Edom og Moab skal de legge hånd, og Ammons barn skal lyde dem» (Jes 11:14). Vi må dessuten forstå at vi er kalt til å være vitner for Israels Gud. På gresk er ordet «vitne» *martus*, som kommer av roten for vårt ord «martyr»[186]. Mange vitner skal i denne siste tid bli martyrer, og de skal vitne selv med fare for sine egne liv. Likevel blir de kalt «seirende»

185 Se *Is Fanatic islam A Global Threat?* av Victor Mordekai. Jerusalem, 2002 og Christian Revival for Israel's Survival Jerusalem, 1999. Se også: www.vicmord.com
186 Strongs # G3144

på grunn av Lammets blod, på grunn av deres vitnesbyrd, og fordi de ikke elsket sine liv høyere enn døden (Åpen 12:11).

Å ønske å unnslippe med livet i behold

I stedet for å fokusere på å være et levende vitne for Faderen er det enkelte kristne som går og venter på en bortrykkelse før trengselen. Men vi blir bedt om å være utholdende og vente tålmodig ved å ikke elske våre egne liv, selv om vi må lide døden (Åpen 13:10).[187]

Den nå avdøde Corrie Ten Boom var en kristen kvinne som mistet mesteparten av sin familie i Holocaust fordi de støttet det jødiske folk. Hun advarte ofte kristne med å si: «bortrykkelse-før-trengselen er et utelukkende amerikansk budskap». Denne kvinnen som virkelig var prøvet i sin tro advarte gjentatte ganger alle som hadde ører som var villige til å høre: «lån ikke øre til disse falske profetene».[188] De som underviser denne teorien skiller kirken og Israel på feilaktig grunnlag, og de gjør feil fordi de ikke forstår at det venter en herlig pris for alle som viser usvikelig troskap i endetiden. De som «...var blitt halshogd for Jesu vitnesbyrds skyld, og for Guds Ords skyld ... skal være Guds og Kristi prester, og regjere med ham i 1000 år.» (Åpen 20:4-6). Vi må ikke fokusere på å unngå kortvarig jordisk lidelse, men må i stedet ta sikte mot den dyrebare og evige belønningen som venter de trofaste.[189]

Først tror de – så ser de

Denne teorien hevder at kristne skal bli tatt bort fra jorden, mens det jødiske folk skal etterlates og gjennomgå nok en trengsel, og at til sist skal det jødiske folk «komme til tro».[190]

Denne læren antyder at «vrede fører med seg omvendelse», men

---

187 Luk 21:19; 2Kor 6:4; Heb 10:36; 12:1; Jakob 1:3-4; 5:11

188 Corrie Ten Boom: Skjulestedet, Lunde Forlag, 1980

189 Åpen 20:4,6; 22:12; Joh 15:13; Luk 6:23

190 Jøder blir støtt over tanken av å bli forlatt for et nytt holocaust mens kristne blir tatt bort for å feire bryllupsfest. Uansett er det hjerteløst å tenke på at en gruppe av Faderens folk spiser bryllupskake mens den andre blir alvorlig rammet. I det minste, tyder dette scenariet dårlig festplanlegging.

Ordet avslører at det er Guds «godhet» som fører til omvendelse (Rom 2:4). Det jødiske folk trenger ikke mer vrede. De trenger å se Messias' nestekjærlighet til Hans folk. Tanken at Juda skal se på Jeshua Messias og deretter tro, står Skriften imot: «Jerusalem, Jerusalem,» sier Jeshua, «Du som slår i hjel profetene og steiner dem som er sendt til deg! Hvor ofte jeg ville samle dine barn, som en høne samler kyllingene sine under vingene. Men dere ville ikke. Se, huset deres skal bli liggende øde! For jeg sier dere: Fra nå av skal dere ikke se meg før dere sier: Velsignet være han som kommer i Herrens navn.» (Matt 23:37-39).

Juda kommer ikke til å se Jeshua før de erkjenner Ham som den salvede. Først tror Juda, deretter får de se Jeshua. Enkelte mener å se dette «se først – tro etterpå»-konseptet i Sakarja 12:10 -: «de skal skue opp til meg som de har gjennomstunget. Og de skal sørge ...» Men Johannes bruker dette verset om Jeshuas korsfestelse, der det står: «De skal se hen til ham som de har gjennomstunget» (Joh 19:37, Salme 22:16-17). Dette verset kommer antagelig til å bli oppfylt på en annen måte når Kongen vender tilbake i herlighet. Når vi ser Hans naglede hender kommer også vi til å sørge, fordi vi forstår at Han ble gjennomstunget for våre synders skyld.[191]

Bli ikledd uforgjengelighet

Bortrykkelsesteorien, som taler om kristne som blir rykket bort, er først og fremst basert på 1Kor 15:52-54: «I ett nu, i et øyeblikk, ved den siste basun. For basunen skal lyde, og de døde skal oppstå uforgjengelige, og vi skal bli forvandlet. For dette forgjengelige må bli ikledd uforgjengelighet, og dette dødelige må bli ikledd udødelighet. Men når dette forgjengelige er blitt ikledd uforgjengelighet, og dette dødelige er blitt ikledd udødelighet, da blir det ord oppfylt som står skrevet: Døden er oppslukt til seier.» (1Kor 15:52-54). Denne forvandlingen taler spesifikt om troende som ikler seg uforgjengelighet. Derfor vet vi at troende skal forvandles og bli udødelige. Spørsmålet er bare: Når skal dette skje?

---

191 Jes 53:5,10; 1Pet 2:24; Heb 12:2; Joh 19:34; 1:29; Åpen 6:15-16; Matt 24:30-31

I Åpenbaringsboken står det nevnt syv engler og syv basuner. Når den syvende engelen blåser i den siste basun, står det at Guds mysterium er fullendt, verdens kongeriker har blitt Herrens kongerike, og vår Gud har begynt sin regjeringstid. (Åpen 8:2, 10:7, 11:15-17; 16:17). Siden Ordet forkynner at det på den tiden er «fullendt» må nødvendigvis den syvende basun være den siste basun.[192] Dersom en annen engel skulle blåse ytterligere en basun etter denne siste basun, da hadde jo ikke alt vært fullendt likevel.

Vi blir advart: «Vi ber dere, brødre, når det gjelder vår Herre Jesu Kristi komme og vår samling hos ham: La dere ikke så snart drive fra vett og sans! La dere ikke skremme, verken ved noen ånd eller ved noe ord eller ved noe brev som sies å komme fra oss, og som går ut på at Herrens dag alt er her. La ingen bedra dere på noe vis! For først må frafallet komme, og syndens menneske bli åpenbart, fortapelsens sønn. Han er den som står imot og som opphøyer seg over alt som blir kalt Gud eller helligdom, så han, som Gud, setter seg i Guds tempel og utgir seg selv for å være Gud.» (2Tess 2:1-4)

Vi kommer til å være her når den lovløse bli åpenbart. Feilaktig undervisning om «bortrykkelse før trengselen» har gjort mange kristne til passive tilskuere i stedet for forberedte deltakere. Denne teorien fører til en passiv avventing på å bli hentet bort, og det er en fallgruve vi må unngå. Vi må slutte å vente på en tidlig bortrykkelse, og heller se etter en forvandling. Vi må ikke vente på å unnslippe, men på seier. Selv om vi er langt fra perfekte, klarer vi det vi skal gjøre i vår Messias. Vi vet at seieren venter.

Hans to utvalgte

Vår Gud kaller oss sine to hus, sine to nasjoner og to utvalgte familier. Vi er de to søstrene og to stavene i Ezekiels hånd. Vi er Hans to vitner. Vi er de to lysestakene som er kalt til å gi lys. Under *Shavuot* (pinse) ble to syrede brødleiver slynget for Herrens åsyn. Selv om brødet var syret, og derfor ufullkomne (akkurat som Juda og Efraim), var de alli-

---

192 Siste/ytterste: Strongs #G2078

kevel det forskrevne slyngeofferet. To uthamrede sølvbasuner ble blåst unisont for å sammenkalle hele Israel, men først måtte sølvet lutres og hamres til riktig form, før deres unisone lyd kunne kalle sammen hele forsamlingen. Når så Juda og Efraim har blitt hamret i rett form, kommer deres rene stemmer til å tone fram som eldgamle basuner. Da skal hele Israel igjen bli samlet. Når de strekker ut sine hender til hverandre for å omfavne hverandre, da blir de som kjerubene på nådestolen på Paktsarken. Disse kjerubene var også laget av uthamret gull, der gullet vitner om renhet, og midt i mellom deres omfavnelse, lå nådestolen. Det samme ser vi i omfavnelsen ved gjenforeningen av Juda og Efraim; nåde, og vi kommer også til å se JHVHs nærvær bli åpenbart.[193]

La oss derfor ydmyke oss for *Ruach HaKodesh'* foredlings arbeid, så at Han kan forberede oss for tiden som kommer.

De to

I Israel er det:

☐   To hus (Jes 8:14, Jer 31:31-33, Heb 8:8-10)

☐   To nasjoner (Ezek 35:10)

☐   To utvalgte familier (Jer 33:24)

☐   To søstre (Ezek 23:2-4, 2Joh 1:1,13)

☐   To oljegreiner (Jer 11:10, 16-17, 2:18-21; Sak 4:11-14, Rom 11, Åpen 11:4).

☐   To staver (Ezek 37:15-28)

☐   To vitner (5Mos 17:6; Åpen 11:3-4)

☐   To lysestaker (Åpen 11:3-4)

---

193 2Mos 25:18-20,31, 37:9, 3Mos 23:17; 4Mos 10:2-3, 5Mos 17:06, Jes 8:14, Jer 11:10,16-17, 2:18,21; 31:31-33, Ezek 35:10, 23:2-4, 37:15-28, Sak 4:11-14, Rom 11, Heb 8:8-10, 09:28; Åpen 11:3-4 . S&BDB # 's 4749 H 4748; TWOT # 2086.

☐   To syrede brødleiver (3Mos 23:17)

☐   To sølvbasuner (4Mos 10:2-3)

☐   To kjeruber (2Mos 25:18-20)

Så sier JHVH Elohim om Juda og Efraim:

«Jeg skal igjen ha miskunn med og igjen utvelge Israel og bosette dem i deres eget land. Let i JHVHs bok og les: Ingen av disse skal savnes. De gjenløste skal vende tilbake og komme med sang til Sion, sorg og sukk skal fly sin veg. Deres barn skal læres av Meg, og stor skal deres fred være. Mine utvalgte skal arve Mitt land, Mine tjenere som søker Meg skal bo der. Juda skal gå sammen med Israel og Jeg skal føre hver og en til sin arv og gjenopprette deres rikdom. Rakels barn skal vende tilbake til sitt land, for Jeg har hørt Efraim gråte, han lengter etter å bli gjenopprettet. Jeg skal inngå en ny pakt med Israel: Jeg skal skrive min lov i deres indre og skrive den på deres hjerter. Jeg skal være deres Elohim og de skal være Mitt folk. Jeg skal ikke lenger huske deres synder. Jeg skal føre Israel tilbake til Karmel og Bashan, og til Efraims og Gileads haugland. Som en trøstende velduft skal Jeg ta dem imot. Jeg skal vise Meg selv hellig iblant nasjonene og Israel skal vite at Jeg er JHVH. Jeg skal mangfoldiggjøre menneskene i landet og byene deres skal bli bebodd og de øde stedene skal gjenreises. Jeg skal behandle dere bedre enn i de første tider og gi dere mat på fruktbare fjell og føre dere til hvilen. Jeg skal stenke rent vann på dere og dere skal bli rene. Jeg skal gi Min ånd i dere og dere skal bli levende. Jeg gjør dere til ett folk, med én konge og dere skal ikke lenger gjøre dere urene med avguder eller forkastelige ting eller med andre overgrep. Dere skal følge Mine lover og leve i det landet Jeg gav Jakob til evig tid. Jeg skal bygge Min helligdom midt i blant dere. Jeg skal gjenløse Mitt folk, de skal bygge opp igjen de ødelagte byene, plante vingårder og drikke vinen. De skal dyrke hager og ete frukten og de skal aldri mer rykkes opp derfra. Kysten skal være for den rest som er igjen av Judas hus, de skal gresse der og legge seg ned i Ashkelon om kvelden, for Jeg skal ta meg av dem. Jeg skal atter en gang eie Juda som min del i det hellige land og nok en gang velge Jerusalem. Jeg skal styrke Juda og frelse Josef og de skal være som om jeg aldri hadde forkastet dem. Efraim skal være som en mektig mann, og deres hjerter skal være glade som av vin, ja, visselig skal deres barn se det og være glade, deres hjerter skal fryde seg. Jeg skal plystre på dem for å samle dem og de skal bli så tallrike som de var før. De skal huske Meg i de fjerne land og de som har barn skal leve og komme tilbake. Jeg skal føre dem tilbake til Gileads og Libanons land inntil det ikke fins plass til dem. På den tiden skal Jeg samle de haltende og de forkastede, og Jeg skal gjøre dem til en sterk nasjon. Og Jeg skal herske over dem på Sions fjell til evig tid. (Jes 14:01; 34:16,17, 35:10, 54:13, 65:9,10, Jer 3:18; 16:14,15, 12:15, 29:14; 30:2,3; 31:16-18, 31:31-34, 50:19, Ezek 11:17; 20:41,42, 34:13-15, 36:8-12 24-28;)

25.

VEKTERE OG PROFETER

Hosea avslører at Efraim engang var vekter for sin Gud (Hos 9:8). Idag er det mange efraimitter som føler seg kalt av JHVH til å stå på sin vekterpost. Åndens kall, som mange nå føler, har et profetisk drag over seg fordi JHVH har ordnet det slik som Jeremia profeterte:

«For det kommer en dag da vektere skal rope på Efraims fjell: Stå opp og la oss dra opp til Sion, til Herren vår Gud». (Jer 31:6)

Tiden er nå inne for at Faderens vektere skal stå fram. Tiden er inne for at Efraim skal reise seg opp og stå på Israels murer. Når det gjelder kallet til å våke over hele Israels hus, merker vi oss mange interessante poeng når det gjelder det hebraiske ordet for vektere. For eksempel kalles kristne i Israel i dag for *notzrim*. Det hebraiske ordet *nun-tzadek-resh* ( ) som er roten som *notzrim* stammer fra, betyr dypest sett å våke, beskytte, bevare *eller bli bevart*. De følgende andre ordene har samme rot:

- *Notzrim (nåtsrim)* – vektere eller voktere
- *Natz'ra (nats'ra)* - Nazareth, nasareerens (Jeshuas) hjemsted[194]
- *Natzer (na'tsar)* – vedlikeholde, bevare, vokte, overvåke
- *Netzer (nei'tser)* – grein

---

194 Forfatter og forsker på hebraisk og arameisk Andrew Roth sier Netzer-et (Nazareth) betyr «Greinens Landsby» og at det er et hebraisk ordspill som tyder 'Den rettferdige gren / Messias (netzer) har blitt plassert i denne landsbyen'. Roth forteller også at landsbyen Netezer-et ikke eksisterte før 500 år etter Jesajas død (www.ruachqadim.com).

☐   *Natsiyr (na'tsere)* – bevare/beskytte (om Israel)[195]

Jesaja sier at fra Isais nedskårne stubb skal det skyte opp en kvist (netzer) og at det fra denne skal komme en grønn vekst og nytt liv (Jes 11:1). Et[196] nytt skudd bevarer treet i og med at det skyter fram og fører med seg nytt liv. På samme måte er Jeshua den greinen som fører med seg nytt liv til Israels oljetre. Han er den tjeneren som er utpekt til å «gjenreise Jakobs stammer, og gjenopprette Israels voktere/beskyttere (natsiyr) (Jes 49:1-6).»

Efraim var skjult i mange århundrer, men samtidig var han også bevart av Jeshua Messias.[197]

Å se og forkynne sannheten

JHVH sier om sine vektere; «Det kommer en dag da vektere/ *notzrim* skal rope på Efraims fjell: Stå opp og la oss dra opp til Sion, til JHVH vår Gud». (Jer 31:6)

I disse siste dager er Faderen i ferd med å åpenbare en visjon til sine vektere. Han tillater dem å se inn i nattemørket slik at de kan fortelle hva som skal skje. Han ønsker at de skal se hans planer, være trofaste og forkynne planen til hele Israel. Han ønsker at de skal arbeide for å bevare Israel – men også være som stammene Manasse, Ruben og Gad som fikk arven sin men ikke ville hvile før deres brødre også hadde fått sin del og sin hvile. (Josva 1:12-15)

Faderens skjulte hemmeligheter

«Fra nå av kunngjør jeg noe nytt for deg, skjulte *(bevarte/na'tsar)* ting, som du ikke har visst om», sier JHVH. (Jes 48:6) Med denne må-

---

195 S&BDB # H5341, 5342, og 5336

196 «En grein av hans røtter skal bære frukt» Soncino Jesaja (Soncino 1985) 56. Netzer brukes 4 ganger i Skriften. Her brukes med tzemach (grein). (Jeshua er den rettferdige bevarer av greinen / Treet: Sak 06:12; Jer 23:5-6).

197 Se Jer 31:2; Ezek 20:15,17,35; Hos 2:14; og, Vend tilbake til landet: En Efraimitts Reise hjem, av Efraim Frank, 2004, Key of David Publishing, Saint Cloud, FL.

ten å forstå *na'tsar* i minne, skriver de israelske statsborgerne Efraim og Rimona Frank:

> Historien om Efraims «skjulte folk» har lenge vært slettet fra menneskehetens historie, slik Ordet også forteller oss. Fra lag på lag med glemselens støv og aske, graves i dag frem en sannhet som har vært gravlagt i århundrer – og enda lenger enn det– sannheten om et paktsløfte som ble gjort for lenge siden over Efraim, Josefs sønn.[198]

Efraim er Messias sitt «skjulte folk» og sannheten om at de er Israels andre hus har vært skjult fra deres øyne, voktet og holdt hemmelig i mange, mange år. De ble straffet med en blindhet som nå er i ferd med å avsluttes.[199]

Om å innta plassene

Et annet hebraisk ord som er knyttet til vektere/voktere er *shamar*. Dette ordet betyr å vokte, beskytte, våke *over, stelle, bry seg, bevare, merke, observere, ta seg av, være årvåken, se, frelse og være vekter.* Det beskriver veldig godt JHVHs etterfølgere: «På dine murer, Jerusalem, setter jeg vektere [*shomrim*]. Aldri skal de tie, ikke hele dagen og ikke hele natten. Dere som minner JHVH, unn dere ingen ro! Og gi ham ikke ro før han bygger Jerusalem opp igjen, og før han gjør henne til en lovsang på jorden». (Jes 62:6-7).

Det hebraiske ordet *tsafah* (flertall: *tsofim*) taler om å lene seg fremover for å speide utover i det fjerne, vente, se, utspeide, se opp og våke. Og vi leser: «Hør! Dine vektere *(tsofim)* løfter røsten, de jubler alle sammen. For like for sine øyne ser de at JHVH gjenoppretter Sion». (Jes 52:8, o.f.a.) Vekterne for-

---

198 The House of David Herald vol. 2 Book 6 «Vekterens Løfte». Se også boken Vend tilbake til landet av Efraim Frank.

199 Se Kol 03:03, Jes 8:14, Rom 11:25, Sal 31:20, 83:3, Matt 13:35, Luk 18:34, Ezek 04:05, 3Mos 26:18,21; Hos 1 -2. Se også Restoring Israel's Kingdom av Angus Wootten

teller om det gode som skal skje med Sions utvalgte. De forteller sitt eget folk om deres Messias.[200]

Teruah-basunene

JHVH sa til våre forfedre: «Jeg satte vektere [*tsophim*] over dere og sa: Gi akt på basunens lyd!» (Jer 6:17). I disse siste tider, blir det gjenopprettede Israel kalt til å blåse i to basuner, enhetlig og unisont, vi ble instruert at vi skal blåse i to sølvbasuner på *Jom Teruah*, Basunhøytiden. (4Mos 10:2)[201]

Selv om Efraim ble kalt til å være en vekter/tsofeh, ble han i stedet «en fuglefangersnare på alle sine veier», og på grunn av dette falt Efraim «dypt i fordervelse» og ble overgitt til skammen. JHVH sa til sist om dem «Efraims herlighet skal fly bort som en fugl. Ingen fødsel, intet fruktsommelig morsliv, ingen unnfangelse!» Han sier også: «Efraim er blitt som en enfoldig due, uten forstand.» (Hos 9:8-11, 7:11). I tidligere tider har Efraim vært et flyktig folk, i liten stand til mer enn en falsk åndelig vind, men nå er tiden kommet da de skal føde den levende Guds mektige sønner. Nå er tiden kommet da Efraims barn (og følgesvenner) skal reise seg og i sannhet begynne å våke over JHVHs hus. Nå er tiden inne til å være vaktmenn som tar ansvar, tar vare på og beskytter Israels folk. Og som profetiene sier, det er tid for Efraim til å bli «lik kjemper». (Jes 26:18, 66:7-10, 2Kong 11:7, Sak 10:7)

En vekters forpliktelser

Profeten Habakkuk (2:1) forklarer en vekters kall og forpliktelser: «På min vaktpost vil jeg stå og stille meg på varden [fortet]. Jeg vil skue ut [i det fjerne] for å se hva han vil tale til meg, og hvordan jeg skal bli irettesatt».

En vekter våker over sine egne handlinger og han tar det for gitt at han kommer til å bli korrigert. Han våker over sitt eget liv, og sitt hjerte. Han ber om ikke å bli ført ut i fristelse, og han grunner alltid over Ordet (Matt 26:41; Luk 11:35; Ordsp 4:26,23; 2Joh 1:8; Sal 119:148).

---

200 Shamar: S&BDB # H8104; Tsafah: # H 6822, Våke: # H 4931, Vend tilbake til landet: En Efraimitts Reise hjem, av Efraim Frank, 2004, Key of David Publishing, Saint Cloud, FL.
201 Jom Teruah: Se Israel's Feasts and their Fullness av Batya Ruth Wootten.

På samme måte som Gud vil en sann vekter våke over Juda. For JHVH har sverget, «På den dag, sier JHVH, vil jeg slå hver hest med skyhet og dens rytter med vanvidd. Men over Judas hus vil jeg opplate mine øyne, og alle folkenes hester vil jeg slå med blindhet.» (Sak 12:4).

Vekteren ber for Israels rest[202] fordi han vet at «Et rettferdig menneskes bønn har stor kraft og virkning» (Jak 5:16). Vi er mer effektive når vi forstår problemet. Vi er ivrigst når vi ønsker å løse problemet. Og vi er rettferdige når vi er dekket av Messias' blod.

Å våke over det lovede land

Faderen har gjort en ed når det gjelder Efraim: «På det sted der det ble sagt til dem «dere er ikke mitt folk» skal det sies til dem, «dere er den levende Guds sønner».» (Hos 1:9-10). Denne viktige stadfestelsen ble talt på Efraims høyder, og det er på disse haugene at Efraim skal vende tilbake: «[De] forløste skal vende tilbake og komme til Sion med frydesang. Evig glede er det over deres hode. Fryd og glede skal de få, sorg og sukk skal fly.» (Jes 35:10).

JHVH lovet at: «Deretter skal Israels barn vende om og søke JHVH sin Gud og David, sin konge. Bevende skal de søke JHVH og hans gaver i de siste dager.» (Hos 3:5, 11:10). I disse siste dager trenger vi å be uten opphold om en fullstendig gjenløsning av Israels folk, hennes land og hennes utvalgte by, Jerusalem (Sal 122:6). Vi må rope ut at hun skal bli Den Store Kongens By.

Det har blitt forutsagt at vektere skal stige frem. Det eneste spørsmålet som gjenstår er: Kommer vi til å bli regnet blant dem? Kommer vi til å rope ut som vekterne i tidligere tider? «Herre, på vakt står jeg alltid om dagen! På min post er jeg stilt hver natt!» (Jes 21:8).

Om å avlegge vekterløftet

Habakkuk 2:1 forteller om vekterløftet: «På min vaktpost vil jeg stå og stille meg på varden. Jeg vil skue ut for å se hva han vil tale til meg». Mens det er et felles kall å bli vektere, blir vekterkallet gitt individuelt – fordi Faderen har ulike posisjon for hver enkelt av oss. Hver enkelt *notzrim* har en posisjon,

---

202 Rest: Jer 31:7; Sal 5:3

et sted å skulle være og en jobb å gjøre. Dersom noen av oss feiler på vår post, da blir det et åpent hull i muren omkring Israel. Hver post er viktig når det gjelder samfunnets helhet, hver og en har en utvalgt stilling, og hver og en av oss bør stå på den som for Faderen. Hver eneste *notzrim* må også lytte etter Den Helliges røst. Hver av oss må rope ut: «Åh, Gud [Elohim], hva vil du si meg?»

La oss ta vekterløftet og stole på at de som kaller på Ham med et oppriktig hjerte vil høre røsten Hans som sier: «Dette er veien, gå på den» (Jes 30:21)[203].

---

203 Takket være våre gamle venner, Efraim Frank, botaniker, og Rimona Frank hebraisk redaktør for å erklære sannheten om Israels vaktmenn, og for hjelp med dette kapitelet. Takk også til avdøde Rabbi Isidor Zwirn «Rabbineren fra Burbank» som likeledes lærte om profetien i Jesaja 11 og de gjenopprettede «Notzrim.» Det var basert på de hebraiske ordene i denne at Zwirn innså at Jesus var rotskuddet Messias som ville bevare treet og at de kristne var de gjenopprettede Notzrim.

26.

VEND HJEM,
DU ISRAELS JOMFRU!

Reis deg varder, sett deg merkesteiner, gi akt på hovedveien, den veien du gikk! Vend tilbake, du jomfru, Israel, vend tilbake til dine byer her! (Jer 31:21).

Vår Far kaller Efraim til å vende tilbake. Det er et kall til sann omvendelse og til å vende tilbake i rettferdighet. Det er et kall til en hjemvendende jomfru (Ezek 37:23, Jer 3:14-18).

Hosea sa om Efraim: «Hans hår er alt gråsprengt, men han vet det ikke» (Hos 7:9). For å si det på en annen måte: Efraim er av oldtids-Israel, men han vet det ikke selv ennå. Han har vært her lenge før han omsider forstår at hans eldgamle problemer ligger i hans hang til hedenskap, en synd han virkelig trenger å omvende seg fra (Jer 31:18-19).

Efraim har vært ute av stand til å se sannheten om sitt arvelodd frem til nå, fordi han så langt har vært underlagt en kollektiv avstraffelse. Han fikk en 390 år lang dom, der straffen skulle være «Lo-Ammi». Da Efraim ikke omvendte seg fra sin synd ble straffen hans økt syv ganger (Ezek 4:4-6; Hos 1-2; 3Mos 26:19-35,43). Efraim har dermed vært «ikke mitt folk» de siste 2700 år. Slutten på hans straff, er nå i ferd med å bli en realitet[204]. JHVH lovet å gjenoppvekke den skjulte Efraim: «Han vil gjøre oss levende etter to dager. På den tredje dag vil han oppreise oss, og vi skal leve for hans åsyn». (Hos 6:2). Akkurat som Jeshua kalte Lasarus frem fra graven, må Efraim nå komme ut. Tiden er inne for å vekke opp den sovende Efraim, slik at han igjen kan leve

---

204 Straff: Se Restoring Israel's Kingdom, Angus Wootten. Ikke-ett-folk, eller Ikke-mitt-Folk er begge titler som ser ut til å brukes om hverandre (se 5Mos 32:21; Hos 1:9-10, 2:23, Rom 9:25-26, 1Pet 2:10).

for Guds åsyn. For å bli løst fra sin eksils grav må Efraim etterlate seg de fillete klærne som han akk så lenge har kledd seg i. For å gjenopprette det som er gått tapt, må Efraim finne seg selv, bli klar over enkelte sannheter, og stige fram i rettferdig og frydefull lydighet.

Å finne de tapte

For å finne de tapte stammene trenger vi ikke å søke på øde øyer. Selv om enkelte fra Juda har funnet noen få tapte på de fjerneste strøk av kloden,[205] trenger vi å forstå at det som har skjedd med Efraims folk er at de har mistet sin *identitet*. De har mistet forståelsen av hvem de er. De har gått glipp av sitt kall om å være en del av Guds folk (Hos 1-2).

Mens de har vandret omkring blant nasjonene, har Efraim glemt - og var tapt for - Torahens visdom, så, *for en periode*, ble barna hans glemte barn: «Mitt folk går til grunne fordi det ikke har kunnskap. Fordi du har forkastet kunnskapen, forkaster jeg deg, så du ikke skal tjene meg som prest. Du glemte din Guds lov, derfor vil også jeg glemme dine barn»[206] (Hos 4:1-6). Efraim har alltid hatt et problem med Loven. JHVH sier om ham: «Om jeg skriver ham mine lover i tusentall, så blir de likevel aktet for noe fremmed» (Hos 8:12).

Torahen er på samme måte sett på som noe fremmed for de fleste kristne. De tror at Torahen er for jødene og ikke for dem, fordi de tror at de er hedninger. Derfor, for å kunne undervise dem om de evige sannhetene i Torahen, trenger vi først å lære dem om deres egen israelittiske arv, slik at de kan få et korrekt perspektiv.

Å miste likevekten

Mange troende er i ferd med å oppdage sine hebraiske røtter, men i sin iver har de blitt nærmest forelsket i det jødiske[207]. De har blitt så pro-jødiske

---

205 "Quest For The Lost Tribes," Simcha Jacobovici, A&E TV: www.biography.com

206 Merk: Efraim skal ikke glemmes for all tid (se Jer 31:20; Hos 11:9).

207 Mer enn 200,000 har konvertert til jødedommen: «Evangeliseringens bakside» more than 200,000 have converted to Judaism: "The Other Side of Evangelism," Rhonda Robinson, Jerusalem Report Magazine, 2000. www.redeemedisrael.com

at de har mistet dømmekraften. De dømmer lærefeilene i kirken helt korrekt, men de overser det faktum at det var det jødiske hierarkiet som først kastet Messias' etterfølgere ut av synagogene.[208] Disse klager ofte høylydt over de mange feilene hos den romerske keiseren, Konstantin, men er tause når det gjelder jødedommens falske messiaser[209]. Efraims røtter er hebraiske, eller israelittiske – ikke jødiske. Men mer enn det. Efraim skal ikke omfavne alt det jødiske, fordi også jødedommen har feilaktige læresetninger. På dette punktet i historien, trenger begge husene å stille spørsmål ved læresetningene som blir båret frem. På denne måten kan de hjelpe til med å føre hele Israels hus inn i en større forståelse for deres felles kall. Begge hus trenger oppmuntring til å vende tilbake til Abrahams enkle tro, og å basere sin tro på Skriftens sannhet.

Jeroboams synder

Mange Efraimitter legger bak seg Jeroboams synd, han som var den første kongen i Nord-Rikets. Han fryktet det som kunne skje når folket hans dro opp til Jerusalem, og førte dermed Israel inn i synd.

Han fryktet at han ville miste sin posisjon dersom Efraim ble gjenforent med Juda. Derfor oppmuntret han til avgudsdyrkelse for å holde folket hjemme. Han sa: «Det er for mye styr for dere å dra til Jerusalem. Se her er gudene deres, O Israel».

Jeroboam bygde også horehus på høye steder og han gjorde mennesker som ikke tilhørte Levi stamme til prester. Han grunnla også en høytid i den åttende måneden, på den femtende dagen i måneden, «lik høytiden ... i Juda ... deretter gikk han opp til det alteret han hadde fått bygget ... i den måneden han selv hadde planlagt i sitt eget hjerte, og han innviet en høytid for Israels barn» (1Kong 12:27-33).

Jeroboam forsøkte å hindre Efraim fra å dra til Jerusalem, fordi han fryktet å miste sin posisjon i menigheten. Han oppmuntret til et annet åndelig horeri: Han samlet folket rundt seg selv. Han laget seg egne prester. Han sam-

---

208 John 9:22; 12:42; 16:2; Acts 9:2; 26:9-11
209 Se Rabbi Akiba's Messiah: The Origins of Rabbinic Authority, Daniel Gruber, 1999, EliJHVH
Publishing, Hanover, NH

let en gruppe «ja-menn». Han omgav seg selv med dem som ville gjøre ting slik han selv ville; men dette var ikke i pakt med Faderens vilje.

Den institusjonaliserte kirkens synder

Denne kongen skapte sine egne festdager, talte imot Den Høyestes planer, og søkte å «forandre tider og lov». Han foraktet JHVHs forutbestemte høytider og skapte i stedet andre høytider (2Mos 31:16-17; Dan 7:25; 1Kong 12:27-33). Men enda verre: Kirken har fulgt Jeroboams ånd, og i hans fotspor. Hun har også tatt sine egne avgjørelser og har endret både sabbaten og andre høytider.

Vi må omvende oss fra disse syndene om vi noensinne skal være et kongelig presteskap som forkynner gjenopprettelse til hele Israel. JHVHs høytider hjelper oss til å lære disse tingene. Hver og en av disse er en hellig samling (*miqra*), en øvelse (2Mos 12:16).[210] Navnene på høytidene peker fram mot vår frigjørelse og vår herlige fremtid, noe vi "øver på" når vi feirer dem. I feiringen og utøvelsen av dem, gjenspeiler vi Faderens trefasede plan for gjenløsning:

☐ Pesach (personlig gjenløsning)
☐ Shavuot, pinse (fyldestgjørelse, ikraftsettelse, av Ånden)
☐ Løvhyttefesten (gjenopprettelsen av det delte riket)

Disse høytidene er bare skyggebilder av den herligheten som finnes i Jeshua (Kol 2:17, Heb 10:1) – og Faderen gir herlige løfter til dem som følger hjertets dragning til disse: «Dem som sørger for høytidens skyld, samler jeg. De er fra deg, O Sion, eksilets vanære tynger på dem» (Sef 3:18 o.f.a.).

De som sørger i sine hjerter over tapet av disse tingene skal samles til Faderens skjød. Akkurat som skyggene er bundet til materialet, slik bør de årvisse feiringene av JHVHs høytider være bundet til Hans folk. La oss derfor feire i Jeshua og glede oss i Abbas hellige høytider, ledet av Hans Hellige Ånd. La oss ikke være loviske når det gjelder vår feiring (Jak 2:10), fordi det er umulig å holde disse høytidene fullkommet; la oss heller ikke være uanstendige ved å ikke vise dem ære.

---

210 S & BDB # H 4744: kalt ut, øvelse, forsamling, sammenkalling, høytlesing

Å vende tilbake til løvhyttene

Faderen sier om Efraim: «Men jeg er JHVH din Gud fra landet Egypt. Jeg vil ennå la deg bo i telt likesom i høytidsdagene» (Hos 12:10).

"Å ikke bo i telt" (under løvhyttefesten) beskriver Efraim, for han har lenge sagt til Juda: «Jeg trenger ikke dine høytider og fester». Selv om Efraim sant nok ikke trenger menneskeskapte tradisjoner, er det galt av ham å vende seg bort fra JHVHs høytider (2Krøn 2:4). Faderen ønsker nå å korrigere Efraim og lære ham å feire Israels eldgamle høytider på nytt.

Flere høytidsendringer

Juda er også skyldig i endringer i høytidene. De kaller feilaktig Basunhøytiden, eller Basunblåsingens Høytid *(Jom Teruah)* for *Rosh Hashanah* (årets hode). Men JHVH sier: «Denne måneden [Aviv/omtrent april] skal være deres nyttårsmåned. Den skal være den første av årets måneder hos dere» (2Mos 12:2). Jødiske rabbinere sier at deres nyttårsfest er en verdslig nyttårsfest, men det er på den tiden av året de begynner den nye gjennomgangslesningen av Torahen, i stedet for ved den virkelige nyttårshøytiden[211].

Å returnere til Jerusalem

Idag er det mange som tar Den Hellige Ånds kall om «å dra opp til Jerusalem» på alvor. De feirer Israels årlige løvhyttefest. Troende fra hele verden kommer for å vise Judas folk sin støtte.

Efraim forlater også de som samler folk "rundt seg selv". Han nekter å drikke det urene vannet fra hyrder som ikke bryr seg. Han søker i stedet etter de som søker etter Faderens hjerte og mater flokken med «kunnskap og forståelse». Han drikker «det levende vann» som strømmer fra Jeshua, hyrdekongen (Ezek 34, Jer 3:15).

Selv om Jeroboam bestemte sine egne høytider og forsøkte å forandre de fastsatte tidene, omvender vår tids efraimitter seg fra sine forfedres hedenskap. De feirer Faderens sabbat og gleder seg på hans høytider (3Mos 23:44,

---

211 Israel's Feasts and their Fullness, Wootten

Jes 42:21). Til tross for at de ikke fortsetter i mennesketradisjoner, så ser de ofte at de allikevel befinner seg i ødemarken.

I ødemarken

Faderen har sagt om Efraim i de siste tider: «Se, derfor vil jeg lokke henne og føre henne ut i ørkenen og tale vennlig til henne, og så snart hun kommer derfra, vil jeg gi henne vingårdene tilbake og gjøre Akhors dal til en håpets dør for henne. Hun skal takke der, som i sin ungdoms dager, som den dag hun drog opp fra landet Egypt. Og det skal skje på den dagen, sier JHVH, at du skal rope: Min mann! Du skal ikke mer rope til meg: Min Ba'al! Jeg vil ta Ba'alenes navn bort fra hennes munn, og de skal ikke mer nevnes ved navn» (Hos 2:14-17).

Den Hellige sier også om Israel i de siste tider: «Jeg vil føre dere til folkenes ørken, og der vil jeg gå i rette med dere, ansikt til ansikt». (Esekiel 20:35) Israel ble ført ut i folkeslagenes ødemark så JHVH kunne bønnfalle dem ansikt til ansikt. Idag er det mange som føler at de har blitt ført ut i ørkenen. De føler seg fortapt, alene, fremmedgjort. Likevel er det en grunn til at Israel blir ført til dette sted. *Soncino Books of the Bible* sier: «På samme måte som i ødemarken da de dro fra Egypt og der ble gjort til Guds folk, slik er det også i denne ørkenen, at de er avskåret fra kontakt med hedenske nasjoner, og her skal de igjen bli hans folk. Der skal Gud bønnfalle dem ansikt til ansikt uten at noe kan distrahere deres oppmerksomhet bort fra Ham.» (Fotnote: Ezekiel 20:35, s. 129)

På hebraisk er ordet for ødemark *midbar*. Det kommer fra ordet *dbr*, som betyr *ord*. I ødemarken blir Israels hjerte forberedt til å høre *Ordet* fra JHVH Elohim. I ødemarken blir de tidligere villfarne ført til et avsidesliggende sted samen med Den Ene som de en dag skal vies til. I ødemarken lærer de om Hans kjærlighet til dem som individer. De lærer troskap, og de lærer å kalle Den Ene som de engang kalte «Mester», for «Ektemann». På dette avsidesliggende stedet, blir de hengivne overfor Ham og bare Ham. De har ikke øyne for noen andre. Menneskefrykten blir tatt bort fra der. De blir i stedet drevet av begjær etter å være med sin elskede Konge og slik blir de «Israels trolovede jomfru».

Gjennom denne erfaringen gir JHVH sine utvalgte «Akhors dal til en håpets dør» (Hos 2:15). *Akhor* betyr «problemer» og etter en tid med problemer skal Efraim være fullt gjenopprettet.[212] Det var i Akhor at Akan og hans konspiratoriske familie ble steinet til døde for sin uærlighet. Hans handlinger førte forbannelse og tap over hele Israel. Seieren ble holdt tilbake inntil Israel tok et oppgjør med Akans synder, før de dømte synden i egen leir. Denne handlingen var nøkkelen til Israels endelige seier (Jos 7:24-26, Jes 65:10). På liknende vis vil det å ta oppgjør med synd i egen leir vise seg å bli seier for oss. Det var sant i Akhor, og det er sant i dag: Kongeriket Israel skal ikke gjenopprettes blant løgnere og tyver. Ergo må vi lære å ta et oppgjør med synden i vår egen leir. Vi må ha sann og uendelig omtanke for synderen, men vi må også lære å kalle synd for «synd» (1Kor 8:3).

Å fikse bruddet

De som forstår sannheten om hele Israel må søke å reparere bruddet i brødreforholde hennes. Vi må også arbeide for å bryte alle åk, slik at Israel atter kan bli fritt. Da først kommer vi til å bli kalt en som har fikset bruddet, en som har gjenoppbygget veiene der han bor. Etter hvert som vi lærer å kalle Sabbaten en fryd, og glede oss i JHVH, kommer Han «til å la oss ri på jordens høyder; og han skal mate oss med vår far Jakobs arv» (Jes 58:1-14; Heb 4:1,9).

Å feire på vår arv

Vi som ønsker å sitte ved Mesterens bord, må være rett kledd for anledningen. Vi er nødt til å kaste av oss våre filler som er tilgriset av synd, og kle oss selv i den endringen som Jeshua vil gi oss her og nå. For Han ønsker å gjøre noe nytt i og ved oss[213]. For å vandre på denne nye måten, må vi følge vår Fars instruksjoner: «Se på Abraham, deres far,

---

212 S&BDB # H5911; se 5Mos 8:2
213 Klag 3:22-23; Jer 31:22; Åpen 2:17

og på Sara, som fødte dere! For da han ennå bare var en, kalte jeg ham, og jeg velsignet ham og gjorde hans ætt stor» (Jes 51:2).

La oss omvende oss og søke å bli den nasjonen som vår Far har kalt oss til. Han har sagt: «Derfor blir Jakobs misgjerning utsonet. Og det at hans synd blir tatt bort, gir full frukt, når alle altersteiner blir knust som kalksteiner, og Astaroth-bilder og solstøtter ikke reiser seg mer» (Jes 27:9). La oss derfor lære å ta til oss fra Jakobs arv. La oss lære å leve i en enkel, livsforandrende tro, slik som vår far, Abraham.

27

DEN SANNE TORAH GIR NÆRING TIL DEN SOM LYTTER

Den Hellige kaller oss til å vende tilbake til ham. Men hva, helt nøyaktig, er det vi skal vende tilbake til?

Enkelte stresser og maser om at Efraim må vende om til Torahen, og at han må begynne å leve i pakt med Torahen. Men Torahens evige sannheter skal skrives på våre hjerter, og vi må være på vakt for denne tankemåten. Mange som har fulgt denne veien har blitt så forelsket i torahstudier og jødedom at de har fornektet sin tro på Jeshua Messias og har konvertert til jødedommen.[214] I vår søken etter å vende tilbake, er det viktig at Efraim tar et nytt og friskt blikk på visse av Torahens eldgamle sannheter. For eksempel ser vi at Moses sa til Israels barn: «Og han forkynte dere sin pakt, som han bød dere å holde, de ti ord. Han skrev dem på to steintavler». (5Mos 4:13)

Ut fra dette ser vi at kjernen i JHVHs pakt er De ti bud. Dette er en enkel pakt, og meget kortfattet. JHVH brukte disse få ordene for å videreføre kjernen i sin Torah. Disse paktstavlene ble båret av levittene i Paktsarken. Men Moses påbød levittene som bar arken og sa: «Ta denne lovens bok og legg den ved siden av JHVHs, deres Guds paktsark! Der skal den ligge som et vitne mot deg.» (5Mos 31:9, 26-27). De fem mosebøkene, som ofte blir kalt Torahen, ble ikke lagt oppi ar-

---

214 Se Messianic Israel Herald (Vol 3, Iss 1) artikkelen, «The Other Side of Evangelism», (gjengitt fra Jerusalem Report Magazine). www.messianicisrael.com

ken. Det var for å tjenestegjøre som et vitnesbyrd. Et vitne vitner enten for deg eller mot deg. Derfor vitner Torahen om hvor godt vi følger Abbas pakt. Torahen vitner imot oss når vi bommer på Herrens kall og for oss når vi oppfyller dens bud.

Kjernen i loven lå imidlertid inni Arken, mens den «utvidede versjonen» var å finne på utsiden. De troende er som Arken. De trenger å ha Torahens *kjerne* inni seg. Sakens hjerte, Torahens kjerne, skal skrives på våre hjerter. Og Torahens hjerte, eller ånd, er de ti bud.

Ordets vitnesbyrd

Når vi lurer på om vi forstår et spørsmål rett, søker vi i Skriften (1Mosebok til Åpenbaringsboken) for å finne svar. Den Hellige Ånd kan også tale direkte til oss: «Når du viker av til høyre eller venstre, skal dine ører høre et ord lyde bak deg: Dette er veien, gå på den!» (Jes 30:21).

Slike instruksjoner vil imidlertid alltid følge Skriften. Nok en gang: Skriften klargjør saken og hjelper oss å se om vi går på riktig vei.

Hvis vi ikke forstår ånden i Abbas lov, hender det at vi snubler over detaljene i de mange skriftstedene. Derfor søker vi Den Hellige Ånds hjelp, og ber om å bli satt i stand fra det høye, og dermed får mulighet til bedre å forstå Guds dybder og Hans høyhet.

Kjernens kjerne

Jeshua Messias ble spurt en gang: «Hvilket bud er det største?» Han svarte da: «Du skal elske HERREN din Gud av hele ditt hjerte og hele din sjel og av all din forstand. Dette er det største og første bud. Men et annet er like stort: Du skal elske din neste som deg selv. På disse to budene hviler hele loven og profetene.» (Matt 22:36-40).[215] Slik under-

---

215 Merk: De ti bud er stadfestet i den nye pakt: Ha ikke andre guder: Matt 4:10. Ikke lag deg avguder eller bilder: 1Joh 5:21. Ikke misbruk Herrens navn: 1Tim 6:1. Husk sabbaten: Apg 13:42 Hedre din far og mor: Efes 6:1-3. Ikke myrd: Romerne 13:9. Driv ikke hor! Galaterne 5:19-21. Ikke stjel: Efes 4:28. Ikke bær falskt vitnesbyrd: Romerne 13:9. Ikke begjær: Kol 3:5-6. (Kilde: Messianic Israel Talk Group (Yahoo.com) Postert av Eunice Austin:. 8/7/09)

viste også Jeshua kjernen i Abbas pakt når Han understrekte disse to grunnleggende bud. Han åpenbarte også at dens sannhet kan forenkles ytterligere – fordi fellesnevneren i disse to budene er ordet: «Elsk!» Derfor blir kjernen i Abbas Torah dypest sett dette: Elsk! Vår Gud er kjærlighet og kjernen i Hans Torah er kjærlighet! (1Joh 4:8,16).

Vi taler gjerne om «Moseloven» ("Mosaic Law"), den loven som ble skrevet på steintavler. I tillegg kan vi se det fremste substantivet, «mosaikk» ("mosaic"),som et utrykk for steiner som er satt sammen for å danne et bilde. På samme vis er ikke Moseloven (den mosaiske lov) endimensjonal, men mer som en vakker «mosaikk» der det fins mange, varierte fargerike bilder av evig sannhet.

Hold dem og gjør dem – i kjærlighet

Moses skrev fem Gudsinspirerte bøker og han sa om de lovene som var der: «...ta vare på dem og holde dem, da vil andre folkeslag se for en visdom og forstand dere har.». Moses sa også at de som hører disse forskriftene og lovene skulle si: «Sannelig, et vist og forstandig folk er dette store folket.»

Moses visste at disse sannhetene skulle skrives på våre hjerter, for han spurte: «Hvor finnes det et folk, om det er aldri så stort, som har så rettferdige lover og bud som hele denne lov jeg legger fram for dere i dag?» Deretter oppmuntret Moses Israel slik: « Vokt deg bare og ta deg vel i akt så du ikke glemmer det dine øyne har sett. La det ikke gå deg av minne alle ditt livs dager, men gjør det kjent for dine barn og barnebarn» (5Mos 4:6-9).

Torahen kom frem fra et hjerte fylt av kjærlighet. Dens hellige ord kan med rette kalles «kjærlige instruksjoner». De tjener som et måleinstrument som er gitt fra en Far til Hans barn, for å beskytte dem og for å holde dem trygge. Alt som vi gjør, og alt som vi er, alt vi lever og lærer og taler om av Faderens sannheter, må gjøres ut fra et kjærlig hjerte. Dersom vi ikke har kjærlighet, sier Paulus, kommer våre ord til å høres ut som «klingende bjeller». (1Kor 13:1)

Mor's Torah

«Hør, min sønn, på din fars tilrettevisning, og forlat ikke din mors lære! For de er en fager krans for ditt hode og kjeder om din hals» (Ordsp 1:8-9). «Min sønn, hold fast på din fars bud, og forlat ikke din mors lære! Bind dem alltid til ditt hjerte, knytt dem fast om din hals! Når du går, skal de lede deg. Når du ligger, skal de verne deg. Og når du våkner skal de tale til deg.» (Ordsp 6:20-22)

Skriften taler om «mors Torah/lære», men det fins ingen medfølgende tekst som snakker om «fars Torah». I stedet blir vi fortalt om vår himmelske Fars Torah, som Han gav våre forfedre (2Kong 17:13).

Det er mange grunner til at vi blir formant til å ikke «glemme vår mors lære». Mødre er kalt til å være både hjertet i hjemmet og til å bygge sine barns hjerteforhold. Barn får sin opplæring tidlig i livet og deres første behov er å ha en gudfryktig mor som tar seg av dem. Det er slik vi utvikler naturlige, kultiverte vinranker eller barn som blir opplært til å gå Herrens veger. Når vi ser og tar til oss disse enkle prinsippene, hjelper det oss til å bedre forstå Abbas planer for Israels gjenopprettelse.

Et godt bilde på dette finner vi i foreldre/barn-forholdet. For eksempel, når barn blir avvent fra sin mors bryst, blir de overgitt til sine fedre for en annen slags opplæring. Far er ofte den som korrigerer barna. Fedre er de som lære barna om det logisk med "bokstaver og tødler" i budene. Tradisjonelt er det far som forbereder sønnen til «Bar Mitzvah» som betyr «Budets sønn».

Igjen ser vi et viktig bibelsk prinsipp. Mor tar seg av det som har med hjertet å gjøre, og far utvikler, instruerer og korrigerer. Slik er det fordi mødre og fedre har ulike former for opplæring. Mannen er ofte mer logiske, mens kvinner er ofte mer intuitive. Kvinner er ofte mer «ledet av ånden», noe som lærer oss at JHVH vil at vi først skal forstå Torahen «i vår ånd». Det er derfor våre mødres instruksjoner retter seg mot våre hjerter. Det er det som er grunnen til at de våker over oss og rettleder oss.

I det daglige tar mødre seg av sine barns hjerteforhold. De er mer innstilt på å ta seg av det intuitive, de åndelige spørsmålene som har med hjertet å gjøre, fordi de ofte fokusere på barnets karakter. Gud ønsker at Hans barn skal ha en sunn karakter.

Torah er et hunnkjønnsord, og det kommer fra et ord som taler om *strømmer av vann, om en pil og om å peke ut.*[216] Dette informerer oss om at Torahens læresetninger først og fremst skal rense, forfriske og gjenopprette hjertet.

Det gjenopprettede Israel trenger å lære Torahen på en måte som gir livskraft til legemets lemmer, på samme måte som en mor pleier sin baby. Vårt første møte med Torahens sannheter burde være like fristende som morsmelken; varm og trøstende. Vårt møte med Torahens sannheter skal bygge opp vårt immunsystem og gjøre våre legemer sterke og sunne.

Morsmelken kan sammenlignes med de grunnleggende prinsippene i Torahen, nåde og miskunn. Disse sannhetene er grunnleggende, og hvis vi ikke først lærer å suge ved nådens bryst, og ta til oss næring ved miskunnhetens barm, da kommer vi aldri til å vokse opp og bli et folk som blir styrket av Faderens kraft. Vi kommer aldri til å bli sanne sønner og døtre av hans bud.

For å være sanne sønner av budene, trenger vi først å bli opplært i Ånden. Vi må begynne med å ære Torahens Ånd. Å forsøke å lære opp et barn til å følge budene uten først å lære ham opp i *mors lære,* eller i *Torahens ånd,* er som å forsøke å sende sin sønn til universitetet før han har vært i barnehagen. Før vi virkelig kan utrustes til å sette pris på Torahens detaljer, trenger vi å lære å sette pris på *Torahens ånd.*

På mange måter har kvinner i den judeo-kristne verden blitt tiet i hjel i forsamlingene. Feilaktige syn på kvinner har ført oss dithen at vi har fremmet en verden i religiøs ubalanse. I kontrast til dette trenger vi å la kvinnene våre vandre i følge med mennene våre. Vi må la dem dele sine meninger uten å føle seg anklaget fordi de er kvinner. Kvinnene i det gjenopprettede Israel må føle seg frie til å tale, og vite at de blir satt pris på og beskyttet av mennene i menigheten. Når vi følger disse prinsippene kommer det gjenopprettede Israel til å skyte ut Torah-piler

---

216 S&BDB #H8451; 3384

som treffer midt i blinken. Nok engang; det bibelske prinsippet er slik: Først skal mor ta seg av barna og lære dem opp, og deretter skal de korrigeres av fars prinsipper. Dersom vi forstår disse vesentlige prinsippene kommer hjertene våre til å bli skikkelig forberedt til å bli Bar Mitzvah, sønner av budene, sønner med hjerter som er rede til å innta det lovede land. [217]

217 Mama's Torah av Batya Ruth Wootten, Saint Cloud, FL, 2003, Key of David Publishing, Saint Cloud, FL.

<h1 style="text-align:center">28.</h1>

LOVEN – OG DE NYTESTAMENTLIGE TROENDE

Mange har antydet at Paulus underviste den nye pakts troende til ikke å holde loven. Likevel sa Paulus at han fulgte Jeshua, og Jeshua bød oss å holde Hans bud; Han sa endatil at dette var måten vi skulle uttrykke vår kjærlighet til Ham på. (Matt 19:17, 1Kor 11:11; Joh 5:2-3)

Akkurat som Messias og Hans disipler, hedret også Paulus Torahens evige prinsipper, men han fulgte ikke loven etter kjødet. I stedet hedret han sitt hjertes prinsipper, som er den eneste måten vi kan hedre dem på.

Mens det gjenopprettede Israel forsøker å oppfylle sin bestemmelse, søker vi å forstå at i disse siste dager skal dragen føre krig mot dem som ønsker å «vandre i budene og holde frem vitnesbyrdet om Jeshua». Satan øser ut vann som en elv fra sin munn etter kvinnen (Israel) og slik forsøker han «å rive henne bort med elven.» (Åpen 12:15-17, 14:12)

Ord kommer ut av munnen og i disse siste tider sender brødrenes anklager frem en strøm av ord – han oppmuntrer til en slags tilbedelse av menneskelig visdom – messiansk gnostisisme om du vil – som blir brukt til å føre kvinnen Israel bort fra hennes virkelige bestemmelse. Vær oppmerksom.

Som Messias' etterfølgere må vi forstå at vi ikke helt og holdent kan holde alle budene, og at det å bryte loven krever et offer. Dersom vi hadde levd under loven, da hadde vi blitt steinet til døde for brudd på dens mange bud.[218] Adskilt fra Messias og Hans offer for vår skyld, er vi bare «levende døde». Vi har blitt veid og funnet for lett; vi avventer bare å få vite dagen da vi skal henrettes. Uten frelse i Jeshua er vi døde i våre synder, fordi syndens lønn er døden. Vi forholder oss derfor til Torahens bud som mennesker som har blitt prøvd, funnet skyldige og har blitt henrettet for våre synder og samtidig – som mennesker som har blitt gjenløst fra følgene av å bryte loven, dødens forbannelse.

Vi som har satt vårt håp til Jeshua Messias, kan fryde oss på grunn av Ham, vi er oppreist til et nytt liv. Vi lever et nytt liv i Jeshua. I vårt liv, velger vi å tjene Den Ene som fant oss skyldige fra først av. Paulus skriver derfor at: «Slik døde også dere fra loven ved Kristi legeme, for at dere skal tilhøre en annen, ham som ble oppreist fra de døde, så vi kan bære frukt for Gud». (Rom 6:23, 7:4)

Dersom vi søker i loven etter frelse, blir vi bedratt og blir ført med flommen. Dersom vi søker å etablere vår rettferdighet ved å holde loven, må vi holde hele loven og vende tilbake til det mosaiske offersystemet. Det kan vi imidlertid ikke gjøre. Abba tillot at templet ble ødelagt etter at Hans sønn betalte prisen for oss (1Pet 1:18-19). Vi kan ikke ofre de dyreofringene som loven krever av oss. Likevel må vi søke å etterlikne vår Messias, som holdt alle budene. Han sa: «Dere må ikke tro at jeg er kommet for å oppheve loven eller profetene! Jeg er ikke kommet for å oppheve, men for å oppfylle». (Matt 5:17) Sagt med andre ord, Han kom for å oppfylle (fullbyrde) lovens offerkrav, én gang for alle[219]. Han kom for å fullkomment forkynne og oppfylle loven, for å leve det livet vi skulle levd. Og, «Den som sier at han blir i ham, han er også skyldig til å vandre slik som han vandret». (1Joh 2:6)

Visdom er fortsatt visdom

Selv om Jeshua Messias oppfylte lovens krav om offer, har Hans of-

---

218 2Mos 21:12,16,17; 21:29; 22:19; 31:14, 15; 3Mos 20:2,11,13,27; 24:16; 4Mos 3:10; 15:35; 5Mos 13:10; 17:5; 21:21; 22:21; 22:24. Se liste, Mama's Torah av Wootten, side 87.
219 Fullbyrde: Strongs #G4134. Rom 6:10; Heb 7:27; 9:12; 10:10;1Pet 3:18; Jud 1:3

fer ikke opphevet eller avskaffet visdomen som fins i Torahen. Visdommen vil for evig være visdom. JHVHs bud leder oss til et sunnere liv. Han sier om sine instruksjoner: «Ta vare på dem og holde dem, da vil andre folkeslag se for en visdom og forstand dere har ... ta da vare på alle de bud jeg gir deg i dag ... for at dere kan bli sterke og komme inn og eie det landet dere nå drar over til og skal innta». (5. Mos. 4:6, 11:8)

Vi ønsker både å være vise og sterke, derfor studerer vi Skriften slik at vi kan lære fra våre fedre og ikke gjenta deres feil. «Alt som før er skrevet, det er skrevet til lærdom for oss» (Rom 15:4). For å vite hvordan man skal hedre Torahen, trenger vi å se hen til Jeshua. Han holdt loven, og er likevel vårt fullkomne forbilde når det gjelder nåde og miskunn.

Som gjenfødte troende skal Ånden skrive loven på våre hjerter. Abba vil ikke at vi skal være lydige fordi vi er «pålagt» å være lydige. Han er ikke på let etter verken marionetter eller roboter. Han ønsker at vår lydighet skal fødes fra et hjerte som elsker Ham. Han vil at vi skal velge Ham, og elske Hans veier, og å forstå at Hans lover gjør livet vårt bedre (Joh 14:15). Han vil også at vi skal vite at Hans mange barn kan være på ulike stadier av læring om Hans veier i sine liv. Vi må aldri forsøke å tvinge på andre de sannheter Den Hellige i sin nåde har åpenbart for oss, fordi forskjellige mennesker forstår forskjellige ting til forskjellige tider. Vi må ikke være nedlatende til dem som ikke ser det som vi ser.

Jeshua behandlet ikke oss nedlatende selv om Han vet mye mer enn det vi gjør. Han kommer i stedet til oss med nåde. Han løfter oss opp. Han steller vel med oss. Vi må gjøre det samme for andre. Vi må vandre i det vi vet er sant, og likevel vise nåde uten begrensning til andre. Vi som har blitt vist nåde må vise nåde. Det er et eksempel vår Messias setter frem for oss – og vi må følge det.

Rabbi Paulus

Apostelen Paulus forstod dette og han snakket ikke mot Faderens lov. Dette ser vi siden:

❑ Paulus opptrådte som *mohel* og omskar Timoteus før de sammen dro til jødene (Apg 16:1-3).

❑ For å motbevise påstanden om at han underviste de troende til «frafall fra Moses», holdt Paulus sitt eget *nasireerløfte* og betalte endatil det foreskrevne gebyret for de som var sammen med ham, slik at de kunne holde sine løfter (Apg 18:18, 21:21-26; se også 4Mos 6:2-5, 9, 18).

❑ Paulus' anklagere forsøkte å ordne «falske» vitner som skulle bevise at han talte Moses imot (Apg 6:13). Dersom dette var sant, hadde de ikke hatt behov for *falske* vitner.

❑ «Men det vedgår jeg for deg,» sa Paulus, «at etter den Veien som de kaller en sekt, tjener jeg våre fedres Gud slik at jeg tror alt det som er skrevet i loven og i profetene.» (Apg 24:14)

❑ Paulus sa: «For etter mitt indre menneske slutter jeg meg med glede til Guds lov» (Rom 7:22).

❑ Paulus proklamerte: «Verken mot jødenes lov eller mot templet eller mot keiseren har jeg forbrutt meg» (Apg 25:8, se også 28:17-18).

❑ Paulus forbrøt seg ikke mot Loven, fordi han hedret Torahen. I sitt brev til Timoteus sa han: «Loven er god dersom en bruker den lovlig» (1Tim 1:8).

«God» eller *kalos* betyr vakker, verdifull, dydig, ærlig, god og verdig. «Lovlig» eller *nomimos* betyr *legalt*, eller *ifølge reglene*.[220]

Loven er vakker når den blir fremstilt på en måte som står i stil med Faderens kjærlighet. Paulus talte ikke mot Faderens lover, men imot de fordømmende lovene som menneskene laget. Paulus sier at Loven er hellig, rettferdig og god, åndelig og at «[det er] ikke de som hører loven, [som]er rettferdige for Gud, men de som gjør etter loven skal bli rettferdiggjort» (Rom 7:12,14; 2:13). Han tjente vår Gud på samme

---

220 Strongs #G2570; 3545

måte som våre forfedre gjorde og trodde alt som er i pakt med Loven. Han skrev: «Hele skriften er innåndet av Gud og nyttig til lærdom, til overbevisning, til rettledning, til opptuktelse i rettferdighet, for at Guds menneske kan være fullkomment, satt i stand til all god gjerning» (2Tim 3:16-17). Paulus inkluderte den gamle pakts Skrifter i denne uttalelsen og han kan også ha inkludert de nytestamentlige tekstene som sirkulerte blant de trofaste og ble anerkjent for å ha «guddommelig autoritet».[221] Han underviste også at Messias var vårt påskeoffer; og han avslo å tilbringe tid i Lille-Asia fordi han ønsket å være i Jerusalem under pinse/*shavuot* (1Kor 5:7; Apg 20:16).

Unyttige og verdiløse spørsmål

I Gal 4:8-11 skriver Paulus til dem som engang var treller under hedenske guder, og som var omvendt til tro på Jeshua, men som vendte seg til den «svake og fattige barnelærdom». Paulus sa: « Dere tar vare på dager og måneder og høytider og år. Jeg er bekymret for dere og er redd at jeg kanskje har strevd med dere til ingen nytte». Han snakker om et problem som skyldes de jødene som ville innføre loviske Torah-tolkning til de ikke-jødiske troende. De trodde at det å bli omskåret ville gi dem frelse. Paulus beviser at å etterleve loven ikke kommer til å føre med seg evig frelse. Det får en bare ved å bli født på ny ved tro på Messias.

Når troende holder høytider på grunn av at de har blitt skremt til det, av slike som vil at alle skal leve som jøder (Judaiseere), underlegger de seg selv loviskhet – som kan sammenlignes med de avgudene de forlot.[222] De «dager og måneder og høytider og år» som er nevnt her viser imidlertid trolig til hedenske tradisjoner. Paulus talte til ikke-jøder da

---

221 Apg 24:14; Rom 2:13-16. Israel ble kalt til å lytte til Jeshua og til den nye pakts ord av sine disipler (5Mos 18:18-19; Joh 5:46-47, 8:28, 12:49-50, 17:8,17). Dermed validerer Torahen den nye pakt. Videre hadde ikke dens bøker blitt anerkjent som kanon hadde de ikke først blitt anerkjent av de første troende som hadde myndighet, for anerkjent autoritet går forut kanonisering (Se Natan Lawrence Can You Trust the New Testament?: www.hoshanarabbah.org).

222 Jewish New Testament Commentary av David H. Stern, Clarksville, MD: Messianic Jewish Publications, 1995, s 557.

han sa: «Dere var treller under dem som av naturen ikke er guder». Han spurte: «Hvordan kan dere da igjen vende tilbake til den svake og fattige barnelærdom?» Andre steder advarte han om «verdens barnelærdom» og sa: «Se til at ingen får fanget dere med visdomslære og tomt bedrag, etter menneskers tradisjoner, etter verdens barnelærdom, og ikke etter Messias.» (Gal 4:3, Kol 2:8). Slike ord beskriver verken Torahens prinsipper eller Høytidene. Skriften definerer dem som Herrens fastsatte høytider (3Mos 23:2). De er verken verdslige, unyttige eller dårlige tider. Dette er ord som definerer hedensk praksis.

Domfellelse og sabbaten

I Kol 2:16-17 leser vi: «La derfor ingen dømme dere for mat eller drikke eller med hensyn til høytider eller nymånedager eller sabbat! Dette er bare en skygge av det som skulle komme, men selve legemet hører Messias til». Høytidene er forbilder på, og beskriver vår Messias. De er skyggebilder av det som skal komme – og har verdi. De er Guds hint om de kommende himmelske realitetene.[223]

Disse versene taler trolig om hedningene som dømte de nye troende. Apostelmøtet i Jerusalem hadde vedtatt at de nyomvendte skulle gå i synagogene og høre ordet der (Apg 15:21). Dersom nyomvendte begynte å hedre Torahens prinsipper, ble de trolig dømt av sine tidligere hedenske venner i dette spørsmålet. Men disse versene kan også være rettet mot de som ønsket å gjøre de troende til jøder, og som dømte folket for ikke å følge deres rabbinistiske lærdommer, eller for ikke å følge deres forståelse av Torahen raskt nok.

Svak tro og forskjellige tider

I Rom 14:1-6 sier Paulus: «Ta dere av den som er svak i troen uten å gjøre dere til dommere over hans tanker … Den ene har tro til å ete alt, men den som er svak, eter bare grønnsaker.» De som eter eller ikke eter skal ikke dømme de andre, fordi Abba søker å dra dem begge til

---

223 Ibid, s 611; se også Israel's Feasts and their Fullness, kapitel 2

seg. Paulus spør: «Hvem er vel du som dømmer en annens tjener? Han står eller faller for sin egen herre. Men han skal bli stående, for JHVH er mektig til å holde ham oppe. Den ene setter en dag høyere enn en annen dag. Den andre holder alle dager for å være like. Enhver må bare være fullt viss i sitt eget sinn! Den som akter på dagen, gjør det for JHVH. Og den som ikke akter på dagen, han gjør det for JHVH. Den som eter, gjør det for JHVH - han takker jo Gud. Og den som lar være å ete, gjør det for JHVH og takker Gud».

Enkelte tror at disse versene viser til at de som følger Torahens forskrifter om mat er svake, og at de som ikke bryr seg om slike lover er sterke, fordi «Jesus opphevet dem». Snarere tvert om, det å hedre budene gjør oss sterke.

Noen hevder at disse versene taler om at alle dager er likeverdige, og at det ikke er viktig om vi hedrer JHVHs sabbat eller høytider. Denne konklusjonen går imot Paulus' annen undervisning om JHVHs hellige samlinger. Paulus synes i stedet å tale om holdninger mot dem som er på et annet nivå i sin trosvandring. Vi kan ikke vedta lover om høytidene, og vi må ikke forsøke å tvinge andre til å tro det vi tror fordi Faderen lar alle sine barn ta sine egne avgjørelser når tiden er inne. Paulus snakker om svakheten i den menneskelige tilstand og om forskjellige trosnivåer (Se Rom 4:19; 2Kor 13:4-9). Han formaner de som er sterke til å hjelpe de som er svake til å vokse i sin tro og til å unngå å dømme dem. Å akseptere dem som er svake i troen betyr ikke at vi dømmer slik tro som akseptabel. Det viser bare at vi forstår at barmhjertigheten seirer over det å dømme (Jak 2:13).

De ønsker dere av gale årsaker

Paulus tok også et oppgjør med enkelte som fremkalte et annet problem blant de nye troende: «Noen legger seg etter dere med en iver som ikke er av det gode. Men det de ønsker, er å skille dere fra oss, forat dere skal være ivrige for dem» (Gal 4:17).

De som ønsket å gjøre ikke-jøder til jøder, forsøkte å legge folk inn under trelldom under seg selv og sine egne menneskeskapte lover. Deres handlinger bygger på alle de gale årsakene, fordi de ønsker å få mennesker til å søke et godkjenningsstempel fra dem. De gjør dette så de selv kan føle seg viktige ved å stenge andre ute. De forsøker å få "de søkende" til å føle at de ikke vet like mye, eller at de ikke er likeverdige. Sagt med andre ord, de får folk til å føle seg uverdige og ekskluderte så de kan føle godt om seg selv. Vi må unnfly fra slike holdninger. De fører bare høreren ut i trelldom.

Vi konkluderer med at Paulus meget vel kan være den mest misforståtte mann i hele verdenshistorien. Selv Peter skrev om ham: «Som vår kjære bror Paulus skrevet til dere, etter den visdom som er ham gitt. Dette har han gjort i alle brev der han taler om dette. I dem er det noe som er vanskelig å forstå, og som de ulærde og ubefestede vrangtolker, slik de også gjør med de andre skriftene, til sin egen undergang» (2Pet 3:15-16). Slik var situasjonen på Peters tid og slik synes situasjonen å være i vår tid.[224]

Vær på vakt for menneskeskapte lover og for vrangtolkninger av Abbas lov. Vandre i stedet i fornyelsen i det evige livet i Messias.

---

224 Se Mama's Torah, Wootten

29.

HVA JAKOB VISSTE

I det vi søker å få Skriftens sannheter gjenopprettet for våre øyne, må vi huske på at Jeshua Messias er oppfyllelsen av «Tjeneren» som kalles «Israel». Han er vår rollemodell. Vi trenger også å huske at Jakob stod ansikt til ansikt med denne Tjeneren og da det skjedde, gav Tjeneren Messias et dyrebart, nytt navn til Jakob. Når vi gransker skriften nærmere, ser vi videre at Jakob ønsket å lære sine arvinger en dyrebar lekse; han ville at de skulle forstå hvordan de skulle vandre i hans opphøyde navn og tittel.

Jakob fortalte sine sønner: «Din fars velsignelser ... skal komme over Josefs hode.» (1Mos 49:26). Med denne velsignelsen ble Jakobs stilling som førstefødt gitt til Efraim. Dette betyr at Efraim skulle ha vært den ledende blant Jakobs sønner. Likevel blir vi fortalt at Juda ble den mektigste blant sine brødre (1Krøn 5:2).

Være den ledende. Ble den mektigste. Her ligger problemet, her begynner spørsmålet: «Hvem skal Herske over Israel?»

Ved første øyekast kan det synes som om de velsignelsene Jakob gav Josef og Juda står i strid med hverandre; misforståelser over den reelle betydningen av disse velsignelsene har forårsaket mange problemer.

Jakob sa til Juda: «Juda, dine brødre skal prise deg! Din hånd skal være på dine fienders nakke. For deg skal din fars sønner bøye seg. En ung løve er Juda. Fra rov er du steget opp, min sønn! Han bøyde seg - han legger seg ned som en løve, som en løvinne. Hvem tør vekke ham? Kongespir skal ikke vike fra Juda, ikke herskerspir fra hans føtter, inntil

Shiloh kommer og folkene blir ham lydige» (1Mos 49:8-10).

Det at Judas hånd skal være på hans fienders nakke, avslører at han er smartere enn sine motstandere. Han blir fremstilt som en løve, jungelens konge, og scepteret og kongsstaven ble gitt i hans hender. Likevel er denne delen av velsignelsen betinget, siden Shiloh er øverstepresten, fyrsten, løven av Juda. Han er Jeshua, mannen med de mange navn.[225]

Jakob velsignet Juda på denne måten fordi det var Judas forutbestemmelse å spille en rolle i å bringe fram den virkelige førstefødte. Juda stamme er privilegert som har en slik person nedstammet fra seg. Israels Hellige kom til denne jorden som et menneske. Han kom som jøde. I følge Mose lov ble Han båret frem i templet som en førstefødt sønn av Juda stamme (Luk 2:21-24). På grunn av dette ble Juda stamme æret over alle folk på jorden. Bare ved dette ene privilegiet har Juda for alltid blitt ledende blant nasjonene. Ingen andre stammer av noe folk kommer noensinne til å bli så høyt æret som Juda.

Vi merker oss også, at selv om «Juda ble den mektigste blant sine brødre, og fyrsten skulle være en av hans etterkommere. Men førstefødselsretten tilhørte Josef » (1Krøn 5:2).

Det er lettere for oss å forstå denne tilsynelatende motsetningen via en studie av to av Jeshuas titler: Den *enbårne* sønn og den førstefødte av *mange*.

Den enbårne sønn

Jeshua kom til denne jord som «den enbårne Sønn av sin Far» (Joh 1:14, 3:16). Jeshua var imidlertid ikke født i samme betydning som skapt, fordi Han var, er og skal være. Han er JEG ER (Åpen 1:8, Joh 8:58). Likevel sa JHVH om Jeshua: «Du er min sønn, jeg har født deg I dag» (Salme 2:7). Ordet «født» er her bruk på samme måte som når en jordmor tar imot et barn, I den forståelsen at en Far hjelper et barn å bli født. Faderen brukte dette ordet fordi Han hjalp til å føre Jeshua fram som et menneskebarn. På denne måten er Jeshua Hans enbårne

---

225 Shiloh: S&BDB, # H 7886; Jes 9:6,7; 11:1-4; Ezek 21:27; Dan 7:14; Luk 1:31-33

sønn, det eneste menneske som noensinne er blitt til på denne måten.[226]

Dermed kom Jeshua som oppfyllelsen av løftet gitt til Juda. Han kom som Shiloh og ble gitt Judas kongsstav. Som profetert, så begynte det nye pakts Israel å samle seg rundt Jeshua.[227]

Deretter ofret Jødenes Konge seg selv som offer. Slik det er forutsagt i Salme 22, døde Guds enbårne sønn på et kors (tre).[228] Imidlertid har denne løven av Juda seiret (Åpen 5:5) i og med sitt offer. Han overvant synden og døden, og oppstod fra de døde.

Den førstefødte av mange

Da Jeshua stod opp fra de døde, steg Han ut av graven som en sønn med dobbel del. Han er den første som har hatt liv både i denne verden og den verden som skal komme. Han steg fram som den førstefødte av mange brødre – den førstefødte av all skapning og den førstefødte av de døde. Jeshua Messias har førsteplass i alt. «Da Faderen førte den førstefødte inn i verden, sa Han: Og alle Guds engler skal tilbe Ham» (Rom 8:29; Kol 1:15,18; Heb 1:6).

Med Isak og Jakob krevdes det en guddommelig hånd for å føre dem fram som førstefødte sønner. Mens Skriften er taus når det gjelder fødselen til Josefs sønn Efraim, ser vi guddommelig inngripen i å føre fram JHVHs førstefødte. På denne måten kan vi kalle Jeshua «Efraim den førstefødte». Dette synes å være en messiansk tittel som taler om Ham som den oppståtte. Den kan også tale om det oppreiste Messias' legeme, de troende «efraimittene» som har fått det evige livs gave.

---

226 Greske enbårne / monogenes; enestående, enkelt, unik, enbåren, Strong # G 3439; Thayer gresk-engelsk ordbok, Baker, 1983, # 3439. Hebraisk enbårne / yalad: å være gravid, å opptre som jordmor, S & BDB # H 3205; pastor Robert Lindsey, forfatter, Jesus, rabbi, and Lord (Cornerstone, 1990).. Se Fil 2:5-12

227 Shiloh: S & BDB # 7886. Dette er en annen profeti som både er, og er ennå ikke er oppfylt. Selv om scepteret har blitt gitt til Jeshua Messias , fortsetter Juda å være JHVHs «lovgiver» (Salme 60:7, 108:7, 1Mos 49:10, 2Krøn 13:5, Luk 1:33, Heb 1:3; 10:12

228 Død: Vi snakker her om å gå over fra dette livet til det neste, av en endring, som det av et frø, ikke av et eksistensopphør (slik noen feilaktig tenker om døden). Som guddom, kunne Han ikke opphøre å eksistere, men han gikk gjennom den samme døren alle mennesker må gjennom, som å forlate vårt kjød bak og ikle seg udødelighet.

JHVH slår fast at Israel, Efraim, og Hans elskede sønn, Jeshua, er den førstefødte (2Mos 4:22, Jer 31:9, Kol 1:13:15). Disse tre blir kalt JHVHs førstefødte, og i realiteten kan det bare være en førstefødt, så kanskje det ligger i den messianske profetiens ånd at Faderen sier: «Efraim er min førstefødte» (Jer 31:9). Vi ser også at da Jeshua ble unnfanget, så var det Faderen selv som åpnet Marias morsliv. Etter at Han ble båret fram som offer, ble Jeshua nok en gang ført fram gjennom guddommelig inngripen. Faderen åpnet graven, slik at Hans evige førstefødte kunne stige ut. Dermed begynte oppfyllelsen av ett av Israels største løfter. «Fra døden vil jeg forløse dem. Død hvor er din pest? Dødsrike, hvor er din sott? - Anger er skjult for mine øyne» (Hos 13:14).

Maoz

Det hebraiske ordet *maoz* betyr «et *tilfluktssted, beskyttelse, tilflukt, borg*». Skriften forteller oss at «Gud, han er mitt sterke vern (*maoz*)» (2Sam 22:33). David sier også om JHVH: «Du er min klippe og min borg (*maoz*)» for Han er «vår tilflukt (*maoz*) og vår styrke, en hjelp i trengsler, funnet overmåte stor» (Sal 31:4, 46:1). «Gud har talt i sin hellighet: ... Efraim er vern for mitt hode» (Sal 108:8-9). JHVH, Jeshua og Efraim er *maoz*, styrken som alltid er tilstedet; den tilflukt som er tilgjengelig i Hans frelse.[229]

I og gjennom den Førstefødte Frelser, ble dødens evige plage eliminert. Han skapte en frelsesvei for oss. Han åpnet herlighetens porter, og siden den gang har mange fulgt Ham gjennom de portene.

JHVH sa også om Jeshua: «Jeg vil gjøre ham til den førstefødte» (Sal 89:28). *Gjøre* på hebraisk er *natan*. Det betyr å *sette, putte, gi, skape, løfte opp, hente frem, utnevne, utpeke*.[230] Ved sin ånd reiste Faderen Jeshua opp på den tredje dag; Han førte Ham ut av graven og utpekte Ham som sin førstefødte. Den Ene som er utvalgt til å bli gitt til de som kommer fra folkeslagene.

---

229 BDBL # H4581
230 S&BDB # H 5414

Jeshuas uforgjengelige sæd

Faderen sverger når det gjelder Hans førstefødte: «Til evig tid vil jeg holde fast ved min miskunn mot ham, og min pakt skal stå fast for ham. Jeg vil la hans ætt bli fast til evig tid og hans trone som himmelens dager» (Sal 89:29-30). Jeshua har skarer av etterkommere som skal leve evig. Han har født barn som Han har båret i smerte – et hardt, smertefullt verk på korset. Hans veer skulle føde fram en ny skapning. Han døde for å føde rettferdiggjorte sønner. Ved tro på Hans offer for vår skyld, ble vi barn av JHVH. Fordi «alle dem som tok imot Ham, dem gav Han rett til å bli Guds barn, de som tror på Hans navn» (Joh 1:12).

Når vi tror på Jeshuas navn, blir JHVHs sæd/såkorn i oss og vi er født på ny av Hans ånd. Som Hans barn blir vi født på nytt av uforgjengelig sæd, ved JHVHs levende ord, og vi blir de evige etterkommere som er lovet det førstefødte Israel. På denne måten blir vi «Guds Israel» slik Paulus snakket om til galaterne. For å opprettholde denne statusen ønsket Faderen at vi skulle bli likedannet med Jeshuas bilde: «Forut bestemt til å bli likedannet med hans Sønns bilde, for at han skulle være den førstefødte blant mange brødre» (1Joh 3:9, 1Pet 1:23, Gal 6:16, Rom 8:29).

Den førstefødtes doble del

Som arvinger av Jeshua Messias, har vi del i den doble del som er gitt av JHVHs salvede Messias, som Jeshua sa at Han var da han stod fram i synagogen og leste fra Jesaja: «JHVHs Ånd er over meg, for han har salvet meg til å forkynne evangeliet for fattige. Han har sendt meg for å forkynne for fanger at de skal få frihet og for blinde at de skal få syn, for å sette undertrykte fri ... for å forkynne et nådens år fra JHVH» (Luk 4:17-21).

Jesaja sa at Messias skulle «trøste alle sørgende ... gi de sørgende i Sion gledes olje istedenfor sorg, lovprisnings drakt... Dere skal kalles JHVHs prester ... Dere skal få dobbelt gjengjeld for deres skam, og de som led vanære, skal nå juble over sin lodd. Derfor skal de få dobbel lodd i sitt land, evig glede skal bli dem til del.» (Jes 61:2-7). Denne doble del er forbeholdt alle som tar imot de gode nyhetene fra Messias, for dem som sørger over sine synder. De er da salvet med Jeshuas tilgivelsesolje. I stedet for skam har de fått en dobbel velsignelse, en dobbel del som skaper liv i denne verden og evig liv i den verden som skal komme.

Skaren av førstefødte

De samme barna blir kalt «høytidsskaren og menigheten av de førstefødte som er oppskrevet i himlene, til en dommer som er alles Gud, og til de fullendte rettferdiges ånder, til Jeshua, mellommannen for en ny pakt» (Heb 12:22-24).

I dette verset henviser ordet førstefødt ikke til Messias, men er brukt i flertall. I sin studiebibel, *The Interlinear Bible,* oversetter Jay P. Green dette med «en kirke av førstefødte». *New International Version* oversetter det med (o.f.a.) «til de førstefødtes *ekklesia,* som har sine *navn* skrevet i himmelen».

I sin gjenfødelse blir disse førstefødte ett med den førstefødte, Jeshua Messias, for Han er «legemets hode», Han er *ekklesia*; Han er begynnelsen og den førstefødte fra de døde, slik at Han i alle ting skal ha herrevelde. (Kol 1:18, o.f.a.)

I Israel har Jeshua førstefødselsretten og den doble del. Han er Øversteprest og Kongenes Konge. Han er Jakobs sanne arving. Han er virkelig den mektige og herskende fyrste av Israel, den eneste Ene som er i stand til å herske sammen med JHVH.

Forvandlede tjenere

Vi konkluderer med at Jeshua er fylden av løftet som er blitt gitt til både Juda og Efraim. *Den enbårne Sønn* er en oppfyllelse av Judas velsignelse; *den førstefødte* blant mange brødre er en oppfyllelse av Efraims velsignelse.

Jakobs velsignelse blir oppfylt i og med at Jeshua Messias «er vår fred, han som gjorde de to til ett». I Ham er skilleveggen veltet over ende. I Jeshua er vi blitt et nytt menneske. Vi er blitt det gjenfødte Israel (Efes 2:14-15).

Vi slår også fast at Jakob ikke gav fylden av sin dyrebare velsignelse til noen av sine sønner, fordi han visste at ingen dødelig i seg selv kunne oppfylle det høye kallet som hvilte over Israel. Han visste at det bare kunne oppfylles når den ene kom til syne og i sannhet ble forvandlet til den Førstefødtes bilde.

Jakob visste dette. Vi blir fortalt: «Om denne frelse var det profetene gransket og ransaket, de som profeterte om den nåde dere skulle få, idet de gransket hvilken eller hva slags tid Kristi Ånd, som var i dcm, viste fram til når han forut vitnet om Kristi lidelser og herligheten deretter. Det ble åpenbart for dem at de ikke tjente seg selv, men dere, med dette som nå er blitt kunngjort for dere ved dem som forkynte dere evangeliet ved den Hellige Ånd, han som ble sendt fra himmelen - dette som englene trakter etter å skue inn i» (1Pet 1:10-12). Vår forfader Jakob visste at for å være Israel så må man først være en tjener – og tjene sine brødre. Å være Israel handler ikke om å være en opphøyd person over sine medmennesker. Det handler om å være en ydmyk tjener underlagt Israels Gud.

Jakob hadde tidligere strebet etter posisjoner. Deretter møtte han og kjempet med Herrens engel. Selv om den stillingen han ønsket var dyrebar, forstod Jakob at den ikke kunne oppnås med å sette seg selv først. I stedet innså han at det er en stilling som blitt gitt når man omvender seg og ydmykt bøyer seg under Den Hellige. Å være Israel er å være en av Hans tjenere.

Vel vitende om dette gav Jakob sine arvinger velsignelser som hadde potensiale til å få fram den samme strebende ånd som engang rådde i ham, i håp om at de også kom til å omvende seg og bli forvandlet.

Ja, Jakob kjente sannheten om hva det betydde å være Israel. På samme måten trenger også alle hans barn å kjenne sannheten.

30.

Å VENTE PÅ DET ISRAEL SOM SKAL KOMME

Akkurat som kong David hersket over hele Israel, slik skal også Jeshua Messias en dag være konge over hele Israel. «På den tid, sier JHVH, vil jeg være alle Israels ætters Gud, og de skal være mitt folk.» (Jer 31:1, ref 33:24).

«I de dager og på den tid, sier JHVH, skal Israels barn komme, de og Judas barn sammen. De skal gå og gråte, og JHVH sin Gud skal de søke. De skal spørre etter veien til Sion, hit er deres åsyn vendt: Kom og gi dere til JHVH ved en evig pakt, som ikke blir glemt!» (Jer 50:4-5)

Når JHVH fullkomment gjenforener begge Israels hus, da kommer de til å strekke seg ut mot hverandre i ydmykhet. Da skal «Judas hus gå til Israels hus.» og «I de dager skal det skje at ti menn av alle hednin-gefolkenes tungemål skal gripe fatt i kappefliken til en jødisk mann og si: Vi vil gå med dere, for vi har hørt at Gud er med dere!» (Jer 3:18, 33:24, Sak 8:23)

Ti til én var antallet som Faderen brukte da han gav Jeroboam ti av Israels stammer (1Kong 11:31,36). Efraim utgjorde ti ganger flere enn Juda. Israels sønner var 300 000, og Judas menn 30,000 (1Sam 11:8). Mens Efraim har grepet tak i kappefliken (*tzitziot: frynsekanten*) til løven av Juda, Jeshua, skal de også gripe tak i sin bror, Juda, og de to husholdninger av Israel skal slås sammen. «På den tid skal hednin-gefolkene søke til Isais rotskudd, som står som et banner for folkeslag. Og hans bolig skal være herlighet. På den tid skal JHVH enda en gang rekke ut sin hånd for å vinne tilbake resten av sitt folk, de som blir berget fra Assyria og Egypt og Patros og Etiopia og Elam og Shin'ar og Hamat og havets øyer. Han skal løfte et banner for folkene, han skal samle de fordrevne av Israel og sanke de spredte av Juda fra jordens fire hjørner.» (Jes 11:10-12). På den tiden skal de kalle Jerusalem: «JHVHs trone» (Jer 3:17).

Vår Far skal samle Juda og Israel.[231] Adskilte brødre skal igjen begynne å vise hverandre heder og ære og skal felles hedre de gudelige gjerninger som hver av dem har gjort hver på sitt sted, i og gjennom JHVHs salvelse (Rom 13:7).

Den skjelvende Efraim skal samles

Vi har allerede begynt å se innsamlingens mirakler når det gjelder Juda, men vi har enda ikke sett oppfyllelsen av JHVHs herlige planer når det gjelder å samle inn igjen det spredte Efraim. Og å samle ham, det skal Han, for Abba har sagt: «Hvordan skal jeg kunne oppgi deg Efra'im? Hvordan skal jeg kunne gi deg til pris Israel? Hvordan skal jeg kunne gi deg opp som Adma, gjøre med deg som med Sebo'im? Mitt hjerte vender seg i meg, all min medynk våkner. Jeg vil ikke fullbyrde min brennende vrede, jeg vil ikke igjen ødelegge Efra'im. For jeg er Gud og ikke et menneske, Den Hellige midt iblant deg. Jeg kommer ikke med glødende harme. De skal følge JHVH. Han skal brøle som en løve. Ja, han skal brøle. Og bevende skal hans barn komme fra havet» (Hosea 11:8-10). Mens Efraim er spredt skal han undervises og på den måten begynne å se denne herlige sannheten om sin arv (Jer 31:18-19). Han skal også begynne å forstå hvor mange måter han har fornærmet sin Gud med sine tidligere handlinger. Dette kommer til å få ham til å skjelve i frykt og skynde seg med å korrigere sine feiltakelser. Han skal se Guds storhet så vel som Hans herlige planer for sitt gjenopprettede folk, og skal deretter bli et «kar til ære» (Hos 8:8, Rom 9:21-23).[232] Satt i stand til å vandre i sin fars Josefs fotspor skal Efraim bli en kilde til

---

231 NIV Study Bible, Zondervan, 1995, sier: «I den messianske tidsalder skal Guds adskilte folk vil igjen bli forent (se f.eks Jes 11:12, Ezek 37:15-23; Hos 1:11),» Jer 3:18 , s. 1119.
232 Skjelve/charad: S&BDB # H 2729

beskyttelse og forsyning for sin familie. Deretter skal Faderen plystre på ham så han kan vende tilbake til sitt land (Sak 10:8).

Hvor kom de alle fra?

Jesaja taler hemmelighetsfullt om Israels kommende gjenforening. Han sier:

> «Juble, dere himler! Fryd deg, du jord! Dere fjell, bryt ut i frydesang! For JHVH trøster sitt folk, han forbarmer seg over sine elendige.» Et bekymret Juda svarer: «JHVH har forlatt meg, JHVH har glemt meg»[233] Abba svarer Judas rop og sier: «Glemmer vel en kvinne sitt diende barn, så hun ikke forbarmer seg over sin livs sønn? Om også de glemmer, så glemmer ikke jeg deg. Se, i begge mine hender har jeg tegnet deg, dine murer står alltid for meg. Dine barn kommer i hast. De som brøt deg ned og ødela deg, de skal dra bort fra deg. Løft dine øyne og se deg omkring! De samler seg alle sammen, de kommer til deg. Så sant jeg lever, sier JHVH, du skal iføre deg dem alle sammen som et smykke og binde dem om deg lik bruden. For dine ruiner og dine øde steder og ditt herjede land - sannelig, nå skal du være for trang for innbyggerne, og de som ville ødelegge deg skal være langt borte. Ennå skal du få høre barna fra din barnløshets dager si: Plassen er for trang for meg, flytt deg, så jeg kan få bo her! Og du skal si i ditt hjerte: Hvem har født meg disse barn? Jeg var jo barnløs og ufruktbar, landflyktig og jaget bort. Og hvem har fostret disse? Jeg var jo enslig tilbake. Hvor var da disse? Så sier JHVH: Se, jeg vil løfte min hånd til hedningene og reise mitt banner for folkene. De skal komme med dine sønner ved barmen, og dine døtre skal de bære på skulderen.» (Jes 49:13-23)

---

233 Adonai: S & BDB # H 136. Form her om H 113, (brukt som et navn på Gud). Min Herre, spesielt brukt av Judas hus for å snakke om den Allmektige

Efraim skal nok en gang vende tilbake til sitt hjemland og han skal gledelig bringe Juda med seg.[234]

To staver

Faderen taler om gjenforeningen av Israels to familier når Han forener de «to stavene» som representerer dem. Om den dagen sier Den Hellige til Ezekiel:

> «Og du, menneskesønn! Ta deg en stav og skriv på den: For Juda og for Israels barn, hans medbrødre! Og ta deg en annen stav og skriv på den: For Josef - en stav for Efraim og hele Israels hus, hans medbrødre. Og sett dem sammen, den ene til den andre, til én stav, så de blir til ett i din hånd! Og når ditt folks barn sier til deg: Vil du ikke la oss få vite hva du mener med dette? - da skal du si til dem: Så sier JHVH: Se, jeg tar Josefs stav, som er i Efraims hånd, og Israels stammer, hans medbrødre, og jeg legger dem til Judas stav og gjør dem til en stav, så de blir til ett i min hånd. De stavene du skriver på, skal du holde i din hånd for deres øyne. Si så til dem: Så sier JHVH: Se, jeg henter Israels barn fra de folk som de drog bort til, og jeg vil samle dem fra alle kanter og føre dem til deres eget land. Jeg vil gjøre dem til et folk i landet, på Israels fjell, og en konge skal være konge for dem alle. De skal ikke mer være to folk og ikke mer dele seg i to riker. De skal ikke mer gjøre seg urene med sine motbydelige avguder og med sine styggedommer eller med noen av sine misgjerninger. Jeg vil utfri dem fra alle deres bosteder, der de syndet, og rense dem. De skal være mitt folk, og jeg vil være deres Gud. Min tjener David skal være konge over dem, og en hyrde skal det være for dem alle. Mine lover skal de følge, og mine bud skal de holde og leve etter dem. De skal bo i det landet jeg gav

---

234 På hebraisk betyr dalet dør. JHVH navn er stavet jhvh. Juda betyr lovprisning, og er stavet som JHVH, men med en ekstra bokstav, dalet, jhvdh. Lovprisning er døren til JHVH, Jeshua er døren, og han kom av Juda stamme (Joh 10:7-9; Åp 3:20).

min tjener Ja'akov, det som deres fedre bodde i. De skal bo i det, de og deres barn og deres barnebarn, til evig tid. Og David min tjener, skal være deres fyrste for evig. Og jeg vil slutte en fredspakt med dem - en evig pakt med dem skal det være. Jeg vil bosette dem i mitt land og la dem bli tallrike, og jeg vil sette min helligdom midt iblant dem for evig tid. Min bolig skal være over dem, jeg vil være deres Gud, og de skal være mitt folk.» (Ezek 37:16-27)

Ezekiel sier at «Menneskesønnen» skal føre to staver sammen. Jeshua Messias kalte seg selv Menneskesønnen, og en dag tok Han opp de to stavene og formet dem til et kors. Jeshua hang på disse to stavene, trestykkene, slik at det jødiske og ikke-jødiske Israel kunne bli ett nytt menneske. Ved foten av Hans kors, ved Hans ånd, lærer vi å bli et gjenløst Israel, gjenforent og gjenopprettet. Som verdige tjenere sømmer det seg derfor at hver av oss tar opp vårt kors og følger vår Messias. La oss også forklare verden betydningen av og enheten i Hans fullførte verk med de «to stavene» Hans.[235]

En uovervinnelig hær

Vi må forstå at når Efraim og Juda blir gjenforent i JHVH Elohim, når deres gjenforening er fullt ut manifestert, da blir de en uovervinnelig hær – en armé av mektige, seirende fyrster som er i stand til å kjempe Israels Guds kriger. *Amplified Bible* sier om denne fremtidige hæren: «Men [ved forente styrker] Efraim og Juda skal slå ned på filisternes land mot vest; sammen skal de røve folket fra Øst [(palestina) araberne]. De skal legge sine hender på Edom og Moab, og ammonittene skal lyde dem» (Jes 11:14). (Merk: Ordet «palestina» har blitt tilført her av forfatteren for å understreke viktigheten av det.)

På denne herlige dagen sier JHVH:

«For jeg spenner Juda som min bue og legger Efra'im på

---

235 Takk til Dani'el Holmes fra St. Louis som viste oss poenget om korset som «de to stavene» er Se Ezek 37:16; Mat 9:6, 10:38, 12:8,40, 16:24, 17: 22, 18:11, Lukas 9:23. staver / trær: S & BDB # H 6086: «ETS, eitz; fra H 6095, et tre.

buen. Jeg egger dine sønner, Sion, mot dine sønner, Javan. Jeg gjør deg lik en kjempes sverd. Og JHVH skal åpenbare seg over dem. Hans pil skal fare ut som lynet. JHVH skal støte i basunen og fare fram i stormene fra sør. JHVH, hærskarenes Gud, skal verne dem. De skal sluke sine fiender. De skal trå slyngesteinene under føtter. De skal drikke og larme som av vin. De skal fylles som en skål, som alterets hjørner. JHVH deres Gud skal frelse dem på den dagen. Han skal frelse sitt folk som en hjord. For de er som edelstener i en krone og stråler over Hans land. Hvor herlig er det ikke, og hvor fagert! Av dets korn skal unge menn og av dets vin skal jomfruer blomstre opp. Be JHVH om regn i senregnets tid! JHVH sender lynstråler, og regnskyll skal han gi dem, så hver mann får grøde på sin mark. For husgudene talte usant, og spåmennene skuet løgn. Tomme drømmer forkynte de, og den trøst de gav, var intet verd. Derfor måtte folket dra av sted som sauer og lide ondt, fordi det ikke var noen hyrde. Mot hyrdene er min vrede opptent, og bukkene vil jeg hjemsøke. For JHVH, hærskarenes Gud, ser til sin hjord, Judas hus, og gjør den lik sin stolte stridshest. Fra det skal hjørnesteinene komme, fra det naglene, fra det krigsbuene - fra det skal alle herskere utgå. De skal være lik kjemper som tråkker sine fiender ned i krigen som avfall på gatene. Ja, stride skal de, for JHVH er med dem. Og de som rir på hester skal bli til skamme. Jeg vil styrke Judas hus og frelse Josefs hus og føre dem hjem. For jeg forbarmer meg over dem, og de skal være som om jeg aldri hadde forkastet dem. For jeg er JHVH deres Gud og vil bønnhøre dem. Efraims menn skal være lik kjemper, og hjertene deres skal bli glade som av vin. Deres barn skal se det og glede seg, hjertene deres skal fryde seg i JHVH. Jeg vil plystre på dem og samle dem, for jeg har utfridd dem. De skal bli tallrike, som de før har vært. Jeg vil så dem ut blant folkene. Men i de fjerne land skal de komme meg i hu. De skal leve med sine barn og komme tilbake. Jeg vil føre

dem tilbake fra landet Egypt og samle dem fra Assur og føre
dem til Gileads land og til Libanon, og der skal det ikke bli
rom nok for dem ... Og Judas barn og Israels barn skal fylke
seg sammen og ta seg én høvding og dra opp over landet. For
stor er Yisre'els dag » (Sak 9:13-10:10, Hosea 1:11).

En stor og hellig dag

Stor og hellig skal den dagen være da Faderen fullkomment gjen-
forener sitt utvalgte folk, for Han har lovet:

«For sverd skal de dø, alle syndere blant mitt folk» og «det
skal skje på den dag, sier JHVH, hærskarenes Gud, at jeg vil
utrydde avgudenes navn av landet, og de skal ikke mer kom-
mes i hu. Også profetene og den urene ånd vil jeg få bort fra
landet» og «På den dag skal du ikke mer skamme deg over
alle de gjerninger som du forbrøt deg med mot meg. For da
vil jeg rydde bort hos deg dem som jubler så stolt, og du skal
ikke mer opphøye deg selv på mitt hellige berg. Men jeg vil
la det bli tilbake hos deg et bøyet og ringe folk, og de skal
ta sin tilflukt til JHVHs. Israels rest skal ikke gjøre urett. De
skal ikke tale løgn, og det skal ikke finnes en svikefull tunge i
deres munn. For de skal finne føde og leve i ro, og ingen skal
forferde dem.» (Amos 9:10; Sak 13:2; Sef 3:11-13).

Faderen skal få sin vilje. Han skal få et lydig, forenet Israels hus.
Han skal få et Israels hus som elsker Ham, Hans folk og Hans Messias.

Kollisjonskurs

Israels samlede folk og det evige Riket for Israel er på kollisjonskurs
i vår tid. For lenge siden gav Den Allmektige et løfte til vår forfader,
Abraham; og det løftet inkluderte et stykke land/eiendom og et løfte
om å velsigne og mangfoldiggjøre Abrahams ætt. Så kom Jeshua Mes-
sias, og i og gjennom Ham fikk Israel en ny og bedre pakt. Det evige

livs gave er lovet alle som tar imot pakten og tror på Jeshua og på Hans offer for våre synder.[236] Jeshua er også gitt Davids trone og er lovet at Hans rike skal være et rike som er uten ende. Det er et rike som ikke er av denne verden, et rike som er nå, og likevel skal komme, og ett rike som må leve i våre hjerter. På samme måte er den utvalgte stad, Jerusalem, "Byen av Gull", "Den Store Kongens By", naken når hun er adskilt fra sin Messias' herlighet. Hun og hennes folk er forutbestemt til å bli gift.[237] Å miste av syne det evige livs gave som er lovet til alle som følger Israels Messias er å være sneversynt om løftene til det utvalgte folk.

Å miste av syne Jerusalems fulle gjenopprettelse i Messias er å ha et begrenset syn på Israels lovede rike. Det er å se Israel stykkevis og delt. Vi må forstå at israelitter kan være israelitter og likevel ikke se sannheten om gjenopprettelsen av Messias' rike; de kan også delta i de jordiske løftene som ble lovet våre patriarker, leve i landet og bli mange, og likevel gå glipp av den viktige gaven, evig liv i Messias. Et lydig Israel er derimot forutbestemt til å tilhøre både Kongen og Hans evige Rike, Israel.

Svaret på spørsmålet

En dag om ikke lenge skal himmelen åpnes og en herliggjort Jeshua Messias skal åpenbares. Han kommer ridende på en hvit hest, Fyrsten som er *Israel* skal sitte høyreist i sadelen. På den dagen skal Jeshua være kledd i en kappe som er dyppet i Hans eget blod og på Hans kledning og på Hans hofte skal et navn være skrevet: *Kongenes konge og Herrenes Herre.*

I sin hånd skal Han også ha et scepter av to staver som har blitt til ett i Hans hånd. I samme øyeblikk skal hele verden se Hans herlighet. Han vil da få sin hest til å gå fremover jorden. Der og da, skal alle som er Hans bli forvandlet. De dødelige som elsker Ham skal i ett nu bli udødelige. På et øyeblikk, skal et gjenløst folk finne seg selv sittende på

---

236 Jer 31:31-33; Heb 12:24; Luk 1:31-33; Jes 9:6-7; Efes 2:8; Joh 6:54; 18:36

237 At Jeshua allerede «har satt seg» indikerer at han nå regjerer over sitt rike (Luk 1:32, Heb 1:3, 10:12, 12:2, Åp 3:21). Imidlertid er hans rike ennå ikke kommet i hele sin fylde. Det er som den nye pakt som er både nå og ennå ikke kommet i all sin fylde: Matt 6:10, Lukas 11:2, se også Jes 27:9; 55:3, 59:21, Jer 31:31 - 34, 32:38-40, Hebr 8:8-12; 10:16. Jerusalem: Jes 62:1-7; Åp 21:2,9-10, Sal 48:1-2; Matt 05:35

hvite hester. De skal da være forberedt for til evig å tjene sin Herre og Mester. De har blitt gjort i stand til å vende tilbake og herske med sin Konge. I dette øyeblikket skal svaret på hvem Israel er en gang for alle bli besvart.

Må vi da, ved Hans nåde, vise oss å være en del av det svaret. Må vi vise oss å være en del av Jeshuas gjenløste folk, Israel. Når Han vender tilbake, må Han da finne oss i arbeid med gjenforeningen og gjenopprettelsen av Hans evige rike.

Israels hellige, vi ber deg: Komme ditt rike. Skje din vilje, som i himmelen, så og på jorden.

Amen. Må det skje.

31

AVSLUTTENDE DEL

Ordforklaringer

☐ *Abba*: Kjærlig benevnelse for Far, omtrent som «pappa»

☐ *Brit Hadasha*: Den nye pakt

☐ *Diaspora*: Israels folks utlendighet

☐ *Elohim*: Hebraisk for Gud, står i flertall.

☐ *Judaiseere*: De som forsøker å få folk til å følge jødedommen, spesielt til å akseptere rabbinske fortolkninger av Torahen og de muntlige overleveringene, Talmud

☐ *Melo HaGoyim*: Hedningenes fylde

☐ *Jeshua Messias*: Jesus ble gitt det hebraiske navnet Jeshua da han ble født. Kristus kommer fra det greske Christos, som er oversettelsen av det hebraiske Mashiach. Fra dette ordet får vi Messias, som betyr «salvet».

☐ *Ruach HaKodesh*: Den Høyestes Ånd (Den Hellige Ånd)

☐ *Talmud*: Nedskrevet form av tanker, meninger og læresetninger fra jødiske lærde når det gjelder Torahen og den såkalte «muntlige overleveringen» innen jødedommen.

☐ *Tanakh*: Forbokstavsord for den hebraiske bibelen, som består av Torah, Profetene og Skriftene. De hebraiske ordene er (T)orah, (N)evi'im, (Kh)etuvim, og danner TNKh: Tanakh.

☐ *Tzit-tzit/Tsitsiot*: Flettede frynsesnorer festet i hjørnene på klærne, basert på budet i 4Mos 15:38: «Tal til Israels barn og si til dem at de skal gjøre seg dusker på kantene av sine klær, slekt etter slekt, og de skal sette en blå snor på hver enkelt dusk». Det er disse «frynsene» på Messias' klesplagg at den syke kvinnen ønsket å røre ved (Matt 9:20,

14:36, Mark 6:56, Luk 8:44).

- *JHVH*: Den ene sanne Guds navn består av fire hebraiske bokstaver: Jod, He, Vav, He og skrives JHVH. Dette navnet blir ofte oversatt enten «Gud» eller «Herren».
- *o.f.a.* **Oversatt for anledningen.** I enkelte instanser er et spesifikt bibelvers oversatt fra engelsk, eller ved hjelp av studiebibler – for å få fram spesifikke betydninger som ikke helt fremkommer i den norske utgaven som er brukt.

Studiehjelp

De forskjellige eksilføringene av Efraim og Juda

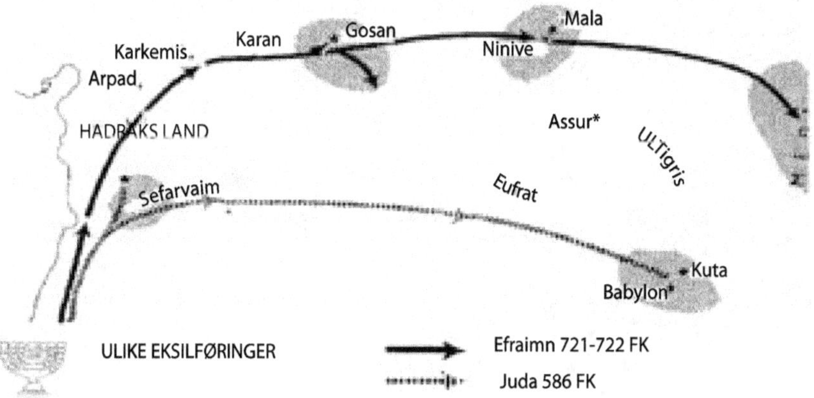

For å forstå Israel trenger vi å se at Efraim og Juda ble spredt på forskjellige tidspunkter og ble sendt til ulike steder.

Det gikk mer enn 135 år mellom disse tidspunktene, og det var nesten 800 kilometer mellom stedene de først ble spredt til.

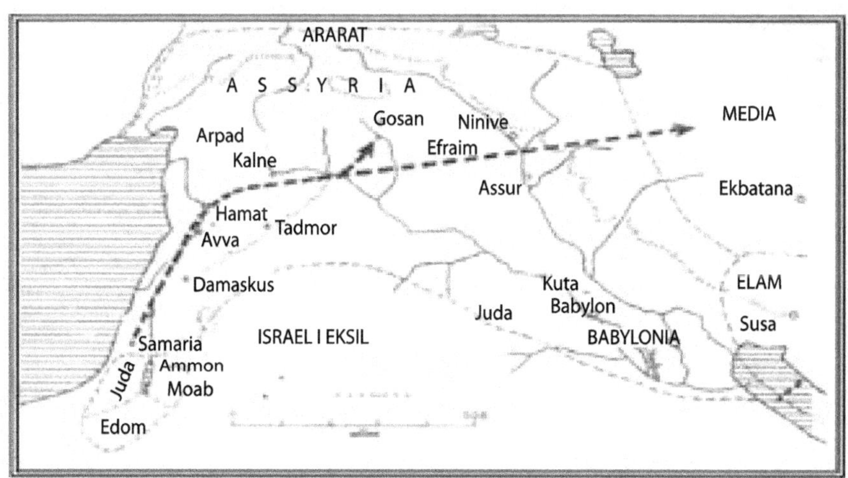

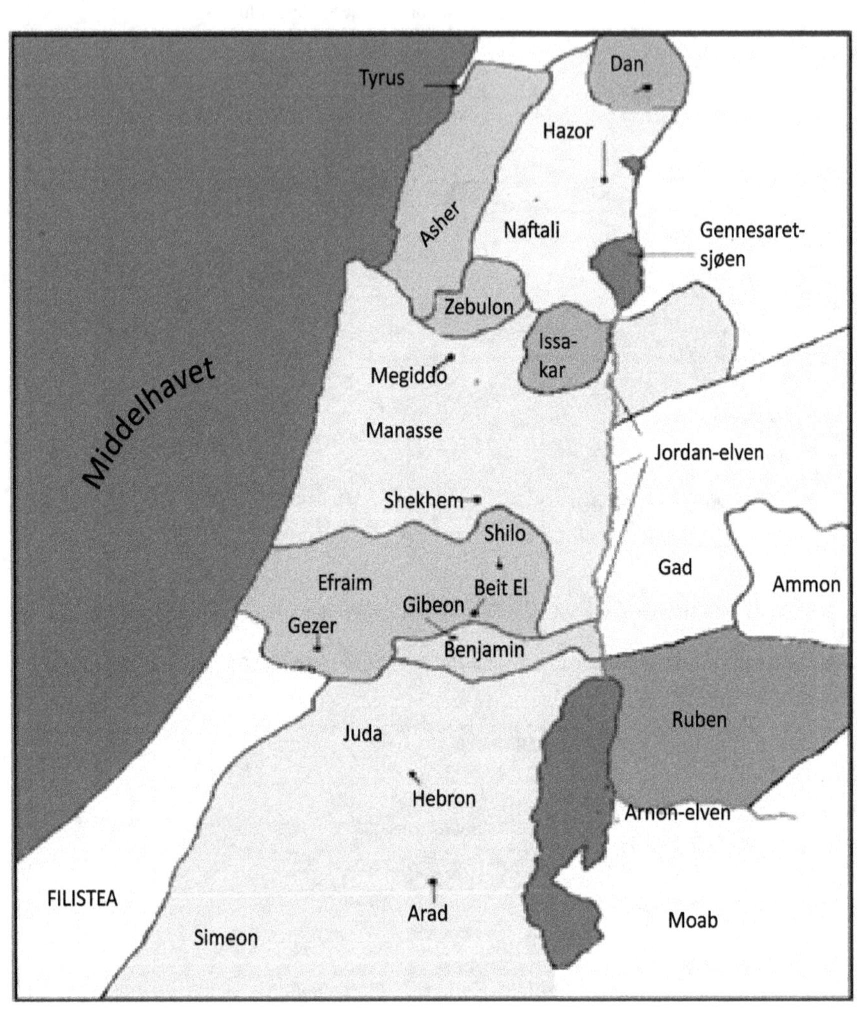

Middelhavet
Tyrus
Dan
Hazor
Asher
Naftali
Gennesaret-
sjøen
Zebulon
Issa-
kar
Megiddo
Manasse
Jordan-elven
Shekhem
Shilo
Efraim
Beit El
Gad
Ammon
Gibeon
Gezer
Benjamin
Ruben
Juda
Hebron
Arnon-elven
FILISTEA
Arad
Moab
Simeon

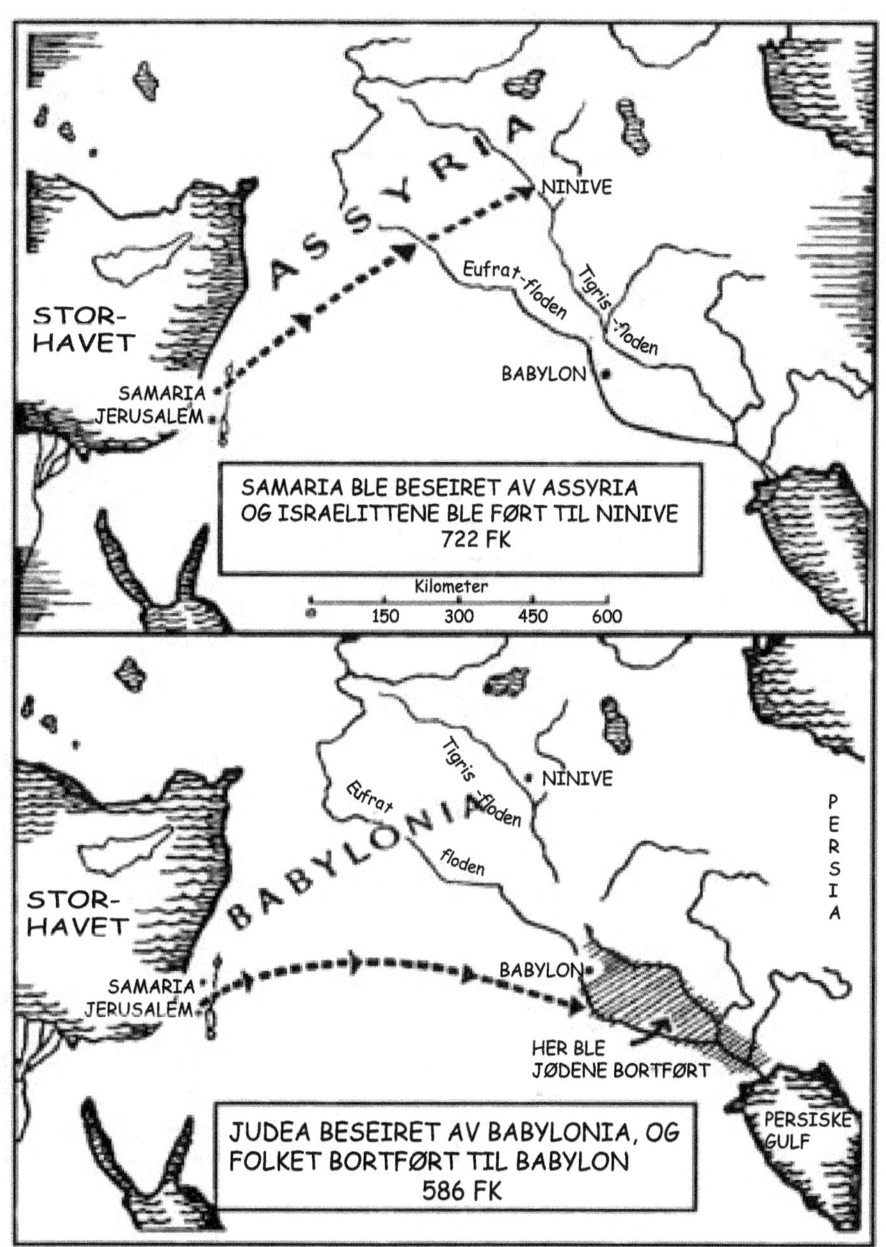
ASSYRIA
NINIVE
Eufrat-floden
Tigris-floden
STOR-HAVET
SAMARIA
JERUSALEM
BABYLON
SAMARIA BLE BESEIRET AV ASSYRIA
OG ISRAELITTENE BLE FØRT TIL NINIVE
722 FK
Kilometer
150   300   450   600
Tigris-floden
Eufrat
floden
NINIVE
BABYLONIA
PERSIA
STOR-HAVET
SAMARIA
JERUSALEM
BABYLON
HER BLE
JØDENE BORTFØRT
PERSISKE GULF
JUDEA BESEIRET AV BABYLONIA, OG
FOLKET BORTFØRT TIL BABYLON
586 FK

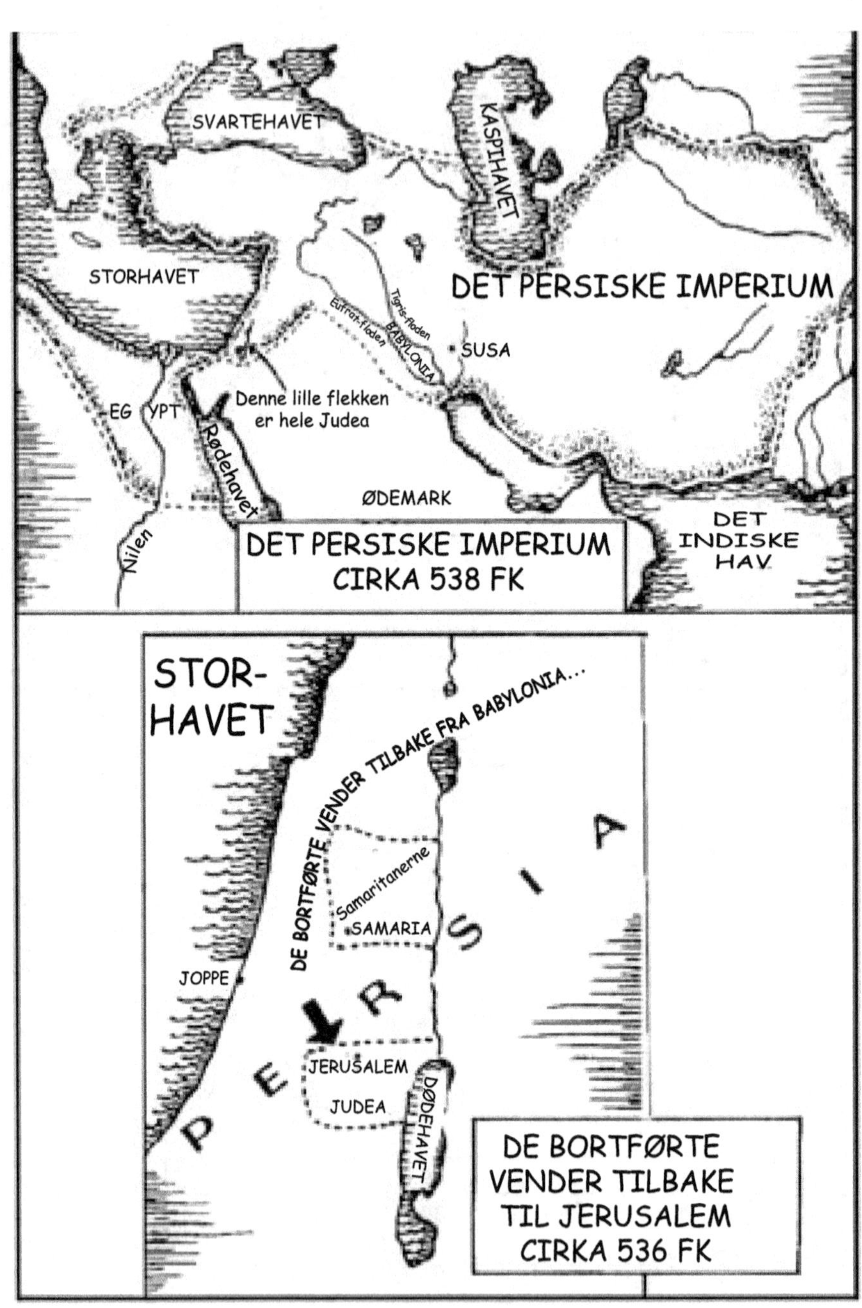

SVARTEHAVET
KASPIHAVET
STORHAVET
DET PERSISKE IMPERIUM
Eufrat-floden
Tigris-floden
BABYLONIA
SUSA
EG YPT
Rødehavet
Denne lille flekken er hele Judea
Nilen
ØDEMARK
DET PERSISKE IMPERIUM CIRKA 538 FK
DET INDISKE HAV
STOR-HAVET
DE BORTFØRTE VENDER TILBAKE FRA BABYLONIA...
PERSIA
Samaritanerne
SAMARIA
JOPPE
JERUSALEM
JUDEA
DØDEHAVET
DE BORTFØRTE VENDER TILBAKE TIL JERUSALEM CIRKA 536 FK

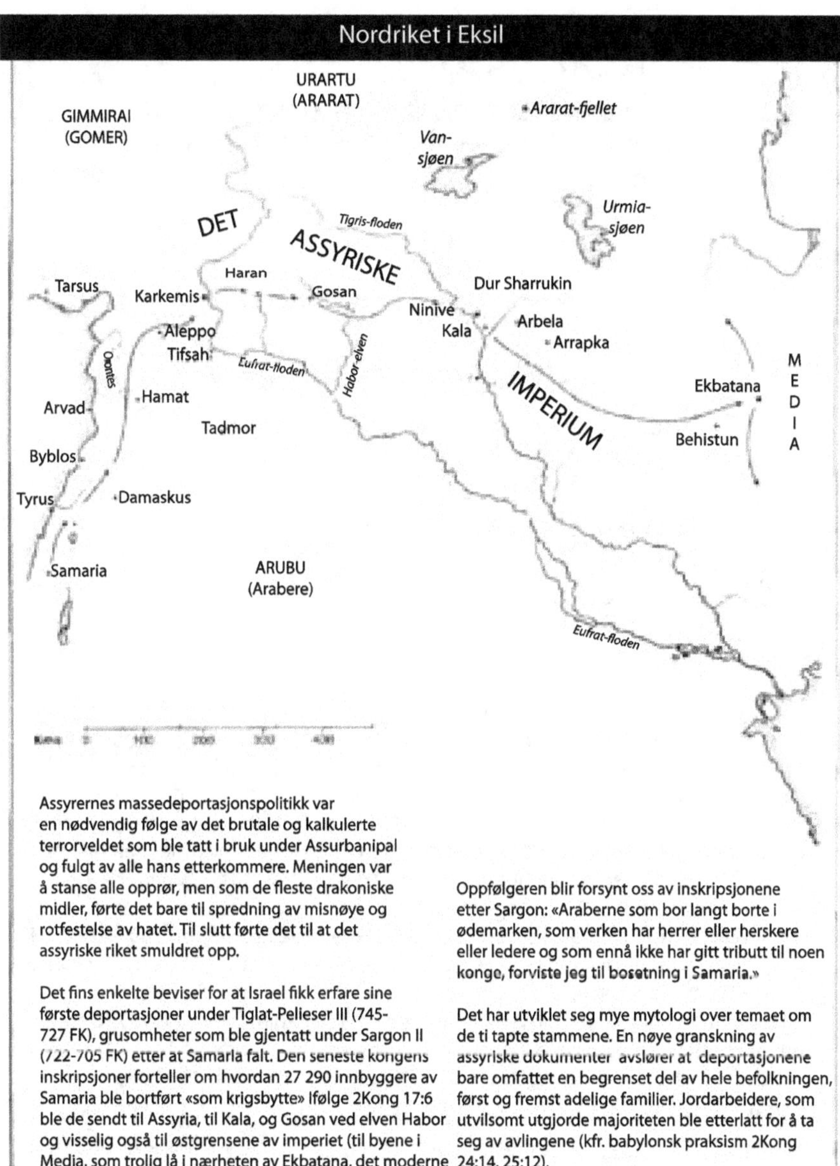

Assyrernes massedeportasjonspolitikk var
en nødvendig følge av det brutale og kalkulerte
terrorveldet som ble tatt i bruk under Assurbanipal
og fulgt av alle hans etterkommere. Meningen var
å stanse alle opprør, men som de fleste drakoniske
midler, førte det bare til spredning av misnøye og
rotfestelse av hatet. Til slutt førte det til at det
assyriske riket smuldret opp.

Det fins enkelte beviser for at Israel fikk erfare sine
første deportasjoner under Tiglat-Pelieser III (745-
727 FK), grusomheter som ble gjentatt under Sargon II
(722-705 FK) etter at Samaria falt. Den seneste kongens
inskripsjoner forteller om hvordan 27 290 innbyggere av
Samaria ble bortført «som krigsbytte» Ifølge 2Kong 17:6
ble de sendt til Assyria, til Kala, og Gosan ved elven Habor
og visselig også til østgrensene av imperiet (til byene i
Media, som trolig lå i nærheten av Ekbatana, det moderne
Hamadan)

Oppfølgeren blir forsynt oss av inskripsjonene
etter Sargon: «Araberne som bor langt borte i
ødemarken, som verken har herrer eller herskere
eller ledere og som ennå ikke har gitt tributt til noen
konge, forviste jeg til bosetning i Samaria.»

Det har utviklet seg mye mytologi over temaet om
de ti tapte stammene. En nøye granskning av
assyriske dokumenter avslører at deportasjonene
bare omfattet en begrenset del av hele befolkningen,
først og fremst adelige familier. Jordarbeidere, som
utvilsomt utgjorde majoriteten ble etterlatt for å ta
seg av avlingene (kfr. babylonsk praksism 2Kong
24:14, 25:12).

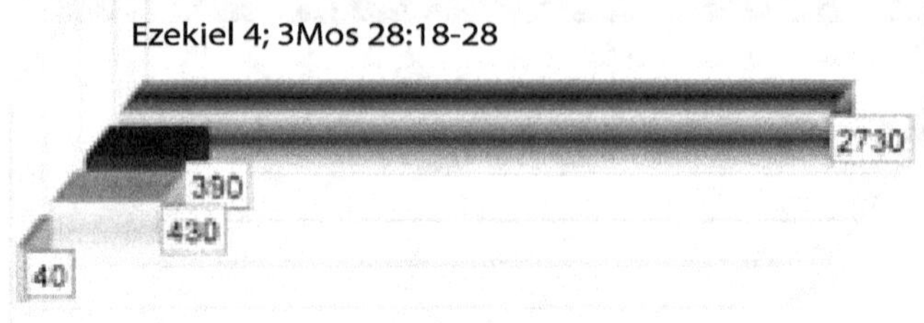

Ezekiel avslører at Efraim og Juda ble gitt tilmålt straff for sin avgudsdyrkelse.
Men i tillegg til sine 40 år, måtte også Juda drikke av «sin søsters beger»,
som gav henne ytterligere 390 års straff totalt 430 år. Dette begynte da hovedstaden,
Jerusalem, ble underlagt Babylon. Juda mistet den politiske kontrollen omkring 595
FK. Straffen kom til ende i 166 FK, omkring den tiden da templet ble gjeninnviet
(renset) av makkabeerne. Efraim omvendte seg ikke fra sin avgudsdyrkelse, og
hennes opprinnelige 390-år lange straff ble derfor syv-doblet. Hennes mangel på
omvendelse førte til 2730 års der hun skulle være «ikke et folk» (3Mos 26:18-24, Hos
1-2). Byene hennes ble underlagt Assyria – noe som begynte i 734 FK. Hun mistet
hovedstaden, Samaria i 722 FK, og hennes innbyggere ble bortført samme år.
Dersom vi bruker den profetiske kalenderen på 360 dager, ser vi at de 2730 årene
tok slutt i 1967, da Jerusalem ble gjenopprettet som det moderne Israels hovedstad
(1Mos 7:11,24; 8:3-4, 5-14; Åpen 11:2-3, 12:6, 14; 13:5). Dersom vi bruker

solkalenderen, ser vi at straffen tok slutt i 1996 dersom vi teller fra 734 FK, og om vi
teller fra 722 FK, 2008. Så i våre dager fortsetter Efraims gjenopprettelse til hennes isralittiske røtter
og arv. Se mer informasjon i Restoring Israel s Kingdom, kapitel11, av Angus
Wootten, Key of David Publishing 2000,201 O, St. Cloud, Florida, USA.

Håpet til Redeemed Israel

Redeemed Israel tror at *Jeshua Ha'Natsri* (Jesus fra Nasaret) var og er den sanne Messias, Løven av Juda, greinen som til syvende og sist skal gjenforene hele Israel; at Han døde og stod opp fra de døde og i dag sitter ved Faderens høyre hånd; og ifølge de eldgamle hellige Skriftene, 1Mosebok til Åpenbaringsboken; er Jeshua JHVH Elohim kommet i kjød, slik Jeshua demonstrerte i seg selv (5Mos 18:18-19; Joh 8:58; 10:33; Matt 12:6-8; 9:35; 15:31; Jes 11; 53; Mika 5:2- 4; Luk 24:46; Jes 8:14; Joh 2:22; Apg 3:15-17; Heb 13:20; 1Joh 4:2; 2Joh 1:7; Åpen 5:5; Joh 1:1).

Vi tror at vi er rettferdiggjorte i Jeshua Messias (Han er den indre kjernen, hjertet i Abrahams ubetingede pakt). Tegnet på den nye pakt er omskjærelse på hjertet, som fører til bekjennelse, frelse, tro, nåde og gode gjerninger i Messias. Den betingede Mosesloven fremstiller evige sannheter i Torahen (JHVHs undervisning og instruksjon) til sitt folk, og den som hører denne blir enten velsignet eller forbannet (den som gjør etter ordet blir velsignet, den som ikke gjør det, blir forbannet). I den nye pakt er Jeshuas lov skrevet på våre hjerter av Ånden (Rom 4:13-16; 5:2; 10:10; 1Pet 1:19; 2Kor 5:21; Gal 3:16,29; Tit 3:5; Heb 10:38; 1Joh 1:9; Efes 2:8; Jak 2:14; 5Mos 28; Ezek 36:26; Jer 31:31-33; Heb 10:16; Gal 2:16; Joh 5:46; 10;30; 14:2; 15:10).

Vi ønsker å fullstendig gjenforene Israels oljetre, begge greinene, Efraim og Juda til ett tre, den gjenløste staten Israel – i Jeshua Messias. Vi søker å vekke Efraim fra sin blindhet og ved eksempelets makt å vekke Juda for sannheten om Messias, og på den måten fremskynde Jeshuas komme til jorden og gjenopprettelsen av Riket for Israel (Matt 6:10; 12:25; 21:43; 24:43; Luk 22:29-30; Mark 13:34; Luk 22:29-30; 2Krøn 11:4; Ezek 37:15-28; Jer 11:10,16; 2:18,21; Rom 11:17,24; Efes 2:11-22; Apg 1:6).

Vi regner det jødiske folk som de identifiserbare representantene og Judas etterkommere, pluss «Israels barn, hans følgesvenner». De ikke-jødiske etterfølgere av Messias fra alle nasjonene som har – så langt – vært de uidentifiserbare representantene og etterkommere av

Efraim, pluss «hele Israels hus, hans følgesvenner» (1Mos 48:19; Hos 1-2; 5:3; Ezek 37:16; Jer 31:6- 9; 1Mos 15:2-5; 26:3; 28:4; Heb 11:9; Jes 56:3,6-8; Efes 2:11-22).

Vi holder fast på at det jødiske folk har blitt holdt identifiserbare som patriarken Jakobs ætt, JHVHs paktsfolk, for å bevare Hans hellige Torah, Høytidene, Sabbaten, at frelsen for det jødiske folk gjennom deres aksept av Jeshua Messias, kommer til å være selve kroningsverket når det gjelder menneskehetens gjenløsning, og at det er nødvendig når det gjelder gjenopprettelsen av Riket for Israel. Videre planlegger Faderen at Efraim, det «ukultiverte oljetreet» stimulerer Juda til å få det de vil ha; de er kalt til å vandre på en måte som kommer til å gjøre Juda nidkjær når det gjelder deres forhold med Israels Gud

(1Mos 48:19; Jes 11:13; 37:31,32; Sak 2:12; Ezek 37:15-28; Hos 1:7; Rom 10:19;

11:11,14; Matt 23:39).

Vi tror at de ikke-jødiske tilhengerne av Jeshua overveiende er tilbakevendende Efraim, de som en gang var blant hedningene/goyim/ nasjoner som «Lo-Ammi» eller «Ikke et folk», men har nå blitt gjenopprettet til Israels samvelde gjennom sin pakt med Israels Messias, at de ikke lenger er hedninger/goyim/av folkene, men oppfyller den lovede gjenopprettelsen av det "utslettede" Efraim, og Jakobs profeti om at Efraim skulle bli «Melo hagoyim»; «hedningenes fylde». «Som Efraim, har de har blitt holdt skjult inntil nylig, og brukes til å bevare vitnesbyrdet om Jeshua, Messias for hele Israel. Deres oppvåkning, anerkjennelse, og ytelse som Efraim, og deres forening med Juda, er en nødvendighet når det gjelder frelse for «hele» Israel, og gjenopprettelsen av Riket for Israel (1Mos 48:19; Hos 1:9-10; 5: 3; 8:8, Amos 9:9, Jer 31:18-19; Sak 10:7, Rom 9:24-26, 11:26, Efes 2:11-22).

Vi fastholder at Jeshuas etterfølgere aldri var ment å erstatte Juda som Israel, men at de som «Efraim», er en del fra de utkalte (ekklesia), og i disse siste dager, fører Faderen dem til, når Skriften åpnes, til å bli med Juda, at Juda (trofaste jøder som vil motta Messias) og Efraim (trofaste ikke-jødiske Messiastilhengere) til slutt vil oppfylle Israels to hus' bestemmelse: at de sammen skal oppfylle profetiene om et enhetlig, seirende Israels folk (Jer 31:9, Rom 8:29, Kol 1:15,18, 2:12, Heb 12:22-24, 3Mos 23:2-36, 2Mos 19:5, 1Pet 1:1, 2:9, Jer 3:18; 23:6, Sak 08:13, 12:1-5, Matt 25:31-46; 2Mos 12:48-49; 4Mos 15:15-16; Jes 56:3,6-8).

Vi fastholder at frem til denne tid har «delvis blindhet» rammet hele Israel (begge hus), og når skylappene løftes, kommer ikke-jødiske tilhengere i Jeshua til å få innsikt i sin rolle som Efraim og bli forsvarere av Skriftens Torah og Juda, og på grunn av denne karakterendringen, vil mange jøder akseptere Jeshua som Messias. Denne prosessen har begynt, noe som vises gjennom den messianske jødiske bevegelsen (Juda), den kristne Sionistbevegelsen (Efraim), og Redeemed/Messianic Israel bevegelsen (foreningen av Juda og Efraim) (Jes 8:14; 11:13, Rom 11:25,26, Jer 33:14-16, 31:18-19, Ezek 37:15-28).

Dette er håpet som brenner i hjertene til alle som tilhører det Redeemed Israel: Gjenforeningen og full gjenopprettelse av de to hus

© 1991-2012, Angus and Batya Wootten

FORKORTELSER OG BIBLIOGRAFI

Forkortelser:

ArtScroll: ArtScroll er en serie med jødiske tolkninger og utleggelser av Tanakh
BDBL: New Brown-Driver-Briggs-Gesenius Hebrew-Aramaic Lexicon
NIV Study Bible: New International Version Study Bible
S&BDB: Strong's Exhaustive Concordance and Brown-Driver-Briggs Lexicon
Strongs: Strong's Exhaustive Concordance
TWOT: Theological Wordbook of the Old Testament
TNKH: Tanakh The Holy Scriptures

Bibliografi

Her er en liste over kildehenvisninger som er brukt i denne boken.

- Adler, Mortimer J. Ten Philosophical Mistakes. NY: Macmillian, 1997.
- Aharoni, Yohanan; Michael Avi-Yonah. The Macmillan Bible Atlas. NY: Macmillan, 1977.
- Bacchiocchi, Samuele. From Sabbath To Sunday. Maplewood NJ: Hammond, 1979, 2000.
- Barna, George. Revolution. Tyndale House Publishers, Inc: Wheaton, IL, 2005.
- Barraclough, Geoffrey. Times Atlas of World History. Pontifical Gregorian University Press: Rome, 1997.
- Brown, Frances. The New Brown-Driver-Briggs-Gesenius Hebrew-Aramaic Lexicon. Peabody, MA: Hendrickson, 1998.

- Carta's Historical Atlas of Israel. Jerusalem: Carta, 1983.
- Cohen, A. Rev. Dr. Ezekiel. NY, London: Soncino, 1999. .
  - Isaiah. NY, London: Soncino, 1999.
  - The Twelve Prophets. NY, London: Soncino, 1999.
- DeHaan, M. R.. The Chemistry of the Blood. Grand Rapids: Zondervan, 1971, 1989.
- Dowley, Tim. The Kregal Pictorial Guide To The Bible. Grand Rapids: Kregal Publications, 2000.
- Eckstein, Yechiel, Rabbi. What Christians Should Know About Jews and Judaism. Waco, TX: Word, 1984.
- Edersheim, Alfred. The Life and Times of Jesus the Messiah. Grand Rapids: Eerdman's, 1979, 1997.
- Edersheim, Alfred. The Temple. Grand Rapids: Kregal, 1997.
- Edidin, Ben M. Jewish Customs And Ceremonies. NY: Hebrew Publishing, 1987.
- Edidin, Ben M. Encyclopaedia Judaica, 16 Vols. Jerusalem: Keter, 1972.
- Even-Shushan, Avraham. New Concordance of the Tanach. Jerusalem: Sivan, 1983, 1999.
- Fay, Frederick L. A Map Book For Bible Students. Old Tappan, NJ: Revell, 1966.
- Fellner, Judith. In the Jewish Tradition, A Year of Food and Festivities. Middle Village, NY: Jonathan David Publishers. 1995.
- Frank, Ephraim. Return to the Land: An Ephraimite's Journey Home. St. Cloud, FL: Key of David, 2004.
- Frankel, Ellen, and Betsy Platkin Teutsch. The Encyclopedia of Jewish Symbols. Northvale, NJ: Jason Aronson Inc., 1992.
- Gesenius' Hebrew-Chaldee Lexicon To The Old Testament. Grand Rapids. Baker, 1979, 2000.
- Gilbert, Martin. Atlas of Jewish History. NY: William Morrow, 1993.
- Gilbert, Martin. Israel: A History. NY: William Morrow, 1998.
- Green, Jay P. The Interlinear Bible, Hebrew, Greek, English. Grand Rapids: Baker, 1979.
- Gruber, Daniel. Rabbi Akiba's Messiah. Hanover, NH: EliJHVH

Publishing House, 1999.

☐ Harris, R. Laird, Gleason L. Archer Jr., and Bruce K. Waltke, eds. Theological Wordbook of the Old Testament, 2 Vols. Chicago: Moody, 1998.

☐ Hatch, Edwin, and Henry A. Redpath. Hatch and Redpath Concordance to the Septuagint, 2 Vols. Grand Rapids: Baker, 1983.

☐ Holladay, William L. Editor. A Concise Hebrew and Aramaic Lexicon of The Old Testament. Grand Rapids: Eerdman's, 1991.

☐ House of David Herald. Lakewood, NY - White Stone, VA - Saint Cloud, FL: 1982-2000.

☐ Interpreter's Dictionary of the Bible, 5 Vols. Nashville: Abingdon, 1983.

☐ JHVHn, Herb. The Aramaic New Covenant. Orange, CA: Exegeses, 1996.

☐ Jenkins, Simon. Bible Mapbook. Herts, England: Lion, 1985.

☐ Knapp, Christopher. The Kings of Judah & Israel. Neptune NJ: Loizeaux, 1983.

☐ Kolatch, Alfred J. The Jewish book of Why. Middle Village NY: Jonathan David, 1981, 1995.

☐ Kolatch, Alfred J. The Second Jewish Book of Why. Middle Village NY: Jonathan David, 1996.

☐ Isaacson, Ben, Dr. David Gross, ed. Dictionary of the Jewish Religion Englewood, NJ: Bantam, 1979.

☐ Lamsa, George M. The Holy Bible From Ancient Eastern Manuscripts. Nashville: Holman, 1968, 1984.

☐ Leil, C.F.; F. Delitzsch. Commentary on the Old Testament In Ten Volumes. Grand Rapids: Eerdman's, 1981.

☐ Lindsey, Robert. Jesus, Rabbi, and Lord. Oak Creek: Cornerstone, 1990.

☐ Messianic Israel Herald. Saint Cloud, FL. 1999-2002.

☐ Mordecai, Victor. Christian Revival for Israel's Survival. Jerusalem: 1999.

☐ Mordecai, Victor. Is Fanatic Islam A Global Threat? Jerusalem, 2002. Fifth Edition.

Morgan, Frank, M.D., Ruth and Esther: Shadows of our Future. St. Cloud, FL, Key of David Publishing, 2006.

The New Encyclopaedia Britannica, 29 Vols. Chicago: Encyclopedia Britannica, 1985, 2003.

The New English Bible With the Apocrypha. Oxford, England: Oxford University Press, 1994.

New International Version Study Bible. Grand Rapids: Zondervan, 1985, 1995.

Newsome, James D. Jr., ed. A Synoptic Harmony of Samuel, Kings and Chronicles. Grand Rapids: Baker.

Pearl, Chaim, ed. The Encyclopedia of Jewish Life and Thought. Jerusalem: Carta, 1987.

Pfeiffer, Charles F., Howard F. Vos, John Rea, eds. Wycliffe Bible Encyclopaedia. Chicago: Moody, 1983.

Richards, Lawrence O. Expository Dictionary of Bible Words. Grand Rapids: Zondervan, 1985.

Scherman, Nosson, and Meir Zlotowitz, eds. Genesis. ArtScroll Tanach Series. Brooklyn: Mesorah, 1987.

Scherman, Nosson, and Meir Zlotowitz, Rabbis. The Wisdom In The Hebrew Alphabet. Brooklyn: Mesorah Publications, 1993.

Scherman, Nosson, and Meir Zlotowitz, Rabbis. Stone Edition The Chumash. Brooklyn: Mesorah Publications, 1993-2001.

Smith, William, L.L.D. Smith's Bible Dictionary. Peabody, MA: Hendrickson, 1997.

Strong, James. The New Strong's Exhaustive Concordance. Nashville: Thomas Nelson, 1984, 2002.

Stern, David H. Jewish New Testament Commentary. Clarksville, MD: Jewish New Testament Pub. 1995.

TenBoom, Corrie, Sherrill, Elizabeth. The Hiding Place. Chosen Books, 1996.

Tenny, Merrill, ed. Zondervan Pictorial Encyclopedia of the Bible, 5 Vols. Grand Rapids: Zondervan, 1976.

☐ Thayer, Joseph Henry. Thayer's Greek-English Lexicon of the New Testament. Grand Rapids: Baker, 1983.

☐ Thomas, Winton, ed. Documents from Old Testament Times. New York: Harper & Row, 1961.

☐ Turner, Nigel Christian Words. Nashville: Thomas Nelson, 1981.

☐ Unger, Merrill F. Unger's Bible Dictionary. Chicago: Moody, 1974, 1996.

☐ Vaughn, Curtis, ed. 26 Translations of the Holy Bible. Atlanta: Mathis, 1985.

☐ Vincent, Marvin R. Vincent's Word Studies of the New Testament. McLean, VA: MacDonald.

☐ Vine, W.E. Expanded Vine's Expository Dictionary of New Testament Words. Minneapolis: Bethany, 1984.

☐ Walton, John H. Chronological Charts of the Old Testament. Grand Rapids: Zondervan, 1978.

☐ Webster's Third New International Dictionary, 3 Vols. Chicago: Encyclopedia Britannica, 1981.

☐ Whiston, William, trs. The Works of Flavius Josephus, 4 Vols. Grand Rapids: Baker, 1974, 1992.

☐ Wilson, William. Wilson's Old Testament Word Studies, Unabridged Edition. McLean, VA: MacDonald.

☐ Wootten, Angus. The Restoration of the Kingdom to Israel. Saint Cloud, FL: Key of David, 2000.

☐ Wootten, Angus. Take Two Tablets. Saint Cloud: Key of David, 2002.

☐ Wootten, Batya Ruth. In Search of Israel. Lakewood, NY: Destiny Image/House of David, 1988.

☐ Wootten, Batya Ruth. Israel's Feasts and their Fullness. Saint Cloud: Key of David, 2002.

☐ Wootten, Batya Ruth. Who Is Israel? Saint Cloud: Key of David, 1998, 2000, 2003.

☐ Wuest, Kenneth. Weust's Word Studies From the Greek New Testament. Grand Rapids: Eerdman's, 1981.

☐ Yaniv, David. Birth of the Messiah. Lynnwood, WA: New West Press, Ltd. 1997.

BIOGRAFI

Batya og hennes mann, Angus, var tidlige pionerer i den messianske bevegelsen. For flere årtier siden begynte de publisering av den første Messianic Materials Catalogue, utviklet for å tjene en økende og ny interesse for Israel og det jødiske folk.

Batya leste utallige bøker om disse emnene så hun kunne skrive velinformerte beskrivelser av dem for katalogen. Dermed oppdaget hun det store mangfoldet av meninger om Israels rolle i verden og om Israels identitet. Hungrende etter virkelig å forstå sannheten i saken, begynte hun å rope i fortvilelse til sin himmelske Far og bad Ham om å vise henne *Hans* sannhet. Som lovet, svarte Han: «Rop til meg, og jeg vil svare deg, jeg vil forkynne deg store og ufattelige ting, ting som du ikke kjenner» (Jeremia 33:3). Den Hellige begynte å åpne opp Skriften for henne, og svaret Hans førte til boken du nå holder i hendene.

Batyas utfordrende bøker representerer flere tiår med studie og bønn om de avgjørende spørsmål for å identifisere Israel, hedre hennes Messias og Torah, feire de bibelske høytidene, og å forstå Israels fremtid.

Mange tusen har gitt vitnesbyrd om å ha blitt forvandlet av hennes skrifter, og liv fortsetter å endres - fordi disse sannhetene er med på å gjenopprette et brorskap som ble brutt i stykker for lenge siden. Batyas vektlegger det å vise barmhjertighet og nåde til begge Israels hus, og dette er med på å helbrede de sår som begynte da Israel ble delt i to kongeriker.

Batyas bok, *"Israel's Feasts and Their Fullness"*, representerer også mange års nitidig forskning, studie, bønn og skriving. Det er en bok som hjelper de troende til å bli frigjort til å feire de herlige høytidene. Flere har sagt at: «Dette er den beste boken om høytidene jeg noensinne har lest». *"Mamas Torah: The Role of Women"*, har likeledes fått stor anerkjennelse, både fra menn og kvinner. *"The Voice-Hearing the Almighty"*, og *"Israel- Empowered by the Spirit"* (skrevet sammen med Wallace E. Smith) er likeledes spennende og godt mottatte titler. Batya har også skrevet sanger som blir sunget av Will Spires. Hans CD, «The Return» er meget inspirerende. Batya er gift med sin beste venn, oberst Angus Wootten (pensjonert), og forfatter av de visjonære bøkene *"Restoring Israel's Kingdom"* og *"Take two tablets daily"*. Sammen har de ti barn som har velsignet dem med mange, mange elskede etterkommere.

I samarbeid, gikk Angus og Batya videre fra tidlige dager av *"House of David Katalog"* og begynte å publisere et nyhetsbrev, *"House of David Herald"*. De begynte også det informative messianske nettstedet: *www.messianicisrael.com*. Dette førte til opprettelsen av *"Messianic Israel Alliance"* - en raskt voksende allianse av fellesskap som er enige med «The Hope of Messianic/Redeemed Israel», som er deres trosgrunnlag.

Sammen fortsetter Angus og Batya å utgi bøker og musikk som tjener den voksende hær av troende som oppdager sannheten om deres hebraiske arv. De jobber sammen for å bidra til å løfte opp nye ledere og lære dem å bruke sine nådegaver. Til dette oppdraget er de blitt unikt forberedt av Abrahams, Isaks og Jakobs Gud.

Du kommer til å bli velsignet av deres bidrag til Messias' legeme.

En merknad fra Batya

Ordet sier: «Den som blir undervist i Ordet, skal dele alt godt med den som lærer ham.» (Gal 6:6). *Dersom du gjennom denne boken har opplevd at noe godt har skjedd i livet ditt, kan du gjerne skrive og dele de gode nyhetene med meg.*
Jeg vil veldig gjerne høre fra deg!
(Husk å skrive på engelsk.)

Batya Wootten
PO Box 700217, Saint Cloud, 34770 FL
e-post: batya@batya.org

www.ingramcontent.com/pod-product-compliance
Lightning Source LLC
LaVergne TN
LVHW020318200726
843507LV00012B/2156